当代河南教育发展报告

A REPORT ON THE DEVELOPMENT OF
THE CONTEMPORARY HENAN'S EDUCATION

胡大白／主编　　王建庄／执行主编

砥砺前行中的
当代河南教育

THE FORGING-AHEAD
CONTEMPORARY HENAN'S EDUCATION

杨雪梅／著

社会科学文献出版社
SOCIAL SCIENCES ACADEMIC PRESS (CHINA)

作者简介

杨雪梅　黄河科技学院校长，教授，博士研究生导师，享受国务院政府特殊津贴专家，北京大学博士后。第十二届、十三届全国人大代表，全国青联常委，中国民办教育协会副会长，河南省高校创新创业协会会长，河南省教育人才学会会长，河南省妇联执委常委，民建河南省委常委，河南省民办教育协会常务副会长，河南中华职业教育社副主任。曾荣获"全国五一劳动奖章""全国三八红旗手"等荣誉称号，是"中国青年五四奖章"获得者。出版专著7部，主编20余部（套）。主持省级以上课题15项，发表论文40余篇，荣获国家级教学成果二等奖、河南省发展研究奖一等奖、河南省社会科学优秀成果一等奖各1项，河南省高等教育教学成果特等奖3项，河南省社会科学优秀成果二等奖3项。被评为河南省政府督学、河南省教育评估中心首批评估专家、河南省优秀专家、河南省学术技术带头人、河南省十大科技领军人物等，入选教育部首批全国万名优秀创新创业人才导师。

总　序

　　中华人民共和国成立 70 年来，河南教育实现了跨越式发展。一是教育优先发展的战略地位得到确立：省委省政府把教育放在经济和社会发展的基础性、先导性、全局性的位置，逐步确立了教育事业优先发展的战略地位。二是发生了"三个转变"：其一，在体制上由适应计划经济到适应市场经济转变；其二，在发展方式上由注重规模扩张到注重科学发展转变；其三，在人才培养模式上由知识本位到注重提高综合素质转变。三是实现了"六个跨越"：其一，义务教育实现了由"人民教育人民办"向"人民教育政府办"的跨越；其二，职业教育实现了由薄弱徘徊到快速发展的跨越；其三，高等教育实现了由精英教育向大众化教育的跨越，正在迈过普及化的门槛；其四，实现了由文盲、半文盲的大省向教育大省的跨越；其五，教育结构实现了由单一普通教育到现代国民教育的跨越；其六，实现了办学主体由单一政府办学到多元化办学的跨越，民办教育和中外合作办学快速发展，正在成为教育改革发展的重要力量。

　　河南教育经过 70 年的发展，实现了规模扩张。1949 年，全省各级各类学校在校生 144.46 万人，仅占全省总人口 4174 万人的 3.46%。到 2019 年，全省各级各类学校在校生达到 2677.10 万人，比 1949 年增加 2532.64 万人，是 1949 年的 18.53 倍，占全省总人口 10952 万人的 24.44%。学前教育毛入学率达到 89.50%，九年义务教育巩固率达到 95.45%，高中阶段毛入学率达到 91.62%，高等教育毛入学率达到 49.28%。

　　河南教育 70 年取得的成就离不开党的正确领导。从新中国成立到 1956 年，河南省各级政府和广大教育工作者在中国共产党的领导下，完成了对旧教育的根本改造，并在此基础上，实现了从新民主主义教育向社会主义教育的过渡。1957年党和国家教育方针的提出，为教育的发展确立了方向。"文化大革命"结束后，特别是党的十一届三中全会后，省委省政府"科教兴豫"的战略方针为教育的发展开辟了广阔的前景，增添了巨大的活力。2018年9月，习近平总书记在全国教育大会上强调指出，教育是国之大计、党之大计，教育的根本任务是立德树人，工作目标是凝聚人心、完善人格、开发人力、培养人才、造福人民。自全国教育大会召开以来，全省上下把思想和行动统一到习近平总书记关于教育的重要论述上来，围绕立德树人这一根本任务，强化举措、补齐短板、提升质量，加快推进教育现代化，建设教育强省，办好人民满意的教育，为中部崛起、中原更加出彩提供强大支撑。

70年来的社会稳定和经济繁荣提供了教育的发展动力。社会长期的安定团结有利于教育工作的开展，发展经济需要掌握先进技术的高级科技人才，而且需要大批有一定文化科学知识的熟练劳动力。同时，经济的发展也为教育的发展提供了经费保障和发展的动力。读书改变生活、教育改变命运一度成为较为流行的一种价值观，极大地刺激了教育的发展。

科学技术的发展也推动着河南教育的进步。随着以核子、电子技术为代表的新的科学技术的应用，社会生产力迅速发展。机械化、电子化、智能化设备逐步在相关产业活动中普及，不仅发达的高科技产业渴求人才，社会需要的各类经济、管理、法律等相关人才也亟须提高水平和增加供给。这不仅促进高等教育有了较大的发展，而且高等教育的内容也随着新科技的发展和需要进行了大幅度的变革。

不可回避的是，70年来的教育发展和改革并不是一帆风顺的。对短期利益的追求，导致基础教育教师流失率、学生辍学率上升。同时，教育的大发展也带来了数量和质量的矛盾。教育质量下降、教育不能适应社会经济发展的需要给很多人带来了困惑。优质高等教育资源匮乏，河南考生承受着其他省市考生不能承受的高考之重。教育向何处去，新的出路在哪里，如何评估大众化、普及化后的各级各类教育，如何找到普及与提高的平衡点，各级各类教育应如何适应科技革命的发展和挑战，远距离教育、数字化教育、终身教育、合作教育该如何开展，这些都是我们应该思考的问题。

70年的教育发展和改革为我们提供了极其丰富的经验和教训，在中华人民共和国成立 70 周年之际，总结这个时代的教育，把握教育发展的本质特征和规律，实在是当务之急。这也是我们出版《当代河南教育发展报告》的旨趣所在。

《当代河南教育发展报告》立足于当代河南的教育发展，高等教育、基础教育、学前教育、民办教育、职业教育等几个方面独立设卷，单独成册，分别对河南教育 70 年的发展进行了回溯性研究，对其中的成就、经验和教训进行了客观的总结。对与教育发展整体相关的管理体制、投资体制、教研管理等部分专设一册，既可以与其他几卷相互补充，又对相关部分做了系统和重点的论述。参与研创的人员历时三年，长期在河南省档案馆、各市区（县）档案馆和河南省图书馆以及有关高校图书馆认真查找资料，用翔实的数据和丰富的第一手资料来反映河南教育发展的轨迹。

河南教育事业虽然取得了令人瞩目的成就，但与人民群众日益增长的对优质教育的需求还有一定距离。优质高等教育资源的紧缺和希望接受优质高等教育资源考生过多的矛盾、人民群众对优质教育的需要和不平衡不充分的发展之间的矛盾依然存在。本书在全面介绍河南教育发展成就的前提下，也对当前河南教育发展存在的短板进行了初步剖析。

社会科学文献出版社出于对教育事业的热忱和支持，组织力量承担了这套丛书的出版工作，诚为一件很有远见、很有意义的工作。

由于时间仓促，加之作者水平有限，本书肯定存在不少有待提高之处，期待方家指正。

胡大白

2019 年 9 月 28 日

目　录

第一章　沧桑巨变：当代河南教育 70 年概览

教育，作为经济和社会发展的基石，在推动人类文明进步的过程中已经起到并将继续起到举足轻重的作用。

"前事不忘，后事之师。"回顾 70 年来河南教育的发展，总结历史的经验和教训，使教育更好地为社会主义建设服务，有着十分重要的现实意义，对于认识河南、建设河南，根据河南经济和社会发展的需要培养各类人才，为河南未来的发展备足后劲，也是一项必不可少的理论准备工作。

当代河南教育发展的 70 年，是在党的领导下发生巨大变化的 70 年，是全省广大教育工作者艰苦奋斗、呕心沥血、无私奉献的 70 年，是广大人民群众和社会各界关心、支持教育发展的 70 年。河南教育 70 年来所取得的伟大成就，必将作为社会主义革命和社会主义建设所取得的辉煌成就的一部分载入史册。

第一节　当代河南教育发展的区位与自然基础

河南东接安徽、山东，北界河北、山西，西连陕西，南临湖北，呈望北向南、承东启西之势。河南地理位置优越，古时即为驿道、漕运必经之地，商贾云集之所。今天，河南地处沿海开放地区与中西部地区的接合部，是我国经济由东向西梯次推进发展的中间地带。国家促进中部地区崛起的战略部署，更加凸显了河南独特的区位优势。全省总面积 16.7 万平方千米，居全国各省区市第 17 位，占全国总面积的 1.73%。地势西高东低，北、西、南三面由太行山、伏牛山、桐柏山、大别山沿省界呈半环形分布，中、东部为黄淮海冲积平原,西南部为南阳盆地。平原和盆地、山地、丘陵分别占总面积的55.7%、26.6%、17.7%。全省最高海拔2413.8米,最低海拔仅23.2米。

河南大部分地处暖温带,南部跨亚热带,属北亚热带向暖温带过渡的大陆性季风气候,同时还具有自东向西由平原向丘陵山地气候过渡的特征,具有四季分明、雨热同期、复杂多样和气象灾害频繁的特点。全省由南向北年平均气温为10.5℃~16.7℃,年均降水量407.7~1295.8毫米,降雨以6~8月最多,年均日照1285.7~2292.9小时,全年无霜期201~285天,适宜多种农作物生长。河南地跨长江、淮河、黄河、海河四大流域。省内河流大多发源于西部、西北部和东南部山区,流域面积100平方千米以上的河流有560条。全省多年平均水资源总量403.5亿立方米,居全国第19位;人均水资源占有量约383立方米,相当于全国平均水平的1/5。有自然保护区32个,面积760.2千公顷,其中国家级自然保护区12个。有森林公园114个,其中国家级森林公园31个。森林覆盖率23.3%。生物资源丰富,仅高等植物就有197科3830余种。在全国占有重要地位的有小麦、玉米、棉花、烟叶和油料等。已知陆生脊椎野生动物520种,占全国总数的23.9%,国家重点保护野生动物90种。

河南地层齐全,地质构造复杂,矿产资源丰富,是全国矿产资源大省之一。目前已发现的矿产142种,已探明资源储量的矿产109种,已开发利用的矿产93种。其中,能源矿产6种,金属矿产23种,非金属矿产62种,水气矿产2种。优势矿产可归纳为煤、石油、天然气"三大能源矿产",钼、金、铝、银"四大金属矿产",天然碱、盐矿、耐火黏土、蓝石棉、珍珠岩、水泥灰岩、石英砂岩"七大非金属矿产"。在已探明储量的矿产资源中,居全国首位的有11种,居前3位的有32种,居前5位的有58种。其中煤炭保有储量居全国第8位,石油居第12位,天然气居第17位。

河南辖郑州、开封、洛阳、平顶山、安阳、鹤壁、新乡、焦作、濮阳、许昌、漯河、三门峡、南阳、商丘、信阳、周口、驻马店17个省辖市,济源1个省直管市,21个县级市,87个县,50个市辖区,1821个乡镇(其中乡718个,镇1103个),599个街道办事处,4466个居民委员会,46938个村委会。

河南人口众多,是全国第一人口大省,2018年末全省总人口10906万人，比上年末增加 53 万人，常住人口 9605 万人，比上年末增加 46 万人，其中城镇常住人口 4967 万人，常住人口城镇化率 51.71%，比上年末提高 1.55 个百分点；劳动力资源丰富，全年城镇新增就业人员 139.24 万人，失业人员实现再就业 33.86 万人，新增农村劳动力转移就业 56.18 万人，年末农村劳动力转移就业总量 2995.14 万人，其中省内转移 1799.01 万人，省外输出 1196.13 万人。

河南经济总量稳居全国第 5 位，2018 年全年财政总收入 5875.82 亿元，比上年增长 11.9%。一般公共预算收入 3763.94 亿元，增长 10.5%，其中税收收入 2656.50 亿元，增长 14.0%，占一般公共预算收入的比重 70.6%。一般公共预算支出 9225.41 亿元，增长 12.3%，其中民生支出 7126.49 亿元，增长 11.1%，占一般公共预算支出的比重 77.2%；年末全省金融机构人民币各项存款余额 63867.63 亿元，比上年末增长 8.1%，全年全省居民人均可支配收入 21963.54 元，比上年增长 8.9%。

河南区位优越，农业领先，是全国第一农业大省、第一粮食生产大省、第一粮食转化加工大省，2018 年全年粮食产量 6648.91 万吨，比上年增加 124.66 万吨，增长 1.9%，全年棉花产量 3.79 万吨，油料产量 631.03 万吨，蔬菜及食用菌产量 7260.67 万吨，瓜果类农作物产量 1585.37 万吨，全年猪牛羊禽肉总产量 662.68 万吨，禽蛋产量 413.61 万吨，牛奶产量 202.65 万吨。

2018 年全年河南全省货物进出口总值 5512.71 亿元，比上年增长 5.3%，全年全省规模以上工业增加值比上年增长 7.2%，制造业增长 7.5%，电力、热力、燃气及水的生产和供应业增长 9.0%。产品销售率 98.7%，是全国重要的交通通信枢纽和物资集散地。

当前河南省人均 GDP 突破 7000 美元，正处于工业化快速推进阶段和经济新旧动能转换、产业转型升级、城镇化加速发展的关键时期，发展的活力和后劲不断增强。

第二节　源远流长的河南教育

"九层之台，起于累土。"分析当代河南教育 70 年来的发展，很有必要对河南的教育史进行简要的回顾。

作为我国重要的文明和文化发祥地之一，在原始氏族社会末期，河南的学校教育就已萌芽。夏商时期，学在官府。西周时，东都洛阳王城分设国学（中央及诸侯官学）和乡学（地方官学）两种学校，国学又分太学和小学两级。教育内容以伦理为中心，兼有史学、医学、艺术、农事等。春秋时期，河南民间渐设私学，至战国私学大兴。东汉时期，京都洛阳设有太学、专科学校和贵族学校；地方官学按行政区域设置，郡国设学，县道邑设校，乡设庠，聚设序，开始形成从中央到地方的封建学校系统。汉顺帝时，洛阳太学的太学生多达 3 万余人。对学童的蒙学教学和一般经书传授主要依靠私学教育，如书馆、家学、乡塾。

隋唐时期开科举之先河，封建教育制度在河南渐趋完备，多种形式的专修儒经以及律、算、书、医、历诸学都有发展，并开始建立科技专科学校。唐开元十二年（724），洛阳设置丽正书院，次年更名为集贤书院，开河南书院之先河。唐代河阳（今孟州市）人韩愈，提出教师的职责为传道、授业、解惑。宋代东京（今开封）在国子监下设置教授经学的国子学、医学、算学、画学，同时私人讲学的书院进一步发展，应天府书院和嵩阳书院显示出河南的人文之盛，洛阳人程颢、程颐从儒家经典中精选出《大学》《中庸》《论语》《孟子》作为经学教育的基本用书，形成了封建社会后期中国学校教育的主要教科书。

元代始建社学，农闲时令子弟入学读书。明清时期河南的官学设府、州、县学，私人读书研经仍在书院，对学童进行启蒙教育仍靠民间设立的私塾、义学和专馆，学生可从识字开始，直至阅读经典古籍。河南历史上出现了许多著名的教育家，他们以教育为己任传经讲学、著书立说，弘扬民族精神，传播中华文化，为中华文化的繁衍昌盛，为巩固和维护封建社会制度作出了贡献。

1840 年鸦片战争之后，受民族危机日益加深、太平天国革命教育的推行和洋务运动提倡新教育的影响，清朝各地改革教育的呼声甚高。然而，地处中原腹地的河南，教育基本上是沿袭旧制。

光绪二十四年（1898），清帝宣布变法维新，各地陆续将一部分书院改办为新式学堂，同时外国传教士也开始在各地设立教会学校。光绪二十八年（1902），省城开封奉命设立河南大学堂。光绪二十九年（1903），清廷颁布《奏定学堂章程》，这是中国正式推行的第一个具有现代教育意义的学制。光绪三十一年（1905），清廷下令废除科举制度以广兴学堂，中国教育由此进入一个新的发展阶段。同年，河南提学使发布《劝谕兴学告示》，督促地方官府兴办学堂。从此，河南的各级各类新式学堂有了较快发展。

光绪三十四年（1908），河南全省计有高等学堂 2 所，实业专门学堂 21 所，实业预科学堂 6 所，优级师范学堂 2 所，初级师范学堂 11 所，师范传习所 113 所，中学堂 23 所，高等小学堂 150 所，初等、高等合并设立的两等小学堂 103 所，初等小学堂 1964 所，半日学堂 37 所，女子学堂 13 所，蒙养学堂 53 所，改良私塾 2274 所。按照清廷学部规定，学堂以忠君、尊孔、尚公、尚实、尚武为宗旨，教育内容除部分近代科学知识外，仍沿用封建教育的读经讲经、修身等科目，教学采用班级授课制。由于风气不开、思想守旧，许多学堂徒有虚名，时办时停，学生甚少。然而新式学堂的兴起，标志着封建教育制度开始瓦解，现代教育制度开始确立，为河南现代教育的发展奠定了基础。

1912 年 1 月，中华民国成立，国民政府制定了新的学制系统和各类学校的课程标准，学堂改称学校，建立资产阶级教育制度，河南教育有了一定的发展。1915 年，全省有各级各类学校 6337 所，学生 16 万余人，教职员工 14 万多人，其中国民学校（初等义务教育）近 6000 所，学生 14 万多人。1917 年 11 月设立河南省教育厅，作为专管教育的行政机构。1919 年五四运动爆发，河南教育界闻风响应，不少学生开始传播先进思想，提倡民主、科学，有力地推动了全省民主教育的实践。1923 年春，河南省贯彻执行 1922 年国民政府教育部颁布的新学制。1927 年国民革命军北伐到河南，次年河南省政府颁发庙产兴学通令，征收附加教育费并整理契约以资助学校，全省各类教育事业都有较大发展。与此同时，国民党政府实行"党化教育"，严密控制各级各类学校，把教育纳入专制政治制度的轨道。

1936 年，河南省高等学校有河南大学、政法专门学校、农业专门学校和焦作福中矿物专门学校 4 所，中等学校 132 所，中、初等师范学校 96 所，职业学校 37 所，补习学校 181 所，小学和国民学校近 2 万所。中等、初等教育在校学生 110 余万人。抗日战争爆发之后，教育事业遭受严重摧残，一些教育改革和教育实验被迫中断，以至于在抗战后也无法继续下去。日伪在河南沦陷区实施殖民地奴化教育。1945 年抗日战争胜利后，河南各级各类学校才开始恢复并有所发展。

1946 年，全省有中学 296 所，学生 9.82 万人；中初等师范 91 所，学生 2.75 万人；职业学校 38 所，学生 0.69 万人；小学不到 2 万所，学生 200 多万人；高等学校在校学生 2430 人。由于国民党发动内战，河南连年战乱，大、中、小学教职员工生活陷入困境，教育事业每况愈下。

1949 年 5 月，河南省人民政府成立，并成立了主管全省教育行政工作的省教育厅。是年 6 月，河南大学重建，设有文史、理工、行政、医、农 5 个学院，形成了发展河南高等教育事业的基础。中华人民共和国成立后，教育事业进入了一个新的历史发展时期。河南省以解放区学校为骨干，接管了国民党遗留下来的公立学校、私立学校和教会学校。1949 年底，全省有小学 1.8 万多所，在校学生 161 万多人；普通中学 111 所，在校学生 4 万多人；中等专业学校 32 所，在校学生 0.84 万人；高等学校 1 所，在校学生 804 人。各级各类学生总数 166 万多人，教职工 5 万多人。

1950 年 2 月，省教育厅提出加强工农教育为主的工作方针。组织 200 多万职工、农民开展识字运动，此后又动员 50 多万工农群众和干部参加业余小学、中学学习；创办工农速成中学、干部文化补习学校，在小学附设工农速成班，使数万名工农干部受到比较正规的学校教育；在全省小学实行减免学杂费，中等以上学校设立人民助学金，使工农家庭出身的贫苦学生人数逐年增加。各级各类学校结合抗美援朝、土地改革和镇压反革命的斗争，进行了爱国主义和无产阶级国际主义教育，树立为人民服务思想，促使广大教职工的立场、观点和思想方法逐步发生根本性的变化。从 1951 年开始，在全省开展学习苏联教育经验的活动。1952 年，全省开始实行 1951 年 10 月政务院颁布的各级各类教育新学制。1952 年下半年，河南省高等学校全面进行院系调整，加强了农学、医学、师范教育，同时自秋季开始全省私立中学、私立小学全部改为公立学校。1953 年国家开始经济建设的第一个五年计划，河南教育事业为省五年计划的重要组成部分。1954 年，省政府发出《关于加强中小学劳动教育的指示》，强调劳动教育是对学生进行思想政治教育的重要内容，把组织学生参加生产劳动作为教育的组成部分。1956 年，全省有高等学校 7 所，中等专业学校 30 所，中等师范学校 48 所，普通中学 159 所，小学 2.8 万多所，幼儿园 1329 所，在校学生总数达 524 万余人，比 1949 年增长了 2 倍多。这一时期全省教育执行整顿巩固、重点发展、提高质量、稳步前进的工作方针，初步建成社会主义性质的教育制度。教育事业的发展同经济建设大体相适应，学校教学井然有序，教学质量稳步提高。

1956 年后，河南进行了多方面的教育改革试验。1957 年 2 月，毛泽东提出："我们的教育方针，应该使受教育者在德育、智育、体育几方面都得到发展，成为有社会主义觉悟的有文化的劳动者。"中共河南省委召开宣传教育工作会议，积极贯彻这一方针，但由于当年夏季开始的反右派斗争严重扩大化，一大批教育工作者受到错误处理，致使学校教师队伍合格率下降。1958 年 9 月，中共中央、国务院提出："党的教育方针，是教育为无产阶级的政治服务，教育与生产劳动结合。"全省各级各类学校加强了劳动教育，开展普及教育、勤工俭学和以教学改革为中心的"教育大革命"，掀起了大办工厂、农场，师生参加工农业生产的高潮。同时积极发展农业中学和职业技术教育，以适应经济建设对人才的需求。但是由于"左"的思想的影响，高指标、浮夸风盛行，过多的生产劳动打乱了学校的教学秩序。学校数量几倍、几十倍增长，师资、经费、校舍、设备的需求猛增，大大超越了实际承受能力。1960 年后，河南省对教育事业连续进行调整并压缩规模，裁并新办学校，动员一批教师、学生回乡生产。与此同时，根据刘少奇"两种劳动制度和两种教育制度"的指示，河南省积极举办半工（农）半读学校，实行全日制中小学和耕读小学、农业中学、半工半读学校"两条腿走路"，为城乡教育的发展开拓了新的途径。随着国民经济情况的好转，全省教育事业重新走上稳步发展的轨道。

1966 年开始的"文化大革命"使河南教育事业遭受了灾难性损失。大学、中学"停课闹革命"，小学秩序混乱，学校领导和教师被批判、斗争，多数学校陷于瘫痪。1967 年，全省教育行政系统和各级学校陆续成立革命委员会，对机关和学校的党、政、财、文实行一元化领导，要求大、中学校"复课闹革命"，各地普遍派工农兵毛泽东思想宣传队进驻学校，制止打、砸、抢，领导"斗、批、改"。1968 年冬，河南省革命委员会强令全省乡镇农村中小学公办教师回原籍接受"改造",打乱了县、乡、村学校教师的合理分布,极大地伤害了教师的感情。在此期间,高等学校、中专和师范学校连续 6 年未招新生,半工(农)半读学校受到错误的批判,农业中学难以为继,职业教育和成人教育几乎全部停办,许多学校校舍被占作他用,教学设备、图书资料、实验仪器损失十分严重。

"文化大革命"结束后,特别是党的十一届三中全会后,河南教育事业得到迅速恢复和发展。1978 年 12 月召开了全省教育工作会议,明确学校工作重点转移到提高全省人民的科学文化水平,培养建设人才,更好地为社会主义现代化建设服务上来。中共河南省委和省政府决定大力发展教育事业,以适应经济和社会发展的需要,1981 年 1 月,对全省普及小学教育的任务、要求和措施做出明确规定。与此同时,开始调整中等教育机构,发展职业技术教育,逐年增加国家对教育的投资,集中力量搞好师资队伍的培训,教育事业出现了新局面。

1982 年,党的十二大把教育列为经济发展战略的重点之一。1983 年 8 月,河南省委省政府发布《关于加强和改革教育工作的决定》,强调河南的教育要调整布局,优化结构,加强改革,提高质量;积极贯彻执行"教育要面向现代化,面向世界,面向未来"的发展方针。1985 年,河南省委落实中共中央关于"教育必须为社会主义建设服务,社会主义建设必须依靠教育"的战略方针,改革教育体制,调整教育结构,切实解决教育事业发展中的重大问题。为从组织上加强对教育工作的领导,1986 年 3 月,省委省政府撤销省教育厅,成立了省教育委员会,作为省政府主管教育的综合部门,统管全省除军校、党校之外的各级各类教育事业。同年 8 月,河南省人大常委会根据《中华人民共和国义务教育法》的规定,结合河南省实际情况,制定并颁布了《河南省义务教育实施办法》,这是中华人民共和国成立后河南省的第一个重要教育法规。1987 年党的十三大进一步坚持把发展教育事业放在突出的战略位置,使经济建设转到依靠科技进步和提高劳动者素质的轨道上来。继续坚持教育领域的各项改革,使教育工作紧密围绕经济和社会发展,培养有理想、有道德、有文化、有纪律的社会主义现代化建设者。全省基础教育实行分级办学、分级管理的体制,调动了市、地、县、乡各级政府办学的积极性,加强地方教育工作的领导,多渠道筹措教育经费，因地制宜实行多种形式办学，效果显著。省教委还特别重视全省革命老区和贫困地区教育事业，采取措施推动老区、贫困地区的教育改革和发展。当年秋，在栾川县进行农村教育整体改革实验，探讨农村基础教育、职业技术教育和成人教育相互沟通、协调发展、切实提高劳动者素质的有效途径。

21 世纪以来，河南地方教育继续发展，全省现有各级各类学校 8 万余所，在校生 2396 万人，教职工约 109 万人，教育人口约占全省总人口的 26%。教育事业实现了更多的转变，省教育厅原厅长蒋笃运曾用"一个确立""三个转变""六个跨越"来概括河南教育改革发展的新成就。"一个确立"，就是确立了教育优先发展的战略地位，省委省政府从省情和经济社会发展的迫切需要出发，把教育放在经济和社会发展的基础性、先导性、全局性的位置，逐步确立了教育事业优先发展的战略地位。"三个转变"，就是体制上实现了由适应计划经济到适应市场经济的转变，发展方式上实现了由注重规模扩张到科学发展的转变，人才培养模式上实现了由知识本位到注重提高综合素质的转变。"六个跨越"，一是义务教育实现由"人民教育人民办"向"人民教育政府办"的跨越；二是实现由文盲、半文盲的大省向教育大省的跨越；三是职业教育由薄弱徘徊到集团化快速发展的跨越；四是高等教育实现由精英教育向大众化教育的跨越；五是办学主体由单一政府办学发展到多元化办学，民办教育和中外合作办学快速发展，成为教育新的增长极；六是教育结构由单一普通教育到现代国民教育的跨越。

2018 年底，全省共有幼儿园 2.21 万所，学前教育入园儿童 140.57 万人，在园幼儿 437.99 万人，学前教育毛入园率 88.13%。全省共有义务教育阶段学校 2.31 万所，在校生 1446.48 万人，九年义务教育巩固率 94.62%。其中，小学 1.86 万所，另有教学点 1.41 万个，在校生 994.60 万人。普通初中 4519 所，在校生 451.88 万人。全省高中阶段教育学校 1607 所，在校生 346.69 万人，高中阶段毛入学率 91.23%。其中，中等职业学校 755 所，在校生 136.63 万人。中等职业教育招生数和在校生数分别占高中阶段教育的 40.78% 和 39.41%。全省特殊教育学校 149 所，特殊教育学校、小学、初中随班就读等机构共招收特殊教育学生 9946 人，在校生 43875 人。全省研究生培养机构 27 处，普通高等学校 140 所（含 5 所独立学院），其中，本科院校 57 所（其中，公办 38 所），高职（专科）院校 83 所（其中，公办 63 所）。成人高等学校 10 所。全省有博士学位授权普通高等学校 9 所，硕士学位授权普通高等学校 19 所；博士学位授权一级学科 87 个，博士专业学位授权点 4 个；硕士学位授权一级学科 332 个，硕士专业学位授权点 155 个。

全省有省级优势特色学科建设工程一期建设学科 35 个，其中，优势学科 10 个，特色学科（群）25 个；拥有第九批重点学科 407 个，其中，一级学科 288 个，二级学科 119 个。

依托高校建设国家"2011 协同创新中心"3 个（含省部共建协同创新中心 2 个），国家大学科技园 2 个，国家重点实验室（培育基地）4 个，国家工程（技术）研究中心 5 个，国家国际联合研究中心 7 个，国家（地方联合）工程实验室 11 个，教育部重点实验室 12 个，教育部工程研究中心 6 个。全省高等教育毛入学率 45.60%。

全省有各级各类民办学校 20539 所，在校生 674.90 万人。其中，民办幼儿园 17293 所，在园幼儿 300.46 万人；民办小学 1865 所，在校生 162.35 万人；民办普通初中 819 所，在校生 90.73 万人；民办普通高中 299 所，在校生 41.84 万人；民办中等职业学校 170 所，在校生 26.54 万人；民办普通高等学校 39 所，其中，本科院校 19 所，高职（专科）20 所，民办普通本专科在校生 51.05 万人（其中，本科 31.12 万人），占全省普通本专科在校生总数的 23.85%。

第三节　改革发展中的河南教育

党的十一届三中全会，给河南教育带来了春天。

党的十二大把教育列为发展经济的战略重点，全省各级领导对教育工作日益重视，整个教育发展的步子越来越大。这个时期，是河南教育史上前所未有的兴盛时期。全省上下把改革作为发展教育的根本出路，使之逐步适应国民经济建设的需要。调整改革高中，整顿提高初中，充实加强小学，适当发展学前教育。兴办和恢复中等专业学校、技术学校，大力发展职业技术教育和成人教育，稳步发展高等教育，特别是省委省政府"科教

"兴豫"的战略方针，为教育的发展开辟了广阔的前景，增添了巨大的活力。

1985年以来，对教育管理体制进行了改革，由教育部门的单线管理改为分层次管理，县市政府管高中和高中层次的成人教育、职业技术教育，乡镇管初中和初中层次的成人教育、职业技术教育，村管小学和小学层次的成人教育及幼儿教育。管理体制的变革，充分调动了各级政府和广大人民群众的办学积极性。

从1987年开始，河南省在南阳地区进行农村教育综合改革试验，实施了农、科、教统筹和三教统筹以及教学方法和教学内容的改革。试验地区成立了由行署专员为组长，主管科技、教育、农业的副专员为副组长，农科教及有关部门主要领导为成员的农科教统筹领导小组，统筹协调各部门的工作，由农业出课题、科技拿对策、教育育人才，统一解决技术培训中的实际问题。培训经费共同筹集，专业课教师共同选派，培训教材共同编写，实验基地共同使用。通过不断克服条块分割的弊端，实行优势互补、综合治理，使农村经济和教育在持续、稳定、协调发展的同时，教育内部的普教、职教、成教也统筹起来，相互配合，各展其长，共同为本地经济建设培训人才。三教相互沟通、相互渗透，中小学加进职业技术教育的内容，使学生既学好文化知识，又有劳动致富的一技之长。职业技术学校把职前职后教育紧密结合起来，与成人学校的专业教师相互通用，实习基地共同使用，成人学校利用中小学校舍和师资对农民进行扫盲和文化技术教育。

教育综合改革试点淅川县，把县直各部门的培训经费集中到一起，建成了县职教中心，融"农科教"和"三教"的职能于一体，开县级"统筹"之先风。南召等县还试行了"两种证书"制度，对初、高中毕业生暂不发毕业证书，统一组织在职业技术学校和成人学校进行技术培训，待学生切实掌握一门以上实用技术，经考核合格后，同时发给毕业证书和技术培训合格证书。全省农村初中随后进行了"三加一"即学习三年再加一项技术培训的试验。中学普遍增加了乡土教材的内容，开设了劳动技术课，做到了劳动技术教育的教师、教材、教学计划、基地设施的"四落实"，到1989年，全省自编劳动技术教材23套，配备劳动技术课教师7300多名，建立了学农实习基地3124个，占地2.1万亩。各级各类学校在教学中都注意了实践环节，废止注入式，运用启发式，坚持少而精，力求大面积提高教学质量。

"燎原计划"是国家教委提出的以强化农村教育、服务当地经济建设功能、提高农业劳动者素质、促进农业发展为目的的计划。河南省教委把南阳地区作为省重点试验区，从 1989 年部署实施这项计划，在实施过程中，围绕南阳地委提出的农业六个开发和农民致富的强烈愿望，发挥各类学校的潜力和文化技术的相对优势，运用试验示范、技术培训、信息服务等形式，推广农村实用技术，大面积提高劳动者素质，南阳地区首批建立了 28 个示范乡和试验乡，确定了 28 个适宜于本地的科技示范项目。所需资金除国家教委支持的贷款外，地区还通过财政拨款和银行贷款解决 62 万元，各县市用于配套项目资金约 150 万元。

为克服教育上"铁工资、铁饭碗、铁交椅、大锅饭"的现象和激发地方办教育的积极性，1988 年，河南逐步总结推广了新野县上庄乡、社旗县唐庄乡和田庄乡的校长选聘负责制，教师定编聘任制，乡校、村校双包合同制的经验，简称"三庄三制"，调动了校长治校、教师教书育人和乡、村建校的积极性，形成了内活外连、内外优化、相互协调、合理竞争的新局面。

中共河南省委于 1988 年 8 月提出了实施"科教兴豫"的战略思想，其目的是依靠科技进步，振兴河南经济，促进科技、经济、社会协调发展。1989 年初，省委省政府把制定"科教兴豫"方案列入年度工作目标任务。1990 年，中共河南省第五次代表大会正式提出实施"科技兴豫，教育为本"的战略，从而把全省各项事业的发展建立在依靠科技进步的基础上。1992 年 4 月 5~7 日，省委省政府在郑州召开全省科技大会，讨论通过了《关于依靠科技进步推动经济发展的决定》。1995 年 7 月 19~21 日，省委省政府在郑州召开全省科学技术大会，提出要深入实施"科教兴豫"战略。8 月 9 日，省委省政府作出《关于加速科学技术进步实施科技兴豫战略的决定》，要求全面落实科学技术是第一生产力的思想，坚持教育为本，把科技和教育摆在全省经济、社会发展的战略位置，努力形成与社会主义市场经济体制相适应的科技、教育与经济密切结合并相互促进的机制，增强科技实力及向现实生产力的转化能力，提高全民的科学文化素质，切实把经济建设转移到依靠科技进步与提高劳动者素质的轨道上来，加速河南省社会主义现代化建设"三步走"战略的实现。

20世纪80年代后期，河南提出普及九年义务教育的目标，并明确要求在省级财政和地方财政逐年增加教育经费的基础上，实行以财政拨款为主，多渠道筹措教育经费并举的办法，千方百计保证国拨教育经费实现"三个增长"。到1992年，基本实现"一无两有"（校校无危房、班班有教室、学生人人有课桌凳）、"六配套"（校舍、课桌凳、大门、围墙、操场、厕所）的学校达到97.6%。1995年到1997年，河南实施的"国家贫困地区义务教育工程"3年投入资金总量达到6.5亿元。2007年12月，河南的"两基"工作顺利通过国家验收。全省小学、初中阶段适龄人口入学率分别达到99.94%和98.79%，残疾儿童少年入学率达到85%以上，青壮年文盲率控制在1%以下。"两基"目标的实现，在河南教育发展史上具有里程碑的意义。与此同时，河南省的普通高中发展走上快车道。2007年，全省普通高中在校生212.63万人，招生70.57万人，分别是1978年的1.8倍和1.3倍。高中阶段教育毛入学率达到67.7%。

1949年，河南全省只有高校在校生804人，到1978年，河南省普通高等学校发展到24所，在校生2.73万人。1999年扩招后，河南高等教育快速增长，实现了高等教育大众化的跨越。1996年，郑州大学进入"211工程"重点建设学校行列，2004年实现省部共建，2008年河南大学实现省部共建。2011年，河南高校落实教育部"高等学校本科教学质量与教学改革工程"（简称"本科教学工程"），整体提高了高校的教育教学质量；2012年，河南省高等学校协同创新计划进入实施阶段，河南农业大学、河南工业大学、河南省农科院等协作建设的"河南粮食作物协同创新中心"入选第一批国家"2011协同创新中心"，高校人才培养质量和科技创新实力不断增强。

从1979年开始，经过40年改革，一个与河南两大文明建设基本相适应、门类齐全、各个层次兼备，能够自我调节、相互补充沟通的教育体系已经形成。这是经过了曲折坎坷和艰苦奋斗的河南教育的必然选择，也是历史的必然选择。

第四节　扎实稳固的基础教育

新中国成立后，河南的小学发展迅速，1953 年，全省已有小学 3633 所，到 1956 年，在校小学生已占学龄儿童的 81%，学校工作步入正轨。其后，由于不恰当地削弱了文化课教学，质量有所下降，后经调整得到恢复。"文化大革命"期间，小学普及工作没有很好开展。

党的十一届三中全会后，普及和提高初等教育得以顺利进行。据 1979 年统计，南阳地区适龄儿童入学率和小学毕业率的比例，均低于全省普查摸底数字。1980 年后，在中共中央、国务院《关于普及小学教育若干问题的决定》的精神指导下，各级政府建立了普及小学教育工作领导小组，实行了校长包村、教师包村民小组、班主任包巩固率、任课教师包合格率以及各种检查验收制度，使小学教育迅速普及和巩固。1983 年，南阳市、邓县普及工作经省检查验收达标。1986 年邓县被评为全国基础教育先进县，受到河南省政府和国家教委的表彰。1989 年，桐柏县顺利通过了省普及小学教育的检查验收。至此，全省全部普及了小学教育，适龄儿童入学率、巩固率、毕业率均在 97% 以上，跨入全国先进行列。

1980 年、1982 年、1988 年，河南对中学布局进行了三次大的调整，使布点结构趋于合理，教育质量稳步提高。各校立足于为当地培养人才，由升学教育为主开始转变为以素质教育为主。

各地在对中小学生加强文化知识教育的同时，着重加强了德育和劳动技术教育。学雷锋、学赖宁、争创三好等活动，使学生爱共产党、爱祖国、爱人民、爱社会主义，并能在日常生活中提高思想素质，抵制各种毒素的腐蚀。劳动技术教育不仅使学生增强了劳动观念，而且学到了一技之长，毕业后在家乡的社会主义建设中贡献力量。不求人人升学，但求个个成才，升学不再是唯一的出路，全面发展、各展其才已经成为人们的共识。

河南的幼儿教育和特殊教育也有了长足的发展。"文化大革命"前的幼儿园、托儿所等，只是"以养为主"，1979 年后提出了较高的要求，注重儿童早期智力开发及德智体全面发展，幼儿教育的兴办单位除教育部门外，还有厂矿企业、机关团体、城镇街道、农村集体、个体等。

2003 年全国基础教育工作会议首次提出"基础教育积极、均衡、持续、协调发展"的总体要求。《中华人民共和国义务教育法》第九条规定：地方各级人民政府应当合理设置小学、初级中等学校，使儿童、少年就近入学。2006 年 6 月全国人大新修订的《中华人民共和国义务教育法》第六条规定：国务院和县级以上地方人民政府应当合理配置教育资源，促进义务教育均衡发展。这是我国法律中第一次提到"义务教育均衡发展"，并重申了"小升初"免试就近入学政策。2007 年，党的十七大明确将教育均衡发展提到国家发展基石的重要高度。

从 2005 年开始，对农村义务教育阶段学生实施了"两免一补"政策。从 2007 年开始，对农村义务教育阶段学生免除学杂费和课本费，从 2008 年秋季开始，所有城市义务教育阶段的学生免除了杂费和课本费。至此，全省实现了真正意义上的免费义务教育。

第五节　职业教育从无到有，走向集团化发展

20 世纪 50 年代后期，河南曾办起一批职业中学，后停办。1979 年后职业中学重新起步，从调整中学教育结构入手，陆续将一些普通高中改为职业高中或在部分高中附设职业教育班，使职业高中招生数占高中阶段招生数的比例以每年 5% 的速度递增。

改革开放以来，省委省政府先后采取了一系列重大举措发展职业教育。1987 年、1991 年，省政府分别作出了《关于大力发展职业教育的决定》、《关于大力发展职业技术教育的决定》，强调要把兴办职业技术教育同国民经济和社会发展事业相适应，要求各级政府、各行各业大力支持职业技术教育，并明确了 20 世纪 90 年代职业技术教育发展的目标，推动了全省职业教育的快速发展，中等教育结构单一的状况初步有所改善。

1988 年，南阳地区把职业技术教育作为改革的主攻点，在学习外地经验的基础上，结合河南实际，制定了《关于发展职业技术教育的意见》等文件，强调区属各县市要在县城或县城附近改办或新建一所示范性职业高中，12~18 个班的规模，三年建成，并对毕业生的安排做了政策性的倾斜。各县市采取得力措施，迅速予以落实，使职业技术教育有了根本性的突破。

在职业中学良好的发展势头中，出现了西峡县林业高中、南阳市一职高、镇平高级工艺美术学校和南阳县第一职业高中等一批受社会欢迎的学校。这些学校立足当地经济发展实际，教学、生产、科研、经费、服务紧密结合，着力培养学生的实际能力，部分毕业生很快被有关单位录用，部分学生边上学边致富，回家就是专业户，为当地经济发展作出了贡献。

1994 年，河南省委省政府制定了关于《中国教育改革和发展纲要》的实施意见，明确提出"大力发展职业教育和成人教育"，并提出要大力调整中等职业教育结构，扩大中等职业学校在校生的比例。1996 年河南省第五次党代会明确提出"要把职业教育作为教育工作的突破口"。1997 年省人大常委会通过了《河南省实施〈中华人民共和国职业教育法〉办法》，逐步使全省职业教育的改革和发展纳入了法制化的轨道。

1990 年以后，河南省主要是采取"改、联、建"的措施，改一部分较好的普通高中为职业高中，大县（市）改办 2~3 所，小县（市）改办 1~2 所，仅几年的时间全省就改建职业学校 120 所，新建 43 所。这一时期，由于政府的强力推动，职业教育规模得到了前所未有的发展。全省中等职业学校发展到 1303 所，招生 37.78 万人，中等职业学校的学校数、招生数和在校生数均居全国第一位。20 世纪 90 年代后期，普通中等专业学校招生、就业制度的改革，特别是 1999 年高等教育大规模扩招，推动了对普通高中的巨大需求，职业教育发展遇到了较大困难，呈现出在低谷中徘徊的局面。

针对职业教育的发展形势，河南省政府在 2003 年和 2006 年先后两次召开全省职业教育工作会议，研究和制定新形势下改革发展职业教育的政策措施。信阳市从 2003 年 2 月起在全国率先开展大规模的贫困农民工技能培训，并逐步加大实施力度，扩大实施规模，丰富实施内涵，积累了成功经验，取得了"一次培训、长期受益，一人务工、全家脱贫"的显著成效，受到了社会各界的普遍赞扬。

2004 年 2 月，为进一步提高农民工素质，加快农村劳动力转移步伐，农业部、财政部等部门启动农村劳动力转移培训"阳光工程"。培训的重点对象是需要转移到非农产业就业的农村富余劳动力，以提高农民的素质和技能，加快他们转移就业。培训包括职业技能培训和引导性培训，以职业技能培训为主。明确培训以尊重农民意愿和农民直接受益为前提，以市场运作为基础，以转移到非农产业就业为目标。河南省立即跟进实施。省农业厅及时会同省劳动保障、教育、科技、建设、财政、扶贫等部门制定了《2004～2010年河南省农民工培训规划》，《规划》确定河南要用7年时间培训农民工1920万人。4月27～28日，全省农村劳动力转移工作会议在信阳召开。会议宣布启动实施"阳光工程"，并对全省农村劳动力转移培训工作进行全面安排部署。会议要求本年全省完成职业技能培训20万人，引导性培训40万人，新增转移农村劳动力200万人，工资性收入达到700亿元。为落实工作责任，省政府将全省农村劳动力转移培训工作纳入对省农业厅的年度目标考核；省农业厅与18个省辖（管）市阳光工程办公室签订了目标管理责任书。当年省农业厅筹集资金4000多万元，完成引导性培训40万人、技能性培训20万人。

从2004年起，启动实施了"河南省农村骨干中等职业学校和示范性乡（镇）成人学校建设工程"（简称"双百工程"），用3年时间重点支持100所农村骨干中等职业学校和100所示范性乡（镇）成人学校建设，较好地改善了农村中等职业学校和示范性乡（镇）成人学校的办学条件。按照"市场运作，龙头带动，城乡联姻，校企合作"的指导思想，以骨干职业院校为龙头，以特色专业为纽带，校企合作，优势互补，组建职教集团，提升职业教育的综合实力。截至2008年，全省已成立20个职教集团，共吸收职业学校、企业、行业协会、科研机构成员单位753家，吸纳社会资金1.3亿元。同时，实施了中等职业学校学生资助政策，狠抓招生、就业关键环节，调整专业结构，加强实践能力培养等，中等职业教育由低谷徘徊步入了快速、健康发展的轨道。2007年，全省有各类中等职业学校1116所，在校生156.3万人，分别是1978年的13.3倍和26.7倍，占高中阶段在校生的比例从1978年的4.8%提高到2007年的42.4%，30年来，全省中等职业教育（普通中专、职业高中、技工学校、成人中专）培养了568.7万名毕业生。

此后，全省农村劳动力转移培训成为各级政府每年的一项重要任务，各级劳动保障部门发挥自身优势，依托所属技工学校、就业培训中心、民办职业机构等，大力开展转移就业培训。同时，逐步完善农民转移就业的保障制度，农民转移就业后的社会保险、医疗保险、养老保险涉及诸多方面问题，根据需要的迫切程度和可能性逐步完善。

开封市政府为减轻农民负担，鼓励他们学习技术，在河南省率先推行了农民工免费培训制度，向参加培训的农民发放免费培训券，每个接受培训的农民持这种免费培训券都可以在市政府确定的 48 所定点学校学习 1~3 个月的技术。为了严格管理和用好培训资金，开封市农村劳动力转移培训领导小组办公室根据培训机构报送的学员花名册和签到表，培训结束后凭学员签名以及输出就业合同等资料，将培训补助资金拨付到培训机构。培训机构则要保证转移就业率在 90% 以上，用人单位与农民签订的劳务合同期限不低于 6 个月。

开封市在农民工输出中坚持"先培训后输出，以培训促输出"的指导思想，通过建立农民工培训"绿色通道"，基本形成了"培训—鉴定—输出—维权—返乡创业"的模式，让农民工在政府信息引导下、在维权组织保护下，带着一技之长走出家门创业，取得了明显的经济效益和社会效益，使劳务输出初步走向了产业化发展的方向。

从 2006 年起，开封市劳务输出已基本实现了由无序、盲目外出到有组织、有序输出，从体力型向技能型的转变，从过去集中在广州、深圳等南方经济发达地区向全国各大经济发达地区的转移，从建筑、电子、保安等少数行业向缝纫、种养殖、家政服务、餐饮服务等多个行业的转变。随着越来越多的农民走进课堂，应运而生的技工学校已呈遍地开花之势，遍布开封城区及所属 5 县，多达 110 余所，年培训能力超过 10 万人，其中不少学校以民间投资、校企联办等形式出现。一些民营技校主要是投入自有资金或社会资金建立，靠收取培训费滚动发展，规模相对较小。还有一些学校与用人单位联合，由对方投入一定的资金和教学设备，定向培训，逐步发展。而大部分规模较大的公办学校基础较好，教学条件、师资力量也具有明显优势，发展速度更快一些。

河南省职业教育攻坚计划和省部共建国家职业教育改革试验区于 2008 年 10 月启动。河南全省成立 20 个职教集团，共吸收职业学校、企业、行业协会、科研机构成员单位 753 家，吸纳社会资金 1.3 亿元。在全省建设一支数量充足、综合素质较高的"双师型"教师队伍；初步建立起适应社会主义市场经济体制，与市场需求和劳动就业紧密结合，满足人民群众终身学习需要的现代职业教育体系，成为全省教育界的共识。

各地、市都把职业教育作为教育改革的突破口，与市场需求和劳动就业紧密结合，推动职业教育的发展。辉县市政府在和南京海洋大学联办"2+3"高级海员专业班的基础上，联系挂靠中国民航管理干部学院，建立"辉县市航空乘务培养基地"，着力培养航空乘务人员，逐步发展成为极富特色的、专门培养"海""陆""空"专业技术人才的摇篮。灵活多样，调整专业结构，拓宽毕业生出路，加快了一批五年一贯制高职大专班的建设。市场营销、花卉种植等成为学历教育专业。通过普通教育与职业教育的"立交桥"建设，各高职院校对口升学上线率达到80%以上，就业率达到85%以上。通过与企事业单位联合办学，开展"订单"培养，扩充实习基地，搭建就业平台，加大劳务输出力度等措施，减轻了毕业生的就业压力，适应了经济结构调整和劳动力市场变化的要求。由于职业教育培养出来的学生好用、实用，深受用人单位青睐，也因此改变了人们的就学观念。

成人教育围绕继续教育、岗位培训、再就业培训、农村劳动力转移和实用技术培训等，努力满足广大人民群众对各种培训的需求。仅2003年以来，全省各类中职学校和乡镇成人学校共完成各类职业技术培训3000多万人次，开展农村劳动力转移培训2000万人次。开展城镇再就业培训750万人次。30年来，河南职业教育特别是中等职业教育事业快速发展，为全省的现代化建设培养了大批技能型、实用型人才，促进了社会就业和河南经济社会发展。

第六节　不拘一格的成人教育

随着教育观念的更新和社会发展的需要，成人教育愈来愈显示出其重要性，农民教育和职工教育比翼齐飞，培养出的大批人才在各个领域大展其能。

1966年以前，河南的农民教育主要是扫盲。1978年后，农民教育由单纯扫盲开始转向扫盲与文化技术教育并重，并逐步转移到以文化技术教育为主。1986年后，全面推行了扫盲工作责任制，层层签订扫盲责任书，对各自的任务目标、职责等做出明确规定，奖优罚劣，不少县市实行了"四包"(县、市、乡、村行政领导包发动入学、包改善办学条件、包解决教师待遇等)、"三定"(扫盲教师定办学形式、定扫盲时间、定脱盲人数)等办法,保证了扫盲责任制的落实。到 1989 年,地、县、乡、村四级相沟通的农民技术培训网络基本形成。

从 1982 年开始,河南采取系统办学、单位办学、联合办学等多种形式,脱产、半脱产、业余学习等多种方法,对全省 14 万 1968 年到 1980 年初、高中毕业的职工进行了文化补课,并在当年 9 月举行了全省首次职工初中文化补课考试。之后,各类职工文化学校大量涌现,进行高中文化补习及各种技术培训。

成人中等专业学校是在党的十一届三中全会后发展起来的。此后,全省农村劳动力转移培训成为各级政府每年的一项重要任务,各级劳动保障部门发挥自身优势,依托所属技工学校、就业培训中心、民办职业机构等,大力开展转移就业培训。同时,逐步完善农民转移就业的保障制度,农民转移就业后的社会保险、医疗保险、养老保险涉及诸多方面问题,根据需要的迫切程度和可能性逐步完善。

2005 年,省劳动和社会保障厅出台《关于加快劳务输出基地县技工学校建设的意见》,提出利用 3 年时间在 60 个劳务输出基地县普遍建好 1 所技工学校的工作目标。2006 年,省劳动和社会保障厅、省财政厅联合制发《河南省农村劳动力职业培训与就业服务实施办法》,对培训有关事宜进行进一步规范。同时,各地认定 740 多个农民工定点培训机构,并实行动态管理。这一年,全省农民工职业技能培训和安全培训规模不断扩大,全年外出务工农民中经过技能培训的达到 362 万人,高危行业从业人员安全培训 52.4 万人。2007 年,全省开始推行"培训、就业、维权"三位一体的工作模式,努力实现网络到乡、信息到村,积极为农民工提供系统服务。全面实施"农村劳动力技能就业计划",省劳动和社会保障厅、省财政厅联合制发《河南省农村劳动力职业技能培训操作规程》,省劳动和社会保障厅出台《关于大力推进农民工技能培训考核鉴定工作的意见》,规范培训、补贴资金及鉴定考核管理。当年 60 个劳务输出基地县建好技工学校已达到 64 所,参加职业技能培训的达到 464 万人,参加鉴定人数达到 7 万多人。2008 年,由国务院扶贫办、财政部、解放军总政治部等单位共同组织的、旨在通过职业技能培训推进青壮年贫困农民和贫困地区复员退伍士兵转移就业的"雨露计划"正式启动，河南省及时跟进组织实施，2008 年全省共培训贫困农民 20 万人，转移 18 万人。

第七节　初步形成了适应河南经济社会发展的高等教育体系

新中国成立之初，河南省仅有河南大学一所高校。1956 年 9 月，郑州大学第一届学生走进了新校园，这是新中国成立后河南省创办的第一所综合性大学。20 世纪 50 年代末，河南相继在开封、新乡、郑州、洛阳、南阳等地建起了一批高校，这些学校在 60 年代初或被调整停办，或下放农村办学，70 年代后期又得到了恢复发展。1973 年后，郑州粮食学院等高校由粮食部等部委下放河南省管理。1978 年后，又相继在各地区办起了一批师专，主要培养初中师资。

1978 年 1 月，经教育部和河南省人民政府考察批准，郑州大学、河南师范大学、河南医学院、河南农学院、新乡师范学院在全省高校中率先招收三年制硕士研究生 110 名。这是河南省高校首次招收研究生，开启了河南的研究生教育时代；1981 年，在河南省具有研究生培养资格的郑州大学、河南师范大学、河南医学院等 6 所高校首届三年制研究生毕业前夕，经国务院学位委员会审核批准，全省 31 个学科专业又获得硕士学位授予权。其中，河南医学院两个专业获得博士学位授予权，该院沈琼、董民声两位教授被批准为博士研究生导师，他们当年招收了三年制博士研究生 2 名，实现了河南省培养博士研究生"零"的突破。

1984 年 10 月 30 日，经郑州市教委批准，胡大白、杨钟瑶创办了郑州高等教育自学考试辅导班，共招收学员 143 人。1985 年 4 月，经郑州市教委批准，学校定名为黄河科技专科学校。1987 年 8 月，学校举办全日制（走读）高教自考辅导班，共招收郑州市学生 500 人，有会计、外语、中文、法律、经济管理等专业。1988 年 3 月，经郑州市教委批准，学校更名为黄河科技大学。1989 年 11 月，学校被国家教委正式批准为综合性、开放型的社会主义民办大学。1993 年 8 月 30 日，国家教委高等学校设置委员会派出四人评审小组，一致通过学校为首批实施高等学历教育的民办学校。1994年1月，国家教委批准学校进行高等学历教育，黄河科技学院成立。2000年3月，经教育部批准，黄河科技学院成为全国第一个实施本科学历教育的民办普通高校，也是全国首批晋升本科的院校中唯一的民办大学。

1996年，霍裕平院士辞去中国科学院的职务，到郑州大学当了一名普通教授。这不仅是郑州大学的一件大喜事，也是河南省的重大新闻。这结束了河南高校无院士的历史，也展开了河南高校大力引进高层次人才的美好画卷。霍裕平1959年毕业于北京大学物理系，1978年在全国科学大会上获奖，1993年当选为中国科学院院士。就在事业处于巅峰期时，霍裕平来到了河南。在郑州大学，他亲自将凝聚态物理学科调整为材料物理学科，确定建设以研究铝合金为主的金属物理方向。他的研究工作取得了实质进展，并由此提出了一条在我国普遍提高铝合金性能的可能途径。同时，他将郑州大学物理系核物理学科转向为主要面向农业和医学的核生物学，领导了离子束生物技术实验室的建设，以及小麦的离子束诱变育种和转基因的工作。在霍裕平的领导下，郑州大学物理系成为物理学科博士点、国家凝聚态物理重点学科、物理学科博士后流动站。此后，河南高校相继引进了姚建铨、钟香崇等多名院士，并设立了特聘教授岗位，在大力培养引进高层次人才上取得了丰硕成果，进一步促进了河南高校学术队伍的建设，提高了河南高校的竞争力，推动了河南高等教育的快速发展。

自新中国成立初期全国高校院系调整后，河南省一直没有国家重点大学，高等教育的发展缺乏强有力的"龙头"。1993年，为改变这一被动局面，河南省抓住国家高等教育"211工程"启动的良机，做出了重点支持郑州大学争取首批进入"211工程"的决策，省委省政府成立了"211工程"领导小组。1996年11月，郑州大学通过了省政府组织的"211工程"主管部门预审。1997年9月，省政府正式批准立项了《郑州大学"211工程"建设项目可行性报告》，郑州大学"211工程"进入立项建设实施阶段。1999年6月，国家发展计划委员会正式批准郑州大学"211工程"立项，其有机化学及应用物理、材料物理、计算机及自动化技术、高分子材料、激光技术5个学科被列入国家500个建设学科行列。

2003年11月，吴养洁成为河南首位本土培养的院士。2008年10月，河南大学成为省部共建高校。2009 年 8 月，华北水利水电学院成为河南省第三所省部共建高校。省部共建，标志着河南高校在创建全国一流的高水平大学进程中开始了第二次跨越，也标志着河南结束了没有国家重点支持的高等学校的历史。2004 年 2 月，河南省首次以省委省政府名义在郑州召开专门安排部署高等教育工作的会议，会议出台了多项优惠政策，强力推进河南高等教育事业的发展，决定从 2004 年起，利用 3 年时间，在全省本专科高校建设 100 个省级"名牌"专业。启动"人才强校"工程，从 2004 年到 2010 年，全省将选拔 1500 名青年骨干教师进行重点培养。启动"河南省国家留学基金地方项目"，每年列出项目配套经费 800 万元，选派 100 名优秀教师赴国外知名大学、科研机构攻读学位或进行研究和学习。逐步形成了以省会郑州高校为中心，以洛阳、新乡、开封等省辖市高校为依托，其他省辖市高校合理分布，具有地域特色的高校区域布局。

2012 年，河南省与教育部联合签署《加快河南教育发展推进中原经济区建设战略合作协议》，每年一次的部省联席会议，积极与教育部磋商、解决河南高等教育中存在的重大问题。2017 年，郑州市发布了《关于加快引进优质高等教育资源的意见》，设立 100 亿元高等教育发展专项资金，引进优质高等教育资源，进一步提升郑州高等教育的整体实力。河南其他省辖市也出台政策加大了优质教育资源的引进力度，支持高校与国内外高水平大学的交流合作。

2019 年 4 月，全省教育大会在郑州召开。省委省政府决定成立河南省"双一流"建设领导小组和专家咨询委员会。落实《教育部、河南省人民政府部省合建郑州大学手册》各项任务，提高合建工作水平。继续实施中西部高校基础能力建设工程和河南省优势特色学科建设工程。加强专业建设，指导高校修订人才培养方案。完善高校专业动态调整机制，推动高校形成就业与招生计划、人才培养的联动机制。出台《关于加快建设高水平本科教育，全面提高人才培养能力的实施意见》，联合实施"六卓越一拔尖"人才培养计划。启动实施一流本科建设"双千计划"，建设一批省级一流专业点和线上线下精品课程。打造"金课"，淘汰"水课"，提高课堂教学质量。深化教育教学改革研究与实践。深化创新创业教育，加强创新创业示范高校建设，发挥"互联网+"创新创业大赛引领推动作用。深入开展高校基层教学组织建设达标创优建设，打通落实教学工作"最后一公里"。开展保合格、上水平、追卓越三级专业认证工作，做好高校教学工作审核评估、合格评估，发布年度质量报告。加快博士、硕士学位授予立项单位建设，加紧博士专业学位授权点建设。继续实施河南省研究生教育改革与质量提升工程。

第八节　形成了一支素质优良的师资队伍

河南的师资队伍经过 70 年的培养、教育和锻炼，已成为一支素质优良、乐于奉献、作风过硬的队伍，河南教育的巨大成就，渗透着他们的艰辛劳动。从山区到平原，从城市到乡村，不管条件的艰苦，不管生活道路上的坎坷泥泞，广大教师一直忠诚于社会主义教育事业，呕心沥血，任劳任怨，培育祖国的花朵和春芽，培育社会主义的栋梁之材。广大教师被誉为辛勤的园丁、塑造灵魂的工程师、照亮别人牺牲自己的红烛、勤奋耕耘的老黄牛，是当之无愧的。

随着社会尊师重教风气的日益浓厚，广大教师的政治地位、社会地位及生活待遇逐渐提高，献身教育、乐于奉献的典范比比皆是。他们深知百年大计，教育为本，教师又是教育之本，任重而道远。他们言教身教并重，既教书又育人，几度风雨几度春秋，广大教师的丰功伟绩和高洁品格有目共睹，有口皆碑。

改革开放初期，由于长期以来河南教师队伍缺乏稳定的师资来源，教师队伍学历合格率相当低。改革开放以来，河南始终把提高教师队伍素质作为一项重大战略任务来抓，高度重视师范院校和培训基地的建设，采取多种形式培养培训教师，使中小学的师资素质得到大幅度的提高。针对中小学教师的学历状况，在 20 世纪 90 年代末以前，集中力量进行了大规模的学历补偿教育。仅"九五"期间，全省通过中小学教师学历补偿教育，共培训中学教师 6.5 万人，小学教师 9.8 万人，有效改变了全省中小学教师学历合格率长期偏低的状况。同时开始了农村中小学继续教育和校长培训，到 1997 年底，全省小学教师中接受继续教育的已达 25 万人，占小学教师总数的 60%。从 2000 年开始，实施了新世纪园丁工程和"百千万工程"，新一轮中小学教师岗位培训工作全面展开，开展了新课程培训，教师队伍素质不断提高。2002 年，通过调整，完成了由三级师范向二级师范的过渡，使新师资合格教师培养有了稳定的来源。同时，积极推进教师资格制度，为新师资补充提供了制度保证。从 1988 年开始，全省实施了教师职务制度。1978 年，全省小学、初中、高中专任教师学历合格率分别为 42.97%、45.55%、38.81%，到 2007 年，全省小学、初中、高中专任教师学历合格率则分别达到 99.40%、99.90%、88.70%，较 1978 年分别提高了 56.43 个、54.35 个、49.89 个百分点。全省中小学教师中具有专科及以上学历、初中教师中具有本科及以上学历的比例分别达到 61.8% 和 34.2%，高校教师队伍建设硕果累累。通过培养、引进等方式，全省高校汇聚了一批高水平的学科带头人和学术骨干，建立了一批协同攻关的教学、科研创新团队，教师队伍数量大幅增加，结构明显优化，整体素质显著提升。目前，在河南高校工作的"两院"院士（含双聘院士）已达 76 人，省级特聘教授 81 人，全省普通高校专任教师由 1978 年的 5363 人增加到 2007 年的 5.88 万人，增加了 10 倍，专任教师中具有副高级以上职称的从 1978 年的 93 人增加到 2007 年的 19144 人，增加了 200 多倍，副高级以上职称教师占专任教师的比例从 1978 年的 1.73% 增加到 2007 年的 32.85%，增加了 31.12 个百分点。专任教师中具有正高级职称的从 1978 年的 55 人增加到 2007 年的 4012 人，增加了 72 倍，占专任教师的比例从 1978 年的 1.03% 增加到 2007 年的 6.82%，增加了 5.79 个百分点。专任教师中具有研究生以上学历的有 21279 人（其中具有博士学历的 3774 人），占总数的 36.21%。教师队伍的壮大发展保障了教育教学质量，提高了人才培养能力，提升了科学研究水平，适应了河南高等教育改革和发展的需要。

民办教师问题得到妥善解决。民办教师是在农村教育不断发展、公办教师得不到补充的情况下，解决农村中小学师资队伍不足问题的一种特殊的用工形式。1978 年，全省有民办教师 56.6 万人，占中小学教师总数的 72%。这支队伍长期以来在发展农村中小学教育中担负着主要任务。随着教育事业的不断发展，民办教师的整体素质已不能适应教育事业发展的需要，他们的待遇也需要逐步加以解决。改革开放以来，河南按照"关、招、转、辞、退"的五字方针，逐步妥善解决民办教师问题。一是进行整顿。从

1982 年开始，对民办教师先后进行了多次精简整顿，到 1988 年时，民办教师数量减少到 30.67 万人，精简后的这部分民办教师列入计划内民办教师。二是招转为公办教师。经过近 20 年的努力，30 多万民办教师全部转为公办教师。对没有转为公办教师的计划内民办教师给予生活补助，妥善安置。

第九节　不断改善的办学条件

由于各级党政领导的重视和全社会办教育积极性的提高，国家、集体、个人多种渠道筹集资金，办学条件逐步改善，一座座花园式的学校像一颗颗的明珠镶嵌在中州大地。

1979 年以来，河南各地成立了集资办学领导小组，县、乡、村也建立了相应的机构，确定专人负责，使集资办学纳入了经常化、制度化的轨道。行署制定规划，提出具体目标，逐级建立责任制，各级政府的领导层层签订责任书，把这项工作列为考核主要领导干部政绩的主要内容，增强了各级政府领导的责任感和紧迫感。

通过抓宣传、搞发动，抓典型、带全面，抓验收、上等级等活动，全省群众性的集资建校浪潮一浪高过一浪，出现了不少干部群众慷慨捐资、齐心建校的动人情景。村村投资，人人捐献，校校改善，河南各地的办学条件不断向高标准迈进。到 1989 年，全省 93.1% 的中小学实现了"一无两有"，险房比例由 1979 年的 37% 下降到 1%，71.6% 的学校实现了"六配套"，并正在向楼房化、花园化的目标前进。全省拥有电教卫星地面接收站15 座，电视机 3000 多部，实验室 1000 余个。

第十节　七十年的经验教训

我们走过了 70 年，70 年中所取得的巨大成就推动了河南教育的发展，也为河南教育争得了荣誉。回顾我们所走过的路，既有鲜花坦途，也有泥泞坎坷，有宝贵的经验，也有沉痛的教训。

河南教育的 70 年告诉我们，教育只能在社会稳定中得以发展，这就要无论任何时候都必须坚持党的领导。我们的国家是社会主义国家，我们的教育只能是也必须是社会主义性质。新中国成立初期，党致力于社会主义改造和发展经济，教育在良好的政治环境和社会环境中迅速发展壮大。在20世纪60年代初期的国民经济调整、巩固、充实、提高过程中，根据党的"两条腿走路"方针，教育贴近经济，消除"虚肿"现象，各级各类教育事业又一次稳步前进。党的十一届三中全会以来，党的工作重心逐渐转移到以经济建设为中心方面上来，不断提高教育的战略地位，推进教育改革，使教育以历史上少有的速度向前发展。相反，每当我们党遇到政治风波时，教育的发展就缓慢，有时甚至后退。1957年后受"左"的影响，教育的发展产生了不少曲折。特别是"文化大革命"，使教育受到了毁灭性的破坏。在实现"两个一百年"目标的关键时期，我们应当更加坚定信心，紧密团结在党的旗帜下，坚持改革开放，以习近平新时代中国特色社会主义思想为指引，沿着社会主义方向开拓奋进。

河南教育的70年告诉我们，要实现社会进步，必须处理好教育与经济建设的关系。这个关系处理好了，就可以逐步实现以教促富、以富促教的良性循环。如果目光短浅、急功近利，忽视教育的发展，教育不能主动为经济服务，就难以摆脱劳动者素质低、人才缺乏的矛盾和人口与资源的矛盾的困扰，经济上不去，反过来又会限制教育的发展。为此，必须提高全社会对教育重要性的认识，真正把经济建设纳入依靠科技进步和提高劳动者素质的轨道上来，依靠教育为社会主义经济建设提供源源不断的动力。社会主义建设要依靠教育，教育要为社会主义建设服务，二者互为依存，相辅相成，不能偏废一方。要舍得为教育投资，着力培养人才，提高青少年乃至全民族的政治、文化、技术素质。

河南教育的70年告诉我们，要坚持从实际出发，有计划、按比例地发展教育事业，使之同国民经济发展的要求相适应。当我们处理好需要与可能、近期与远期、数量与质量、普及与提高、统一性与多样性的辩证关系，稳扎稳打、务实求真时，我们的事业就能前进，就有成效；当我们不注意计划的重要性、科学性和严肃性，不顾及现实的客观情况，主观臆断、急于求成或畏缩不前，只愿轰轰烈烈，不愿踏踏实实时，我们的事业就会受到挫折，导致失败。

河南教育的70年告诉我们，必须端正办学指导思想，全面贯彻党的教育方针，把受教育者培养成有理想、有道德、有文化、有纪律，德、智、体全面发展的社会主义公民。多年来，我们正是坚决贯彻执行这一方针，加强和改善学校思想政治工作，加强理想教育、纪律教育和劳动技术教育，才保证了社会主义教育沿着正确的方向前进，使学校成为社会主义精神文明建设的重要阵地。

河南教育的 70 年告诉我们，调动全社会办教育的积极性，是推动教育事业发展的必由之路。国情、省情告诉我们，教育的发展单靠国家是包不下来的，只有国家、集体、个人一齐上，才能不断克服教育上的困难。党的十一届三中全会后，河南十几年的学校建设，投入的大量人力、物力、财力，主要来自集体和人民群众。人民群众中蕴藏着巨大的办教育的积极性和无穷的力量，人民是教育之源、教育之母。人民教育人民办，办好教育为人民。

河南教育的 70 年告诉我们，要正确贯彻党的知识分子政策，建立一支师德合格的教师队伍。百年大计，教育为本，教育大计，教师为本，一支数量足、品德正、业务精的教师队伍是河南教育事业兴旺发达的关键之一。要从政治上、生活上、业务上关心他们，使他们乐于从教、忠于职守，创造性地做好自己的工作。要加强师范教育和在职教师培训工作，使教师队伍不断壮大，教师素质不断提高。

河南教育步入壮年，她不会忘记昨天的历史，昨天的经验使她丰满，昨天的教训使她明智。恰逢清明盛世，党的总方针、总任务为她指明了方向，河南振兴和中原崛起的希望给她注满青春的活力。河南教育必定会振奋精神，信心百倍地走向明天。

第二章　当代河南教育发展的成就与现状

70年来，河南的教育事业经历了恢复、起步、颠覆探索、跨越发展、科学发展等时期，对全省经济和社会发展提供了人才和智力支持。

第一节　从数据看发展

一　1949～1999年：50年探索发展

1949年中华人民共和国成立后，河南告别了连年的战乱，进入和平发展时期。近代动荡的社会和"水旱蝗汤"（水灾、旱灾、蝗灾、国民党汤恩伯军队。——编者注）造成的灾难，使得20世纪40年代末的河南教育满目疮痍，1949年全省学校教育在校生仅有166.46万人，仅占总人口的3.99%。在全部166.46万名在校学生中，小学生为161.45万人，占全部在校生总数的96.99%。其余的中等教育、高等教育加起来仅有3.01%。全省只有1所高等学校，在校生仅有804人，相对全省4174万的常住人口，比例甚至低到可以忽略不计。教育体系远远没有建立，研究生教育、技工教育、成人教育都是空白。职业教育和学前教育的体量也是十分微小。

到1956年，虽然教育体系没有实现进一步完善，但是各项教育事业有了长足的进步。全省教育在校生数达到524.76万人，占全省总人口的11.09%。高等教育在校生数是1949年的10倍，中等技术学校在校生数是1949年的11倍，普通高中在校生数是1949年的11.72倍。中等师范学校、普通初中和小学教育在校生数也有大幅度提高。

到1965年，经过16年的探索发展，河南已经初步建立起了除研究生教育外的类型齐全、层次完备的教育体系，而且各级各类教育的比例也渐趋合理。全省各级各类教育在校生达到 1179.22 万人，占全省人口总数的 22.50%。普通高等教育在校生数达到 1.40 万人，是 1949 年的 17.5 倍；普通高中教育在校生达到 6.32 万人，是 1949 年的 16.21 倍；普通初中教育在校生达到 39.78 万人，是 1949 年的 10.75 倍。技工学校、农职业学校和成人教育学校从无到有，并且初步形成规模。河南的教育已经初步走上良性发展的轨道。

1978 年以后，河南的教育迎来了新的发展时期，之后 20 年，全省上下奋起直追，在经济不发达的内陆人口大省打起了一次次教育攻坚战。到 1999 年，全省各级各类学校在校生数达到 2459.50 万人，占全省常住人口总数的 26.20%。研究生教育在校生从 1978 年的 183 人发展到 2392 人；普通高等教育在校生数达到 18.55 万人，是 1949 年的 231.88 倍，是 1965 年的 13.25 倍；普通高中教育在校生达到 61.06 万人，是 1949 年的 156.56 倍，是 1965 年的 9.66 倍；普通初中教育在校生达到 507.80 万人，是 1949 年的 137.24 倍，是 1965 年的 12.77 倍。技工学校在校生达到 9.24 万人；农职业学校在校生达到 53.75 万人；成人教育在 1965 年就初步形成规模，到 1999 年在读生达到 403.12 万人。小学教育、中等技术教育、中等师范教育、技工教育、特殊教育等都有大的发展。

全省各级各类学校数也由 1949 年的 18854 所发展到 1999 年的 83624 所。其中研究生培养、技工学校、农职业学校、成人高校、成人中专和成人初等学校都是 1949 年以后才生成和发展起来的。

在规模增长的基础上，1999 年全省的师资队伍和教育教学保障条件都有了不同程度的提高。

（1）教职工队伍规模，1999 年，全省各级各类学校教职工总数达到 106.35 万人，比上年增加 3.6 万人，增长 3.5%。中小学教职工 85.54 万人，增加 3.76 万人，增长 4.6%；各类中等职业学校教职工 8.2 万人；普通高校教职工队伍 4.34 万人，比上年增加 0.26 万人；各类成人学校教职工 3.88 万人，比上年减少 0.45 万人，下降 10.4%；其他教育事业单位人员 4.04 万人。全省各级各类学校专任教师总数 85.66 万人，比上年增加 3.47 万人，增长 4.2%。其中，小学教师 76.10 万人，增加 3.71 万人，增长

5.1%；各类中等职业学校教师 5.1 万人，减少 0.06 万人，下降 1.2%；普通高校教师 1.87 万人，增加 0.17 万人；各类成人学校教师 2.41 万人，减少 0.47 万人，下降 16.3%。

（2）各类学校生师比。1999 年，全省各类学校每一教师负担学生数（生师比）分别为：小学 27 人（标准 23～26.9 人），普通初中 20 人（标准 16～20 人），普通高中 15 人（标准 16.1～17.9 人），普通中等技术学校 21 人（标准 8～10.5 人），中等师范学校 22 人（标准 10～11.4 人），普通高校 9.7 人，包括成人脱产班为 11 人（标准 6～8.5 人）。

（3）专任教师学历达标率。1999 年，小学教师学历达标率 97%，比上年上升 1.1 个百分点；初中教师学历达标率 85.2%，比上年上升 3.8 个百分点；普通高中教师学历达标率 67.7%，比上年上升 3.4 个百分点；职业高中（含职业中专）教师学历达标率 36.6%，比上年上升 2.5 个百分点；普通中等技术学校专任教师中具有本科及以上学历的占 74.0%，中等师范学校占 7.2%，分别比上年上升 0.8 个和 0.1 个百分点，普通高校教师中具有研究生及以上学历的占 22%。

（4）中小学计划内民办教师情况。到 1999 年底，全省中小学计划内民办教师已减少到 4.6 万人（学年度统计为 7.04 万人，尚未扣除 1999 年招、转民师人数），占中小学教职工总数的比率由上年的 17.3% 下降到 3.6%。其中中学民师由 3.9% 下降到 1.8%，小学由 24.5% 下降到 12.9%。计划内民师总数中，具有中专及以上学历的占 78.8%，具有高中及以下学历的占 21.2%，40 岁及以上的占 60.4%，40 岁以下的占 39.6%。

（5）学校占地面积和校舍建筑面积。1999 年，全省各级各类学校占地面积达到 4.1 亿平方米，比上年增加 2000 万平方米，增长 5%。其中，普通高校增加 354.08 万平方米，中小学增加 924.07 万平方米。校舍建筑总面积达到 10186 万平方米，新建校舍 1554 万平方米。其中，普通高校增加 140.63 万平方米，中小学增加 545.71 万平方米。全省新建改建教师住房 135 万平方米，其中，普通高校增加 35 万平方米（改造筒子楼 29.7 万平方米），中小学增加 100 万平方米。高校教师家庭人均居住面积 8 平方米，中小学为 9.5 平方米。中小学危房面积 14.99 万平方米，危房所占比例为 0.2%。各类学校生均校舍建筑面积分别为：小学 3.6 平方米，比上年增加

0.2 平方米；初中 5.0 平方米，增加 0.1 平方米；高中 11.2 平方米，下降 1.2 平方米；普通中专 20.6 平方米，增加 0.6 平方米；普通高校 40.9 平方米，降低 1.6 平方米。

（6）固定资产、教研仪器及图书资料。全省普通高校固定资产总值 39.22 亿元，比上年增加 9.91 亿元。其中，教学科研仪器设备总值 8.95 亿元，增加 1.93 亿元；拥有图书 2310.87 万册，生均 124.6 册。普通中专固定资产总值 28.13 亿元，比上年增加 2.51 亿元，其中教研仪器设备总值 4.71 亿元，增加 1.05 亿元；图书总量 1517.90 万册，生均 43 册。普通中小学生均图书分别为：高中 20.5 册，初中 15.9 册，小学 11.8 册。

（7）中小学电化教育人员与设备情况。全省中小学从事电化教育的人员共有 3.04 万人，其中，专职人员 3692 人，兼职人员 2.67 万人。各类电化教育设备总值 7.68 亿元。

二 1999~2018：20 年跨越

进入 21 世纪，河南教育在原有的基础上不断向前推进，实现了跨越式发展。

（一）20 年间总规模在不断扩大

1999 年全省有各级各类学校 8.36 万所，与 1998 年大体持平。在校学生 2459.50 万人，比上年增加十万多人。教职工 106.35 万人，增加 3.6 万人。其中专任教师队伍 85.66 万人，净增 3.5 万人。教育人口（即教职工和学生之和）约占全省总人口的 27%。

2000 年，全省有各级各类学校 8.53 万所，比上年增加 0.17 万所。在校学生达 2496.82 万人，比上年增加 37.32 万人，增长 1.5%。教职工达到 103.97 万人。其中专任教师达到 88.20 万人，净增 2.54 万人，增长 3%。全省教育人口为 2600.79 万人，约占全省总人口的 28%。

2001 年，全省有各级各类学校 8.31 万所，在校学生 2396.46 万人，教职工 108.95 万人，其中专任教师 92.42 万人，比 2000 年净增 4.22 万人，增幅为 4.78%。全省教育人口 2505.41 万人，约占全省总人口的 26.41%。全省普通高校、普通高中和普通初中每万人口中在校学生数明显上升；成人高校、普通中专、职业中学、小学和幼儿教育每万人口中在校学生数稍有下降。

2002 年，全省有各级各类学校 8.02 万所，教育人口 2646.45 万人，约占全省总人口的 27.70%。其中在校学生 2525.64 万人，教职工 120.80 万人，其中专任教师 94.55 万人。各级各类教育每万人口在校学生数均有明显上升。

2003 年，全省有各级各类学校 7.1 万所，教育人口 2815.7 万人，占全省总人口的 29.1%。

2004 年，全省有各级各类学校 6.57 万所，教育人口 2747.48 万人，占全省总人口的 28.42%。

2005 年，全省有各级各类学校 5.92 万所，教育人口 2673.97 万人，占全省总人口的 27.52%。

2006 年，全省有各级各类学校 5.93 万所，教育人口 2787.40 万人，占全省总人口的 28.38%。

2007 年，全省有各级各类学校 5.76 万所，教育人口 2815.60 万人，占全省总人口的 28.67%。其中，在校生 2691.7 万人，比上年增加 27.01 万人；教职工 123.9 万人，比上年增加 0.87 万人。每万人口中接受高等教育的在校生人数达 199 人，比上年的 171 人增加 28 人（其中，接受普通高等教育的在校生人数为 111 人，比上年的 100 人增加 11 人）；每万人口中接受高中阶段教育的在校生人数达 376 人，比上年的 347 人增加 29 人。全省小学净入学率达 99.94%，比上年提高 0.08 个百分点；毕业生升学率达 100%，比上年提高 0.31 个百分点。初中阶段净入学率达 98.79%，比上年提高 0.44 个百分点；毕业生升学率达 67.96%，比上年提高 1.23 个百分点。高中阶段毛入学率达 67.7%，比上年提高 12.09 个百分点。高等教育毛入学率达 19.68%，比上年提高 1.38 个百分点。

2008 年，全省共有各级各类学校 5.81 万所，教育人口 2870.18 万人，占总人口的 29.08%。其中，在校生 2744.41 万人，比上年增加 52.71 万人；教职工 125.77 万人，比上年增加 1.87 万人。每万人口中接受高等教育的在校生人数达 218 人（其中，接受普通高等教育的在校生人数为 126 人）；每万人口中接受高中阶段教育的在校生人数达 384 人。全省小学净入学率达

99.91%，毕业生升学率达 97.77%。普通初中净入学率达 99.17%，毕业生升学率达 69.77%。高中阶段毛入学率达 80.3%。高等教育毛入学率达 20.5%。

2009 年，全省共有各级各类学校 5.78 万所，教育人口 2918.63 万人，占总人口的 29.43%。其中，在校生 2789.38 万人，比上年增加 44.97 万人；教职工 129.25 万人，比上年增加 3.48 万人。每万人口中接受高等教育的在校生人数达 230 人，比上年的 218 人增加 12 人，其中，接受普通高等教育的在校生人数为 138 人，比上年的 126 人增加 12 人；每万人口中接受高中阶段教育的在校生人数达 392 人，比上年的 384 人增加 8 人。全省小学净入学率达 99.92%，普通初中净入学率达 99.16%，高中阶段教育毛入学率达 88.84%，高等教育毛入学率达 22.02%。

2010 年，全省共有各级各类学校 6.14 万所。教育人口 2899.94 万人，占总人口的 29.09%，其中，在校生 2768.58 万人，比上年减少 20.80 万人；教职工 131.36 万人，比上年增加 2.11 万人；专任教师 112.3 万人，比上年增加 1.94 万人。每万人口中接受高等教育的在校生人数达 233 人，比上年增加 3 人，其中，接受普通高等教育的在校生人数达 146 人，比上年增加 8 人；每万人口中接受高中阶段教育的在校生人数达 383 人，比上年减少 9 人。全省小学净入学率达 99.94%，普通初中净入学率达 99.62%，高中阶段教育毛入学率达 89.08%，高等教育毛入学率达 23.66%。

2011 年，全省共有各级各类学校（机构）6.6 万所，教育人口 2933.28 万人，其中在校生 2794.63 万人，教职工 138.65 万人，教育人口占总人口的 28.1%。每万人口中接受高等教育的在校生数为 227 人，其中，接受普通高等教育的在校生数为 144 人，接受高中阶段教育的在校生数为 359 人。小学净入学率 99.94%，普通初中净入学率 99.60%，高中阶段毛入学率 90.0%，高等教育毛入学率 24.63%。

2012 年，全省各级各类学校（机构）6.5 万所，教育人口 2931 万人，其中在校生 2790 万人，教职工 141 万人，教育人口占总人口的 28.1%。每万人口中接受高等教育的在校生数为 246 人，其中，接受普通高等教育的在校生数为 149 人；接受高中阶段教育的在校生数为 351 人。小学净入学率 99.93%，普通初中净入学率 99.70%，高中阶段毛入学率 90.0%，高等教育毛入学率 27.22%。

2013 年，全省共有各级各类学校（机构）6.12 万所，教育人口 2647.75 万人，其中，在校生 2505.38 万人，教职工 142.37 万人，教育人口占全省总人口的 25%。每万人口中接受高等教育的在校生数为 250 人，其中接受普通本专科教育的在校生数为 153 人；接受高中阶段教育的在校生数为 317 人。学前三年毛入园率 75.43%，小学净入学率 99.87%，初中阶段毛入学率 110.50%，高中阶段毛入学率 90.20%，高等教育毛入学率 30.10%。

2014 年，全省共有各级各类学校（机构）6.07 万所，教育人口 2699.99 万人，其中在校生 2554.48 万人，教职工 145.51 万人，教育人口占总人口的 25.47%。每万人口中接受普通本专科教育的在校生数为 178 人；接受高中阶段教育的在校生数为 348 人。小学净入学率 99.97%，普通初中净入学率 99.96%，高中阶段毛入学率 90.30%，高等教育毛入学率 34.00%。

2015 年，全省共有各级各类学校（机构）5.87 万所，教育人口 2704.3 万人，其中在校生 2553.99 万人，教职工 150.31 万人，教育人口占总人口的 25.36%。

2016 年，全省共有各级各类学校（机构）5.72 万所，教育人口 2754.28 万人，其中，在校生 2601.31 万人，教职工 152.97 万人，教育人口占总人口的 25.69%。

2017 年，全省共有各级各类学校（机构）5.58 万所，教育人口 2820.93 万人，其中，在校生 2659.62 万人，教职工 161.31 万人，教育人口占总人口的 26.15%。

2018 年，全省共有各级各类学校（机构）5.36 万所，教育人口 2817.06 万人，其中，在校生 2647.67 万人，教职工 169.39 万人，教育人口占全省总人口的 25.96%。

（二）各个层次和类别的教育事业不断发展

1. 学前教育和特殊教育

1999～2018 年 20 年间，全省独立设置的幼儿园由 0.29 万所增加到 2.21 万所；在园幼儿由 178.52 万人增加到 437.99 万人，增长了 1.45 倍；特殊教育学校由 118 所增加到 149 所，增加了 31 所；在校生由 1.23 万人增加到 4.39 万人，增长了 2.57 倍。

1999 年全省独立设置的幼儿园 2943 所，学前班教学点 24124 处，入园幼儿 145.20 万人，在园幼儿 178.52 万人，分别比上年减少 22.8 万人和 25.65 万人。全省有特殊教育学校 118 所，其中，盲聋哑学校 99 所；招生 2264 人，在校生 12302 人，均与上年大体持平。

2000 年全省有幼儿园 2937 所，比上年减少 6 所，学前班 24031 处，比上年减少 93 处，在园幼儿（含学前班）1563655 人，比上年减少 221578 人。幼儿园园长和教师共 26530 人，其中幼儿园师范专业毕业和接受过专业培训的占 45.19%，比上年提高 2.67 个百分点。全省共有特殊学校 121 所，比上年增加 3 所；招生 4529 人，比上年增长 100.04%；在校生 29744 人，比上年增加 141.78%。特殊教育教职工比上年增加 90 人，其中专任教师增加 82 人。

2001 年，全省幼儿园 1757 所，入园幼儿 101.48 万人（含学前班和小学附设幼儿园），在园幼儿 124.05 万人（含学前班和小学附设幼儿园），分别比上年减少 54.88 万人和 32.32 万人。幼儿园教职工 3.08 万人，其中园长和专任教师 2.10 万人，专任教师学历达标率 95.83%。全省有特殊教育学校 121 所，特殊教育招生 0.30 万人，在校学生 1.88 万人。特殊教育学校教职工 0.30 万人，比上年增加 115 人，其中专任教师 2288 人，与上年持平。

2002 年，全省共有幼儿园 2163 所，比上年增加 406 所，其中教育部门办幼儿园 702 所。入园幼儿 137.62 万人，在园幼儿 164.58 万人，分别比上年增加 36.13 万人和 40.54 万人。幼儿园教职工 3.56 万人，其中专任教师 2.24 万人。全省有独立设置特殊教育学校 122 所，招生 0.29 万人，比上年减少 0.01 万人；在校学生 1.99 万人，比上年增加 0.12 万人。特殊教育教职工 0.32 万人，其中专任教师 0.25 万人，比上年均有所增加。

2003 年，全省共有幼儿园 2659 所，比上年增加 496 所。在园幼儿（含学前班）1494284 人，比上年减少 151562 人。幼儿园园长和专任教师共 29315 人，比上年增加 6920 人。全省共有特殊教育学校 123 所，比上年增加 1 所。招生 2634 人，在校生 19146 人。在普通学校随班就读和附设特教班的残疾儿童招生数和在校生数分别占特殊教育招生和在校生总数的 51.3% 和 49.1%。特殊教育专任教师 2510 人，比上年增加 43 人。

2004 年，全省共有幼儿园 3467 所，比上年增加 808 所。在园幼儿（包括学前班）149.02 万人，比上年减少 0.41 万人。幼儿园园长和专任教师共 3.48 万人，比上年增加 0.55 万人。全省共有特殊教育学校 123 所。招生 0.27 万人，在校生 1.91 万人。在普通学校随班就读和附设特教班的残疾儿童招生数和在校生数分别占特殊教育招生和在校生总数的 48.91% 和 46.78%。独立设置的特殊教育学校共有专任教师 0.25 万人，与上年持平。

2005 年，全省共有幼儿园 4142 所，其中教育部门办 890 所，占总数的 21.49%；民办 2714 所，占总数的 65.52%；幼儿园园数比上年增加 675 所。入园幼儿 117.97 万人，比上年增加 1.71 万人；在园幼儿 153.5 万人，比上年增加 4.48 万人；其中民办幼儿园在园幼儿 35.18 万人，占总数的 22.92%。幼儿园园长和专任教师共 4.12 万人，比上年增加 0.64 万人。全省共有特殊教育学校 123 所。招生 0.26 万人；在校生 2.03 万人，比上年增加 0.11 万人。在普通学校随班就读和附设特教班的残疾儿童招生数和在校生数分别占特殊教育招生和在校生总数的 55.44% 和 52.26%。独立设置的特殊教育学校共有专任教师 0.25 万人，与上年基本持平；其中有 0.14 万人受过特教专业培训，占专任教师总数的 55.78%。

2007 年，学前教育进一步发展。幼儿园数、在园幼儿数及幼儿园园长和教师数均有增加。2007 年，全省共有幼儿园 4859 所，比上年增加 98 所。入园幼儿 120.47 万人，比上年增加 2.25 万人；在园幼儿 159.34 万人，比上年增加 1.7 万人；离园幼儿 77.9 万人，比上年减少 1.46 万人。幼儿园园长和专任教师共 5.08 万人，比上年增加 0.27 万人。

2007 年，特殊教育继续稳步发展。独立设置的特殊教育学校 121 所。特殊教育学校和普通中小学随班就读班共招收残疾儿童 0.3 万人，比上年增加 0.08 万人；在校残疾儿童 2.17 万人，比上年增加 0.4 万人；残疾儿童毕业人数 0.2 万人，比上年增加 0.04 万人。特殊教育学校教职工 0.33 万人，专任教师 0.27 万人。

2008 年，全省幼儿园数、在园幼儿数及幼儿园园长和教师数均有增加。

全省幼儿园 5617 所，比上年增加 758 所。入园幼儿 116.3 万人，比上年减少 4.17 万人；在园幼儿 164.52 万人，比上年增加 5.18 万人；离园幼儿 75.75 万人，比上年减少 2.15 万人。幼儿园教职工 7.86 万人，比上年增加 0.93 万人，其中幼儿园园长和专任教师共 5.81 万人，比上年增加 0.73 万人。

2008 年，全省独立设置的特殊教育学校 120 所。特殊教育学校和普通中小学随班就读班共招收残疾儿童 0.3 万人，比上年增加 50 人；在校残疾儿童 2.07 万人，比上年减少 0.1 万人；残疾儿童毕业人数 0.17 万人，比上年减少 0.03 万人。特殊教育学校教职工 0.33 万人，专任教师 0.28 万人。

2009 年，全省共有幼儿园 6355 所，比上年增加 738 所；入园幼儿 114.11 万人，比上年减少 2.18 万人；在园幼儿 171.65 万人，比上年增加 7.13 万人；离园幼儿 73.07 万人，比上年减少 2.68 万人。学前三年毛入园率达到 50.89%。幼儿园教职工 8.92 万人，比上年增加 1.06 万人，其中专任教师（含园长）共 5.83 万人，比上年增加 0.02 万人。专任教师（含园长）中幼教专业毕业的有 5.04 万人，占总数的 86.45%。

2009 年，全省共有独立设置的特殊教育学校 121 所，比上年增加 1 所。特殊教育学校和普通中小学随班就读班共招收残疾儿童 0.3 万人，与上年持平；在校残疾儿童 2.11 万人，比上年增加 0.04 万人；残疾儿童毕业人数 0.21 万人，比上年增加 0.04 万人。特殊教育学校教职工 0.34 万人，专任教师 0.29 万人。专任教师中受过特教培训的有 1479 人，占总数的 51.5%。

2010 年，全省共有幼儿园 7698 所，比上年增加 1343 所；入园幼儿 111.96 万人，比上年减少 2.15 万人；在园幼儿 196.67 万人，比上年增加 25.03 万人；离园幼儿 71.34 万人，比上年减少 1.73 万人。学前三年毛入园率达 52.8%。幼儿园教职工 11.06 万人，比上年增加 2.14 万人，其中专任教师（含园长）7.2 万人，比上年增加 1.37 万人。专任教师（含园长）中幼教专业毕业的有 5.69 万人，占总数的 79.02%。

2010 年，全省共有独立设置的特殊教育学校 120 所，比上年减少 1 所。特殊教育学校和普通中小学随班就读班共招收残疾儿童 0.32 万人，比上年增加 158 人；在校残疾儿童 2.19 万人，比上年增加 784 人；残疾儿童毕业人数 0.23 万人，比上年增加 226 人。特殊教育学校教职工 0.34 万人，其中，专任教师 0.29 万人。专任教师中接受特教培训的有 1562 人，占总数的 54.34%。

2011 年，全省共有幼儿园 10304 所，比上年增加 2606 所；入园幼儿 175.56 万人，比上年增加 63.59 万人；在园幼儿 282.21 万人，比上年增加 85.54 万人；离园幼儿 98.31 万人，比上年增加 26.97 万人。学前一年毛入园率 80.5%，学前二年毛入园率 65.5%，学前三年毛入园率 55.5%。幼儿园教职工 15.10 万人，比上年增加 4.04 万人，其中园长和专任教师 10.57 万人，比上年增加 3.37 万人。园长和专任教师中学前教育专业毕业的有 6.18 万人，占总数的 58.47%。

2011 年，全省有独立设置的特殊教育学校 127 所，比上年增加 7 所；特殊教育学校和普通中小学随班就读班共招收残疾儿童 0.32 万人，比上年减少 83 人；在校残疾儿童 1.95 万人，比上年减少 2390 人；残疾儿童毕业人数 1697 人，比上年减少 586 人。特殊教育学校教职工 3547 人，其中专任教师 2961 人。专任教师中受特教培训的有 1468 人，占总数的 49.58%。

2012 年，全省学前教育在园规模和教职工数快速增长，毛入园率达到历史最高水平。全省共有幼儿园 12912 所，比上年增加 2608 所；入园幼儿 195.10 万人，比上年增加 19.54 万人，增长 11.13%；在园幼儿 319.82 万人，比上年增加 37.61 万人，增长 13.33%；离园幼儿 134.31 万人，比上年增加 36 万人，增长 36.62%。幼儿园教职工 18.36 万人，比上年增加 3.26 万人，增长 21.59%，其中园长 1.51 万人，比上年增加 0.3 万人，增长 24.79%；其中专任教师 11.26 万人，比上年增加 1.9 万人，增长 20.3%。专任教师中学前教育专业毕业的有 6.85 万人，占总数的 60.8%，比上年提高 0.33 个百分点。全省学前一年毛入园率 91.51%，学前三年毛入园率 66.63%。

2012 年，全省特殊教育校数继续增加，招生和在校生有所下降，教职工和专任教师有所增加，专任教师中受特教培训的比例继续提高。全省共有独立设置的特殊教育学校 132 所，比上年增加 5 所；特殊教育学校和普通中小学随班就读班共招收残疾儿童 0.3 万人，比上年减少 0.02 万人；在校残疾儿童 1.67 万人，比上年减少 0.28 万人；残疾儿童毕业人数 0.24 万人，比上年增加 0.07 万人。特殊教育学校教职工 0.38 万人，其中专任教师 0.32

万人，专任教师中接受过特教培训的占 53.57%。

2013 年，全省共有幼儿园 14485 所，附设幼儿班 17220 个，入园幼儿 202.60 万人，在园幼儿 346.95 万人，离园幼儿 139.75 万人。教职工 21.54 万人，其中园长和专任教师分别为 1.75 万人和 12.94 万人。接受学前教育专业毕业的专任教师 8 万人，占总数的 61.81%。

2013 年，全省共有特殊教育学校 137 所，特殊教育学校和普通中小学随班就读班共招收残疾儿童 0.33 万人，在校残疾儿童 1.67 万人，残疾儿童毕业人数 0.17 万人。教职工 0.38 万人，其中专任教师 0.33 万人，接受过特教专业培训的专任教师占 60.88%。

2014 年，全省共有独立设置的幼儿园 15821 所，附设幼儿机构数 16798 所，入园幼儿 207.80 万人，在园幼儿 369.22 万人，离园幼儿 146.99 万人。学前三年毛入园率 78.56%。幼儿园教职工 23.75 万人，其中园长 1.92 万人，专任教师 14.28 万人。学前教育专业毕业的专任教师 8.82 万人，占总数的 61.75%。

2014 年，全省共有独立设置的特殊教育学校 142 所，特殊教育学校和普通中小学随班就读班共招收残疾儿童 0.36 万人，在校残疾儿童 1.83 万人，残疾儿童毕业人数 0.12 万人。特殊教育学校教职工 0.40 万人，其中专任教师 0.35 万人，接受特教专业培训的专任教师占总数的 67.40%。

2015 年，全省共有独立设置的幼儿园 17481 所，附设幼儿机构数 16078 个，入园幼儿 207.22 万人，在园幼儿 393.37 万人，离园幼儿 151.60 万人。学前三年毛入园率 83.18%。幼儿园教职工 27.33 万人，其中园长 2.12 万人，专任教师 16.53 万人。专任教师中具有专科及以上学历的比例为 69.64%，学前教育专业毕业的 10.19 万人，占总数的 61.67%。

2015 年，全省共有独立设置的特殊教育学校 144 所，招收残疾儿童 0.39 万人，在校残疾儿童 2.01 万人，残疾儿童毕业人数 0.18 万人。特殊教育学校教职工 0.40 万人，其中专任教师 0.35 万人，接受特教专业培训的专任教师占总数的 64.03%。

2016 年，全省共有幼儿园 18695 所，离园幼儿 155.60 万人，入园幼儿 157.92 万人，在园幼儿 408.68 万人。学前三年毛入园率 85.14%。幼儿园教职工 29.70 万人，其中，园长 2.27 万人，专任教师 17.82 万人，专任教师中具有专科及以上学历的比例为 70.60%。

2016 年，全省共有特殊教育学校 146 所，特殊教育学校和普通中小学随班就读班共招收残疾儿童 0.50 万人，在校残疾儿童 2.39 万人。特殊教育学校教职工 0.40 万人，其中专任教师 0.36 万人，接受特教专业培训的专任教师占总数的 69.17%。

2017 年，全省共有幼儿园 2.06 万所，离园幼儿 158.87 万人，入园幼儿 151.62 万人，在园幼儿 424.93 万人。学前三年毛入园率 86.45%。幼儿园教职工 33.23 万人，其中，园长 2.48 万人。专任教师 19.78 万人，其中，具有专科及以上学历的占 71.70%。幼儿园占地 6.85 万亩，校舍建筑面积 2308.24 万平方米，藏书 2438.52 万册。

2017 年，全省共有独立设置的特殊教育学校 148 所，残疾儿童毕业人数 0.21 万人，招收残疾儿童 0.65 万人，在校残疾儿童 3.07 万人。特殊教育学校教职工 0.42 万人，其中，专任教师 0.38 万人，接受过特教专业培训的占 73.36%。特殊教育学校占地 1812.14 亩，校舍建筑面积 59.96 万平方米，藏书 54.39 万册。

2018 年，全省共有幼儿园 2.21 万所，学前教育入园儿童 140.57 万人，在园幼儿 437.99 万人，学前教育毛入园率 88.13%。幼儿园教职工 36.77 万人，其中，园长 2.65 万人，幼儿园专任教师 21.45 万人，其中，专科以上学历的占 73.19%。幼儿园占地 7.58 万亩，校舍建筑面积 2589.65 万平方米，图书 2701.29 万册。

2018 年，全省共有特殊教育学校 149 所，特殊教育学校、小学、初中随班就读等机构共招收特殊教育学生 9946 人，在校生 43875 人。教职工 4383 人，其中，专任教师 3997 人。特殊教育学校占地 1822 亩，校舍建筑面积 61.16 万平方米，图书 54.15 万册。

2. 义务教育

1999~2018 年 20 年间，全省小学校数由 4.14 万所减少到 1.86 万所，减少了 2.28 万所；小学在校生数由 1186.97 万人减少到 994.60 万人；校均规模由 287.43 人增加到 534.73 人。全省普通初中学校数由 5432 所减少到 4519 所，减少了 913 所；初中在校生数由 508.68 万人减少到 451.88 万人，减少了 56.80 万人。校均规模由 936.45 人增加到 999.96 人，大班额现象十分突出，一度占比超过 60%，直到 2008 年以后才逐步得到缓解。到 2018 年，大班额、超大班额仍然占 23.7%。

1999 年，全省有小学 41404 所，教学点 8596 处，学校和教学点共计 5 万个，比上年减少 748 个。小学招生 193.65 万人，比上年减少 24.17 万人。小学在校生 1186.97 万人，比上年减少 13.09 万人。全省有普通初中 5432 所，职业初中 12 所，校数与上年持平。初中阶段招生 195.9 万人，比上年增加 25 万人。初中阶段在校生 508.68 万人，比上年增加 46 万人。小学适龄儿童入学率 99.84%，比上年提高 0.12 个百分点；在校学生辍学率 0.06%，比上年下降 0.37 个百分点；应届毕业班学生毕业率 98.8%，比上年下降 0.3 个百分点；毕业生升入初中阶段学校的比率 95.6%，比上年提高 0.8 个百分点。初中适龄人口入学率 8.05%，比上年提高 1.54 个百分点；在校学生辍学率 1.81%，比上年下降 0.46 个百分点；应届毕业班学生毕业率 99.66%，比上年提高 0.16 个百分点；毕业生升入高中阶段学校的比率 40%，比上年下降 3.6 个百分点。当年又有 13 个县（市、区）通过了"普九"检查验收，全省通过"普九"验收的县（市、区）达 150 个，占全省县（市、区）总数的 94.9%；"普九"人口覆盖率达到 87%，比上年上升 6.4 个百分点。

2000 年，全省共有小学 41269 所，比上年减少 135 所，在校生 11306260 人，比上年减少 563391 人。小学学龄儿童入学率（按各地相应学制和儿童入学起始年龄计算）达 99.84%，其中女童入学率 99.85%，与上年基本持平。小学学生五年巩固率 100.02%，比上年有所下降。小学辍学率 0.16%，比上年的 0.06% 有所上升。小学毕业生升学率 95.42%，比上年下降 0.18 个百分点。

2000 年，全省初中 5464 所（含职业初中 8 所），比上年增加 20 所。在校生达到 5635988 人（其中职业初中 6046 人），比上年增加 549208 人，增长 10.8%。初中毛入学率达到 91.94%。初中毕业生升学率 41.4%，比上年上升 6.3 个百分点。初中辍学率略有上升，由上年的 1.81% 上升到 1.93%。

2000 年，全省小学、普通初中专任教师分别为 459277 人和 262897 人，其中民办教师分别减少到 24511 人和 1877 人，分别比上年减少了 36861 人和 4242 人。民办教师占教师的比重，小学由上年的 13.74% 下降到 5.34%，初中由上年的 2.45% 下降到 0.72%。小学专任教师学历合格率 98.0%，比上年增加 1 个百分点；初中专任教师学历合格率 87.42%，比上年提高 2.22 个百分点。小学的生师比为 24.6∶1，比上年有所下降。普通初中的生师比为 21.4∶1，比上年有所上升。

2000 年，全省普通中小学共有校舍 79173737 平方米，其中危房 245799 平方米，比上年增加 95903 平方米，校舍危房率提高到 0.3%，比上年上升 0.1 个百分点。职业中学共有校舍 5381863 平方米，其中危房 37499 平方米，比上年增加了 788 平方米，校舍危房率下降到 0.7%。理科教学仪器设备、教学分组实验和图书配备达标学校的比率，普通初中分别为 80.19%、76.72% 和 89.17%，分别比上年提高了 1.32 个、2.09 个和 0.74 个百分点；小学分别为 65.92%、56.50% 和 85.62%，分别比上年提高了 1.34 个、2.88 个和 1.99 个百分点。

2000 年，普通初中大班额的现象依然严重，并且呈递增趋势。全省普通初中班数有 88956 个，其中超过 55 人的大班有 30317 个，比上年增加 2188 个，占总班数的 34.08%。

2001 年，全省共有小学 39825 所，比上年减少 1444 所，校均规模 269 人，平均班额 37 人；招生 163.32 万人，比上年减少 7.79 万人，下降 4.5%；在校学生 1070.73 万人，比上年减少 59.90 万人，下降 5.3%。小学学龄儿童入学率 99.55%，比上年稍有下降。全省小学教职工 50.35 万人，其中专任教师 47.56 万人，专任教师学历达标率 97.47%，基本与上年持平。全省小学每一教职工平均负担学生 21 人；生师比 23∶1，比上年有所下降。

2001 年，全省共有普通初中 5565 所，比上年增加 109 所，校均规模 1058 人，平均班额 64 人。普通初中招生 209.33 万人，比上年减少 5.65 万人，下降 2.6%；在校学生 588.65 万人，比上年增加 25.66 万人，提高 4.5%；在校学生辍学率 2.57%，较上年提高 0.64 个百分点；全省应届普通初中毕业生升入高中阶段的比例为 44.67%，较上年提高 3.27 个百分点。全省普通初中教职工 31.57 万人，比上年增加 1.62 万人，增长 5.4%，其中专任教师 27.77 万人，比上年增加 1.48 万人，增长 5.6%。专任教师学历达标率 88.22%，比上年提高 0.82 个百分点，普通初中生师比 21∶1，比上年有所下降。全省普通中小学校舍建筑面积 8105.45 万平方米，比上年净增

188.08 万平方米，增长 2.4%，其中校舍危房面积 280.74 万平方米，比上年增加 256.16 万平方米，校舍危房率 3.5%，比上年上升 3.2 个百分点。普通中小学生均校舍建筑面积分别为：普通高中 11.56 平方米，普通初中 4.63 平方米，小学 4.00 平方米。全省普通中小学共有图书 24926.52 万册，中小学生均图书分别为：普通高中 20 册，普通初中 15 册，小学 13 册。

2002 年，全省共有小学 37729 所，比上年减少 2096 所，校均规模 293 人，班额 37 人；招生 185.77 万人，比上年增加 22.46 万人；在校学生 1104.59 万人，比上年增加 33.86 万人。小学学龄儿童入学率 99.87%，比上年提高 0.32 个百分点，其中学龄女童入学率 99.87%。全省小学教职工 52.73 万人，比上年增加 2.38 万人，增长 4.8%，其中专任教师 49.62 万人，比上年增加 2.06 万人，增长 4.34%，专任教师学历达标率 97.5%，与上年基本持平。小学生师比 22.3∶1，比上年的 23∶1 有所下降。

2002 年，全省共有普通初中 5545 所（其中九年一贯制学校 247 所），比上年减少 20 所；职业初中 10 所，比上年增加 2 所。普通初中校均规模 1096 人，班额 65 人。普通初中招生 203.00 万人，比上年减少 6.33 万人，下降 3.02%；在校学生 607.80 万人，比上年增加 19.15 万人，增长 3.25%。普通初中适龄人口入学率 97.64%，比上年提高 0.57 个百分点，其中女生入学率 97.79%；全省应届普通初中升入高中阶段的比例为 47.64%，较上年提高 2.97 个百分点。

2002 年，全省普通初中专任教师 29.03 万人，比上年增加 1.26 万人，增长 4.54%；专任教师学历达标率 90.40%，比上年提高 2.18 个百分点；普通初中生师比 21∶1，与上年持平。

2002 年，全省普通中小学（普通中学、职业中学、小学、特殊教育、幼儿园）共有校舍 9262.15 万平方米，比上年净增 546.56 万平方米，增长 6.27%，其中危房 355.28 万平方米，比上年增加 49.7 万平方米，校舍危房率达到 3.84%，比上年提高 0.34 个百分点。普通中小学生均校舍建筑面积分别为：普通高中 10.4 平方米，普通初中 4.8 平方米，小学 4.00 平方米。全省普通中小学共有图书 25307 万册，中小学生均图书分别为：普通高中 20 册，普通初中 15 册，小学 13 册。

2003 年，全省共有普通小学 36379 所，比上年减少 1350 所。招生

1643456 人，比上年减少 214278 人；在校生 10586075 人，比上年减少 459777 人。小学学龄儿童入学率 99.7%，其中女童入学率 99.7%；小学在校生辍学率 0.5%，其中女童辍学率 0.7%。小学毕业生升学率 97.8%，其中女童升学率 98.2%。小学校均规模 291 人，平均班额 39 人。

2003 年，全省共有初中 5486 所（其中职业初中 11 所），比上年减少 69 所。招生 1996405 人，比上年减少 39786 人；在校生 6049141 人（其中职业初中 8214 人），比上年减少 45189 人。初中毛入学率 102.3%。普通初中在校生辍学率 2.2%，其中女生辍学率 2.1%；农村普通初中在校生辍学率 3.3%，其中女生辍学率 3.3%。初中毕业生升学率 50.5%，比上年提高 2.9 个百分点。普通初中校均规模 1103 人，平均班额 66 人。

2003 年，全省小学专任教师 488490 人，比上年减少 7713 人。专任教师中专科及以上学历的占 35.7%，比上年提高 4.5 个百分点。生师比 21.7：1，比上年的 22.3：1 有所下降；全省初中专任教师（含职业初中）291915 人，比上年增加 852 人。普通初中专任教师学历合格率 91.8%，专任教师中本科及以上学历的占 18.9%，比上年提高 3.8 个百分点。生师比 21.7：1，与上年基本持平。

2003 年，全省普通初中班数共有 91812 个，其中 56~65 人的大班 23159 个，占总班数的 25.2%；超大班（66 人以上）40674 个，占总班数的 44.3%。

2004 年，全省共有普通小学 34164 所，比上年减少 2215 所。在校生 1014.06 万人，比上年减少 44.54 万人。小学学龄儿童入学率达 99.81%，其中女童入学率 99.85%。小学辍学率 0.40%，其中女童辍学率 0.46%。小学毕业生升学率 96.45%。

2004 年，全省共有初中 5327 所（含职业初中 7 所），比上年减少 159 所。在校生达到 591.35 万人（其中职业初中 0.68 万人），比上年减少 13.56 万人。初中学龄儿童入学率达 97.34%，其中女童入学率 97.47%。初中阶段辍学率 1.78%，其中女生为 1.69%。初中三年巩固率 95.18%。初中毕业生升学率 53.04%，比上年提高 2.5 个百分点。

2004 年，全省小学专任教师为 47.85 万人，比上年减少 1 万人。专任教师学历合格率 98.97%，比上年提高 0.46 个百分点，其中专科及以上学历占 42.37%，比上年提高 6.67 个百分点。生师比为 21.2∶1，比上年的 21.7∶1有所下降；全省初中专任教师（含职业初中）为 28.98 万人，比上年减少 0.21 万人。专任教师学历合格率为 93.52%，比上年提高 1.72 个百分点，其中本科及以上学历的占 22.34%，比上年提高 3.4 个百分点。生师比为 20.40∶1，比上年的 21.70∶1 有所下降。

2004 年，全省普通中小学共有校舍 10027.31 万平方米，比上年增加 440.81 万平方米，其中危房 407.29 万平方米，比上年减少 126.51 万平方米。体育运动场面积达标校数、音乐器械配备达标校数、美术器械配备达标校数和理科实验仪器达标校数的比率，普通初中分别为 72.12%、68.87%、67.31% 和 78.10%，小学分别为 65.12%、59.45%、57.26% 和 62.86%，各项指标均比上年有所提高。全省小学、普通初中和普通高中建立校园网校数分别为 948 所、701 所和 347 所，小学、普通初中和普通高中拥有计算机台数分别为 13.54 万台、16.1 万台和 8.91 万台，小学、普通初中和普通高中图书藏量分别为 14013.87 万册、9306.96 万册和 2336.69 万册，各项指标均比上年有所增加。

2004 年，全省普通初中班数共有 90051 个，其中 56~65 人的大班 22367 个，占总班数的 24.84%；超大班（66 人以上）38131 个，占总班数的 42.34%。

2005 年，全省共有普通小学 33026 所，比上年减少 1138 所。毕业生 191.9 万人，比上年减少 11.65 万人；招生 169.44 万人，比上年增加 6.94 万人；在校生 986.84 万人，比上年减少 27.22 万人。小学学龄儿童入学率 99.65%，其中女童入学率 99.67%，农村学龄儿童入学率 99.68%。小学五年巩固率 99.55%。小学辍学率 0.53%，其中女童辍学率 0.71%，农村小学辍学率 1.84%。小学毕业生升学率 98.84%，其中女童升学率 99.31%，农村小学升学率 72.68%。

2005 年，全省共有初中 5269 所（含职业初中 7 所），比上年减少 58 所。毕业生 200.66 万人，比上年增加 2.14 万人；招生 189.68 万人，比上年减少 6.64 万人；在校生 570.27 万人（其中职业初中 0.44 万人），比上年减少 21.08 万人。初中适龄人口入学率 98.21%，其中女童入学率 98.26%。农村适龄人口入学率 97.53%。初中阶段辍学率 1.89%，其中女生辍学率

1.7%，农村初中辍学率 5.27%。初中三年巩固率 93.43%。初中毕业生升学率 60.15%，比上年提高 7.1 个百分点。

2005 年，全省小学专任教师 47.55 万人，比上年减少 0.3 万人。专任教师学历合格率 99.11%，其中专科及以上学历的占 49.54%，比上年提高 7.17 个百分点。生师比 20.8∶1，比上年的 21.2∶1 有所下降；全省初中专任教师（含职业初中）28.92 万人，比上年减少 0.06 万人。专任教师学历合格率 94.68%，比上年提高 1.16 个百分点，其中本科及以上学历占 25.51%，比上年提高 3.17 个百分点。生师比 19.72∶1，比上年的 20.4∶1 有所下降。

2005 年，全省普通中小学共有校舍 10395.98 万平方米，比上年增加 368.67 万平方米；其中危房校舍 303.35 万平方米，比上年减少 103.94 万平方米。体育运动场面积达标校数、音乐器械配备达标校数、美术器械配备达标校数和理科实验仪器达标校数的比率，普通初中分别为 71.78%、68.38%、66.95% 和 77.67%，小学分别为 64.29%、58.59%、56.69% 和 61.68%，各项指标均与上年基本持平。全省小学、普通初中和普通高中建立校园网校数分别为 1209 所、924 所和 444 所，小学、普通初中和普通高中拥有计算机台数分别为 15.59 万台、18.53 万台和 10.31 万台，小学、普通初中和普通高中图书藏量分别为 14152.84 万册、9079.16 万册和 2653.7 万册，各项指标均比上年有所增加。

2005 年，全省普通初中班数共有 89244 个，其中 56~65 人的大班 22819 个，占总班数的 25.57%；超大班（66 人以上）36736 个，占总班数的 41.16%，大班额现象依然较严重。

2006 年，全省共有普通小学 31410 所，比上年减少 1616 所；教学点 4794 个，比上年增加 529 个。招生 176.86 万人，比上年增加 7.42 万人；在校生 997.09 万人，比上年增加 10.25 万人；毕业生 166.71 万人，比上年减少 25.18 万人。校均规模由 299 人增加到 317 人。专任教师 47.82 万人，比上年增加 0.26 万人。专任教师学历合格率达 99.17%，比上年提高 0.06 个百分点，其中专科及以上学历的占 56.05%，比上年提高 6.51 个百分点。生师比 20.9∶1，高于上年的 20.8∶1。全省初中 5096 所，比上年减少 173 所。招生 166.19 万人，比上年减少 23.49 万人；在校生 540.98 万人，比上年减少 29.29 万人；毕业生 188.06 万人，比上年减少 12.59 万人。校均规模由 1083 人减少到 1061 人。专任教师 28.47 万人，比上年减少 0.45 万人。专任教师学历合格率达 95.62%，比上年提高 0.94 个百分点，其中本科及以上学历的达 29.82%，比上年提高 4.31 个百分点。

2007 年，全省共有小学 30677 所，比上年减少 733 所；教学点 5053 个，比上年增加 259 个。招生 183.22 万人，比上年增加 6.34 万人；在校生 1018.71 万人，比上年增加 21.61 万人。校均规模 332 人，比上年增加 15 人。

2007 年，全省共有初中阶段学校 4946 所，比上年减少 150 所。招生 160.95 万人，比上年减少 5.24 万人；在校生 507.29 万人，比上年减少 33.69 万人。校均规模 1026 人，比上年减少 35 人。

2007 年，全省小学专任教师 48.3 万人，比上年增加 0.49 万人。专任教师学历合格率达 99.36%，比上年提高 0.19 个百分点。专任教师中具有专科及以上学历的比例达 61.79%，比上年提高 5.74 个百分点。生师比为 21.1∶1，高于上年的 20.9∶1。

全省初中阶段专任教师 28.1 万人，比上年减少 0.37 万人。专任教师学历合格率达 99.91%，比上年提高 4.29 个百分点。专任教师中具有本科及以上学历的比例达 34.17%，比上年提高 4.35 个百分点。生师比为 18.1∶1，低于上年 19∶1 的水平。从专任教师的科类结构来看，各学科专任教师的学历合格率均有不同程度的提高。其中，音乐、美术、劳动技术课等科目的专任教师学历合格率分别为 93.15%、93.47% 和 85%，比上年有了大幅度增加，但与其他学科专任教师学历合格率都在 94% 以上相比，这三门学科专任教师学历合格率仍然较低。

2007 年，全省普通中小学校舍建筑面积达 7792.28 万平方米，比上年增加 62.45 万平方米。小学和普通初中校舍危房面积为 178.10 万平方米和 88.78 万平方米，分别比上年减少 58.69 万平方米和 21.9 万平方米。小学、普通初中校舍危房率分别为 3.89%、2.77%，分别比上年降低 1.33 个和 0.7 个百分点。

2007 年，全省小学和普通初中建立校园网的学校数达 1064 所和 1183 所，分别占其总校数的 3.47% 和 23.93%，比上年提高了 0.38 个和 2.6 个百分点；拥有计算机台数为 17.01 万台和 21.07 万台，比上年增加了 0.71 万台和 0.47 万台；平均每台计算机服务的学生数从上年的 61 人和 26 人降低到 60 人和 24 人。

2007 年，由于学校布局调整和在校生数的减少，普通初中大班额现象有所缓解。全省普通初中班数共有 81838 个，大班额占 63.02%，比上年降低 3.07 个百分点。其中，超大班（66 人以上）29717 个，占总班数的 36.31%，比上年降低 4.0 个百分点。

2008 年，全省小学 30214 所，比上年减少 463 所；教学点 4724 个，比上年减少 329 个。招生 186.92 万人，比上年增加 3.69 万人；在校生 1036.6 万人，比上年增加 17.89 万人。校均规模为 343 人。

2008 年，全省初中阶段学校 4810 所，比上年减少 136 所。招生 165.13 万人，比上年增加 4.21 万人；在校生 484.2 万人，比上年减少 23 万人。校均规模为 1006 人。

2008 年，全省小学教职工 51.22 万人，比上年增加 0.23 万人，其中专任教师 48.53 万人，比上年增加 0.23 万人。专任教师学历合格率达 99.54%，专任教师中具有专科及以上学历的比例达 66.87%。生师比为 21.36∶1。

2008 年，全省普通初中教职工 30.75 万人，比上年减少 0.6 万人，其中专任教师 27.62 万人，比上年减少 0.47 万人。专任教师学历合格率达 97.68%，专任教师中具有本科及以上学历的比例达 38.86%。生师比为 17.53∶1。

2008 年，全省小学和普通初中校舍建筑面积分别为 4673.37 万平方米和 3255.55 万平方米，分别比上年增加 95.67 万平方米和 41.5 万平方米。小学和普通初中校舍危房面积为 163.14 万平方米和 82.45 万平方米，分别比上年减少 14.96 万平方米和 6.33 万平方米。

2008 年，全省小学和普通初中建立校园网的校数分别达 1170 所和 1287 所，拥有计算机分别为 18.01 万台和 22.03 万台。

2008 年，全省普通初中班数共有 79155 个，大班额占 61.01%，比上年降低 2.01 个百分点。其中，超大班（66 人以上）27489 个，占总班数的 34.73%，比上年降低 1.58 个百分点。

从 1999 年开始，河南的小学校数一直在减少，由 41404 所减少到 30214 所，10 年间减少了 11190 所。在校生数也有减少，但减少幅度不大，由 1999 年的 1186.97 万人减少到 2008 年的 1036.60 万人，减少了 150.37 万人。大量的小学消失，使小学的大班额逐年增加。初中的校数也在减少，但幅度不大，10 年间减少了 634 所，初中在校生数也有小幅下降，由 1999 年的 508.68 万人减少到 2008 年的 484.20 万人，减少了 24.48 万人。实际上在 2000 年，河南的义务教育阶段已经出现了大班额现象，特别是在省会城市。之后初中校数减少数和在校生数减少数的不平衡，导致在 2003 年形成了严重的大班额现象，当年大班额和超大班额的比例已经占到了 69.50%。这种现象到 2008 年才有所缓解，但大班额依然占到 60% 以上。

2009 年，全省共有小学 29420 所，比上年减少 794 所，教学点 4979 个，比上年增加 255 个；招生 184.51 万人，比上年减少 2.41 万人；在校生 1052.03 万人，比上年增加 15.43 万人。平均班额 42 人，略高于上年的 41 人；校均规模 358 人，比上年增加 15 人。小学五年巩固率为 98.66%，毕业生升学率为 96.94%。全省共有普通初中 4703 所，比上年减少 107 所；招生 160.68 万人，比上年减少 4.45 万人；在校生 474.25 万人，比上年减少 9.95 万人。平均班额 60 人，略低于上年的 61 人；校均规模 1008 人，比上年增加 2 人。普通初中三年巩固率为 94.21%，毕业生升学率为 76.43%。

2009 年，全省小学教职工 51.58 万人，比上年增加 0.36 万人；专任教师 48.91 万人，比上年增加 0.39 万人。专任教师学历合格率达 99.58%，比上年提高 0.04 个百分点；其中，具有专科及以上学历的比例达 71.88%，比上年提高 5.01 个百分点；具有中学高级职称的比例达 0.72%；31~45 岁年龄段专任教师数占 39.05%，46~60 岁年龄段专任教师数占 33.63%。生师比为 21.5∶1，略高于上年的 21.36∶1。全省普通初中教职工 30.75 万人，比上年增加 53 人；专任教师 27.8 万人，比上年增加 0.18 万人。专任教师学历合格率达 98.22%，比上年提高 0.54 个百分点，其中，具有本科及以上学历的比例达 45.74%，比上年提高 6.86 个百分点，具有中学高级职称的比例达 11%；30 岁及以下年龄段专任教师数占总数的 29.04%，31~45 岁年龄段专任教师数占 54.75%。生师比为 17.17∶1，低于上年 17.53∶1 的水平。全省普通初中和小学共有代课教师 2.17 万人，兼任教师 0.4 万人。

2009 年，普通初中大班额比例有所下降，但仍然偏高。全省小学和普通初中校舍建筑面积分别为 4769.75 万平方米和 3273.48 万平方米，分别比上年增加 96.38 万平方米和 17.93 万平方米。危房面积分别为 776.01 万平方米和 418.49 万平方米，分别比上年增加 612.87 万平方米和 336.04 万平方米，危房率分别为 16.27% 和 12.78%，分别比上年增加 12.78 个和 10.25 个百分点。小学和普通初中建立校园网的分别达 1110 所和 1797 所，分别占总校数的 3.77% 和 38.2%；拥有计算机分别为 19.27 万台和 21.92 万台；平均每台计算机服务的学生数分别为 55 人和 16 人；生均图书分别为 12.69 册和 18.36 册。全省小学大班额比例总体有所提高。小学共有 251341 个班，大班额占 20.66%，比上年增加 0.86 个百分点。其中，超大班 24595 个，占总数的 9.79%，比上年增加 0.13 个百分点。城市、县镇和农村学校大班额所占比例分别为 54.65%、45.96% 和 12.73%，分别比上年增加 3.48 个、0.59 个和 0.30 个百分点。普通初中共有 78072 个班，大班额占 59.68%，比上年降低 1.33 个百分点。其中，超大班 25748 个，占总数的 32.98%，比上年降低 1.75 个百分点。城市、县镇和农村学校大班额所占比例分别为 52.48%、66.66% 和 56.95%，其中城市大班额比例比上年增加 2.46 个百分点，县镇和农村比上年分别减少 1.88 个和 2.40 个百分点。

2009 年，全省义务教育阶段农民工随迁子女在校生达 34.89 万人，占总规模的 2.28%，比上年提高 0.72 个百分点；其中女生为 14.93 万人，占在校生总数的 42.79%。小学在校生中农民工随迁子女 24.13 万人，占其在校生总规模的 2.29%；普通初中在校生中农民工随迁子女 10.75 万人，占其在校生总规模的 2.27%。全省义务教育阶段农村留守儿童在校生达 237.94 万人，占总规模的 15.59%，比上年提高 2.59 个百分点；其中女生为 109.47 万人，占在校生总数的 46.01%。小学在校生中农村留守儿童 163.2 万人，占其在校生总规模的 15.51%；普通初中在校生中农村留守儿童 74.74 万人，占其在校生总规模的 15.76%。

2010 年，全省共有义务教育阶段学校 3.32 万所，在校生 1539.93 万人，教职工 82.38 万人，其中专任教师 76.71 万人。全省共有小学 2.86 万所，比上年减少 817 所；教学点 5025 个，比上年增加 46 个。招生 187.76 万人，比上年增加 3.24 万人；在校生 1070.53 万人，比上年增加 18.50 万人；毕业生 165.35 万人，比上年减少 0.4 万人。校均规模 374 人，比上年增加 16 人；平均班额 42.65 人，略高于上年的 42 人。小学五年现固率为 97.88%；毕业生升学率为 96.05%。小学共有 25.1 万个班，其中，大班 5.55 万个，占总数的 22.11%，比上年增加 1.45 个百分点；超大班（66 人以上）2.61 万个，占总数的 10.40%，比上年增加 0.61 个百分点。全省小学教职工 51.82 万人，比上年增加 0.24 万人，其中，专任教师 49.04 万人，比上年增加 0.13 万人。专任教师学历合格率达 99.64%，比上年提高 0.06 个百分点。专任教师中具有专科及以上学历的比例达 75.91%，比上年提高 4.03 个百分点。生师比 21.83∶1，略高于上年的 21.5∶1。全省共有普通初中 4616 所，比上年减少 87 所。招生 158.81 万人，比上年减少 1.87 万人；在校生 469.40 万人，比上年减少 4.85 万人；毕业生 154.92 万人，比上年减少 8.27 万人。校均规模 1017 人，比上年增加 9 人；平均班额 60.47 人，略高于上年的 60 人。初中三年巩固率 93.99%，毕业生升学率 79.49%。普通初中共有 7.76 万个班，大班 4.52 万个，占总数的 58.25%，比上年减少 1.43 个百分点；超大班（66 人以上）2.41 万个，占总班数的 31.05%，比上年减少 1.93 个百分点。

2010 年，全省共有普通初中教职工 30.56 万人，比上年减少 0.19 万人；其中，专任教师 27.67 万人，比上年减少 0.14 万人。专任教师学历合格率达 98.64%，比上年提高 0.42 个百分点。专任教师中具有本科及以上学历的比例达 50.74%，比上年提高 5 个百分点。生师比 16.97∶1，低于上年的 17.06∶1。普通中小学共有代课教师 2.36 万人，兼任教师 0.36 万人。全省小学和普通初中校舍建筑面积为 4853.62 万平方米和 3328.17 万平方米，分别比上年增加 83.86 万平方米和 54.68 万平方米。小学和普通初中建立校园网的校数分别为 1432 所和 1463 所，分别占其总校数的 5% 和 31.69%；拥有计算机台数分别为 20.09 万台和 22.51 万台，平均每台计算机服务的学生数分别为 53 人和 21 人。小学和普通初中生均图书分别为 12.79 册和 18.57 册，生均教学仪器设备值分别为 200 元和 300 元。

2010 年，全省义务教育阶段农民工随迁子女在校生达 39 万人，比上年增加 4.11 万人，占在校生总数的 2.53%。小学在校生中农民工随迁子女 27.05 万人，占在校生总数的 2.52%；初中在校生中农民工随迁子女 11.95

万人，占在校生总数的 2.54%。全省义务教育阶段农村留守儿童在校生达 267.49 万人，比上年增加 29.55 万人，占总规模的 17.37%。小学在校生中农村留守儿童 183.60 万人，占总规模的 17.15%；普通初中在校生中农村留守儿童 83.89 万人，占总规模的 17.87%。

2011 年，全省共有义务教育阶段学校 3.24 万所，在校生 1560.87 万人，教职工 82.13 万人，专任教师 77.8 万人，九年义务教育巩固率 90.8%。

2011 年，全省共有小学 2.78 万所，比上年减少 810 所；教学点 5667 个，比上年增加 642 个；招生 193.44 万人，比上年增加 5.68 万人；在校生 1092.90 万人，比上年增加 22.37 万人；毕业生 167.61 万人，比上年增加 2.26 万人。校均规模 393 人，平均班额 43 人。小学五年巩固率 95.82%，毕业生升学率 96.43%。小学大班 5.88 万个，占 23.31%；超大班 2.88 万个，占 11.41%。

2011 年，全省共有小学教职工 50.47 万人，比上年减少 1.35 万人，其中，专任教师 49.58 万人，比上年增加 0.54 万人。专任教师学历合格率 99.98%，比上年提高 0.34 个百分点；专任教师中具有专科及以上学历的比例为 80.76%，比上年提高 4.85 个百分点。生师比 22.04∶1，略高于上年的 21.83∶1。小学代课教师 1.44 万人，兼任教师 0.22 万人。

2011 年，全省共有普通初中 4596 所，比上年减少 20 所；招生 161.62 万人，比上年增加 2.82 万人；在校生 467.98 万人，比上年减少 1.43 万人；毕业生 155.45 万人，比上年增加 0.54 万人。校均规模 1018 人，平均班额 60 人。初中三年巩固率 93.52%，毕业生升学率 79.52%。普通初中大班 7.79 万个，占 56.91%；超大班 2.28 万个，占 29.23%。

2011 年，全省共有普通初中教职工 31.67 万人，比上年增加 1.1 万人；专任教师 28.22 万人，比上年增加 0.56 万人。专任教师学历合格率达 98.93%，比上年提高 0.29 个百分点；专任教师中具有本科及以上学历的比例为 55.55%，比上年提高 4.81 个百分点。生师比 16.58∶1，略低于上年的 16.97∶1。普通中学代课教师 1.07 万人，兼任教师 0.14 万人。

2011 年，全省小学和普通初中学校占地分别为 29.26 万亩和 16.61 万亩，校舍建筑面积分别为 4821.33 万平方米和 3513.20 万平方米，生均图书分别为 12 册和 19 册，生均教学仪器设备值分别为 183 元和 398 元。

2011 年，全省义务教育阶段农民工随迁子女在校生 49.02 万人，比上年增加 10.02 万人，其中小学阶段 33.33 万人，初中阶段 15.69 万人，农民工随迁子女占义务教育阶段在校生总数的 3.14%。

2011 年，义务教育阶段农村留守儿童在校生 317.11 万人，比上年增加 49.62 万人，其中小学阶段 220.20 万人，初中阶段 96.91 万人，农村留守儿童占义务教育阶段在校生总数的 20.32%。

2012 年，全省共有义务教育阶段学校 3.20 万所，在校生 1533 万人，九年义务教育巩固率 91.2%。教职工 82.10 万人，其中专任教师 76.49 万人。

2012 年，全省共有小学 2.75 万所，比上年减少 341 所；教学点 6022 个，比上年增加 355 个；招生 190.97 万人，比上年减少 2.46 万人；在校生 1079.21 万人，比上年减少 13.68 万人；毕业生 170.43 万人，比上年增加 2.83 万人。校均规模 393 人，平均班额 42 人。小学五年巩固率 96.16%，毕业生升学率 92.79%。教职工 50.49 万人，比上年减少 0.02 万人，其中专任教师 49.69 万人，比上年增加 0.10 万人。专任教师学历合格率 99.98%，与上年持平；专任教师中具有专科及以上学历的比例为 83.70%，比上年提高 2.94 个百分点。生师比 21.72∶1，略低于上年的 22.04∶1。小学代课教师 1.58 万人，兼任教师 0.13 万人。

2012 年，全省共有普通初中 4551 所，比上年减少 45 所；招生 158.16 万人，比上年减少 3.46 万人；在校生 453.79 万人，比上年减少 14.19 万人；毕业生 149.80 万人，比上年减少 5.66 万人。校均规模 997 人，平均班额 58 人。初中三年巩固率 90.91%，毕业生升学率 80.55%。

2012 年，全省共有教职工 31.61 万人，比上年减少 0.05 万人；其中专任教师 28.24 万人，比上年增加 0.02 万人。专任教师学历合格率 98.88%，与上年基本持平；专任教师中具有本科及以上学历的比例为 59.96%，比上年提高 4.41 个百分点。生师比 16.07∶1，略低于上年的 16.58∶1。普通中学代课教师 1.09 万人，兼任教师 0.10 万人。

2012 年，全省小学和普通初中学校占地分别为 30.05 万亩和 16.86 万亩，校舍建筑面积分别为 5117.17 万平方米和 3723.84 万平方米，生均图书分别为 13 册和 21 册，生均教学仪器设备值分别为 223 元和 468 元。

2012 年，全省共有义务教育阶段农民工随迁子女在校生 56.58 万人，比上年增加 7.56 万人，其中小学阶段 39.43 万人，初中阶段 17.15 万人，农民工随迁子女占义务教育阶段在校生总数的 3.69%。义务教育阶段农村留守儿童在校生 330.47 万人，比上年增加 49.62 万人，其中小学阶段 230.65 万人，初中阶段 99.82 万人，农村留守儿童占义务教育阶段在校生总数的 21.56%。

2013 年，全省共有义务教育阶段学校 3.06 万所，在校生 1325.03 万人，教职工 81.59 万人，其中专任教师 75.99 万人。九年义务教育巩固率 92.0%。

2013 年，全省共有小学 2.61 万所，教学点 7837 个，毕业生 164.48 万人，招生 181.06 万人，在校生 939.98 万人。教职工 49.94 万人，其中专任教师 47.42 万人。专任教师学历合格率 99.99%，其中具有专科及以上学历的占 86.19%，生师比 19.01∶1。代课教师 1.90 万人，兼任教师 0.07 万人。学校占地 30.06 万亩，校舍建筑面积 5235.33 万平方米，图书 1.44 亿册，教学仪器设备值 29.95 亿元。

2013 年，全省共有普通初中 4550 所，毕业生 140.34 万人，招生 137.71 万人，在校生 385.05 万人。教职工 31.65 万人，其中专任教师 28.57 万人。专任教师学历合格率 99.05%，其中具有本科及以上学历的占 64.75%，生师比 13.75∶1。普通中学代课教师 1.36 万人，兼任教师 0.08 万人。学校占地 17.15 万亩，校舍建筑面积 3916.03 万平方米，图书 9503.26 万册，教学仪器设备值 24.83 亿元。

2013 年，全省义务教育阶段随迁子女在校生 61.37 万人，其中小学 42.69 万人，初中 18.68 万人，随迁子女占义务教育阶段在校生的 4.63%。

2013 年，全省义务教育阶段农村留守儿童在校生 289.84 万人，其中小学 207.24 万人，初中 82.60 万人，农村留守儿童占义务教育阶段在校生的 21.88%。

2014 年，全省共有义务教育阶段学校 3.01 万所，在校生 1327.96 万人。教职工 82.01 万人，其中专任教师 77.75 万人。九年义务教育巩固率 93.00%。小学 2.56 万所，教学点 8483 个，招生 159.44 万人，在校生 928.6 万人，毕业生 140.81 万人。教职工 49.67 万人，其中专任教师 49.40

万人。专任教师学历合格率 99.99%，具有专科及以上学历比例的占 88.36%。生师比 18.80：1。代课教师 2.35 万人，兼任教师 0.08 万人。普通初中 4566 所，招生 138.40 万人，在校生 399.36 万人，毕业生 114.66 万人。教职工 32.34 万人，其中专任教师 28.35 万人。专任教师学历合格率 99.20%，具有本科及以上学历的比例 68.64%。生师比 14.09：1。普通中学代课教师 1.49 万人，兼任教师 0.08 万人。全省小学和普通初中学校占地分别为 30.33 万亩和 17.71 万亩，校舍建筑面积分别为 5481.13 万平方米和 4248.51 万平方米，图书分别为 1.47 亿册和 0.96 亿册，教学仪器设备值分别为 40.13 亿元和 31.23 亿元。全省义务教育阶段随迁子女在校生 68.41 万人，其中小学 46.91 万人，初中 21.50 万人，随迁子女占义务教育阶段在校生总数的 5.15%。义务教育阶段农村留守儿童在校生 284.42 万人，其中小学 200.17 万人，初中 84.25 万人，农村留守儿童占义务教育阶段在校生总数的 21.41%。

2015 年，全省共有义务教育阶段学校 2.92 万所，在校生 1341.86 万人。教职工 83.35 万人，其中专任教师 77.07 万人。九年义务教育巩固率 94.00%。

2015 年，全省共有小学 2.47 万所，教学点 9260 个，招生 169.30 万人，在校生 937.05 万人，毕业生 140.55 万人。小学净入学率 100.00%。小学和教学点教职工 50.2 万人，其中专任教师 50.09 万人。专任教师学历合格率 100%，专任教师中具有专科及以上学历的占 90.64%。生师比 19.85：1。小学和教学点代课教师 2.28 万人，兼任教师 0.13 万人。

2015 年，全省共有普通初中 4565 所，招生 138.23 万人，在校生 404.81 万人，毕业生 123.62 万人。大班 3.16 万个，占班级总数的 43.27%，其中超大班 1.32 万个，占班级总数的 18.15%。初中净入学率 99.95%。普通初中教职工 33.15 万人，其中专任教师 28.59 万人。专任教师学历合格率 99.31%，专任教师中具有本科及以上学历的占 71.58%。生师比 14.16：1。普通中学代课教师 0.98 万人，兼任教师 0.12 万人。

2015 年，小学（含教学点）和普通初中学校占地分别为 30.65 万亩和 17.84 万亩，校舍建筑面积分别为 5728.99 万平方米和 4446.42 万平方米，图书藏量分别为 1.51 亿册和 1.00 亿册，教学仪器设备值分别为 43.62 亿元和 35.05 亿元。

2015 年，全省共有义务教育阶段随迁子女在校生 70.87 万人，其中小学 49.59 万人，初中 21.28 万人，随迁子女占义务教育阶段在校生总数的 5.28%。

2015 年，全省义务教育阶段农村留守儿童在校生 278.92 万人，其中小学 194.4 万人，初中 84.52 万人，农村留守儿童占义务教育阶段在校生总数的 20.79%。

2016 年，全省共有义务教育阶段学校 2.74 万所，在校生 1381.42 万人，教职工 83.44 万人，其中专任教师 77.50 万人。九年义务教育巩固率 94.05%。

2016 年，全省共有小学 2.28 万所，毕业生 144.16 万人，招生 173.16 万人，在校生 965.59 万人，预计毕业生 150.26 万人。大班 4.15 万个，占班级总数的 16.06%；超大班 1.76 万个，占班级总数的 6.81%。小学学校教职工 50.23 万人，其中专任教师 47.42 万人。专任教师学历合格率 99.99%，专任教师中具有专科及以上学历的比例为 92.70%。生师比 19.08∶1。小学代课教师 3.35 万人，兼任教师 0.10 万人。

2016 年，全省共有普通初中 4557 所，毕业生 129.50 万人，招生 144.13 万人，在校生 415.83 万人，预计毕业生 132.65 万人。初中阶段毛入学率 109.25%，升学率 90.60%。大班 2.87 万个，占班级总数的 37.52%；超大班 1.19 万个，占班级总数的 15.60%。普通初中学校教职工 33.21 万人，其中专任教师 30.08 万人。专任教师学历合格率 99.47%，专任教师中具有本科及以上学历的比例为 74.49%。生师比 14.52∶1。普通中学代课教师 1.44 万人，兼任教师 0.07 万人。

2016 年，全省小学和普通初中学校占地分别为 31.17 万亩和 18.22 万亩，校舍建筑面积分别为 6094.58 万平方米和 4697.25 万平方米，生均图书分别为 17 册和 26 册，生均教学仪器设备值分别为 547 元和 974 元。

2016 年，全省义务教育阶段随迁子女在校生 73.19 万人，其中，小学 51.64 万人，初中 21.55 万人，随迁子女占义务教育阶段在校生总数的 5.30%。

2016 年，全省义务教育阶段农村留守儿童在校生 247.50 万人，其中，小学 172.84 万人，初中 74.66 万人，农村留守儿童占义务教育阶段在校生总数的 17.92%。

2017 年，全省共有义务教育学校 2.49 万所，在校生 1411.22 万人，教职工 86.68 万人，其中，专任教师 80.62 万人。九年义务教育巩固率 94.26%。

2017 年，全省共有小学 2.04 万所，另有教学点 1.29 万个，毕业生 150.31 万人，招生 172.38 万人，在校生 982.06 万人。共有 26.76 万个班，其中，大班 3.65 万个（占 13.61%），超大班 1.27 万个（占 4.75%）。小学学校教职工 51.77 万人，其中，专任教师 48.86 万人。专任教师学历合格率 99.99%，具有专科及以上学历的比例为 94.55%。生师比 18.63∶1。另有代课教师 3.49 万人，兼任教师 0.16 万人。

2017 年，全省共有普通初中 4515 所，毕业生 132.29 万人，招生 149.45 万人，在校生 429.16 万人，预计毕业生 134.35 万人。共有 8.20 万个班，其中，大班 2.42 万个（占 29.56%），超大班 0.86 万个（占 10.49%）。

2017 年，全省共有初中学校教职工 34.91 万人，其中，专任教师 31.76 万人。专任教师学历合格率 99.60%，具有本科及以上学历的比例为 77.43%。生师比 13.51∶1。普通中学另有代课教师 1.75 万人，兼任教师 0.13 万人。

2017 年，全省义务教育阶段随迁子女在校生 75.75 万人，其中，小学 53.45 万人，初中 22.30 万人，随迁子女占义务教育阶段在校生总数的 5.37%。农村留守儿童在校生 222.41 万人，其中，小学 154.19 万人，初中 68.22 万人。农村留守儿童占义务教育阶段在校生总数的 15.76%。

2017 年，全省小学和初中学校占地分别为 32.17 万亩和 18.85 万亩，校舍建筑面积分别为 6641.59 万平方米和 5133.2 万平方米，藏书分别为 1858.69 万册和 12389.81 万册，教学仪器设备值分别为 675221.63 万元和 489588.29 万元。

2018 年，全省共有义务教育阶段学校 2.31 万所，在校生 1446.48 万人；教职工 90.07 万人，其中，专任教师 83.92 万人。九年义务教育巩固率 94.62%。

2018 年，全省共有小学 1.86 万所，另有教学点 1.41 万个，毕业生 160.70 万人，招生 173.56 万人，在校生 994.60 万人。共有 27.47 万个班，其中，大班 2.89 万个（占 10.52%），超大班 4453 个（占 1.62%）。

2018 年，全省共有小学学校教职工 52.93 万人，其中，专任教师 50.02 万人。专任教师学历合格率 100.00%，专科以上学历占 95.91%。生师比 18.18∶1。另有代课教师 3.20 万人，兼任教师 0.23 万人。

2018 年，全省共有普通初中 4519 所，毕业生 133.63 万人，招生 159.86 万人，在校生 451.88 万人。共有 8.95 万个班，其中，大班 1.85 万个（占 20.63%），超大班 2744 个（占 3.07%）。普通初中学校教职工 37.14 万人，其中，专任教师 33.90 万人。专任教师学历合格率 99.69%，本科以上学历占 79.69%。生师比 13.33∶1。另有代课教师 8434 人，兼任教师 2126 人。

2018 年，全省共有义务教育阶段随迁子女在校生 80.43 万人，占义务教育阶段在校生总数的 5.56%，其中，小学 55.69 万人，初中 24.74 万人。进城务工人员随迁子女在校生 65.38 万人，占义务教育阶段在校生总数的 4.52%，其中，小学 45.38 万人，初中 20.00 万人。

2018 年，全省共有义务教育阶段农村留守儿童在校生 208.05 万人，占义务教育阶段在校生总数的 14.38%，其中，小学 143.04 万人，初中 65.01 万人。

2018 年，全省小学和初中学校占地分别为 32.94 万亩和 19.39 万亩，校舍建筑面积分别为 7065.68 万平方米和 5473.39 万平方米，图书分别为 19716.63 万册和 13298.95 万册，教学仪器设备值分别为 792894.90 万元和 576341.70 万元。

3. 高中阶段教育

1999~2018 年 20 年间，全省普通高中校数由 688 所增加到 852 所，增加了 164 所，在校生由 61.07 万人增加到 210.06 万人，增长了 2.44 倍；中等职业学校由 1065 所减少到 755 所，减少了 310 所，在校生由 96.82 万人增加到 136.63 万人，增加了 39.81 万人。学校数减少，在校生数增加，校均规模由 909.11 人增加到 1809.67 人。各类中等职业学校学生招生数、在校生数占整个高中阶段学生数的比例，分别由 55.59%、61.33% 下降到 40.78%、39.41%。

1999 年，全省高中阶段学校（包括普通中专、职业高中、技工学校和普通高中）共有 1753 所，比上年增加 22 所。高中阶段招生 55.01 万人，比上年减少 1.72 万人。高中阶段在校生数 157.90 万人，比上年增加 5.38

万人。

1999 年，全省各类中等职业学校学生占整个高中阶段学生数的比例，招生数 55.59%，比上年下降近 14.4 个百分点；在校生数 61.33%，比上年下降 5.17 个百分点。

1999 年，全省共有普通高中 688 所，比上年增加 45 所。招生 24.43 万人，比上年增加 5.7 万人，比原计划数少招 1.57 万人。在校生达到 61.07 万人，比上年增加 9.94 万人，增长 19.4%。

1999 年，全省共有各类中等职业学校 1065 所，比上年减少 22 所。招生 30.58 万人，比上年减少 7.42 万人。在校生 96.82 万人，比上年减少 4.57 万人。其中，普通中专招生比上年减少了 0.96 万人，职业中学招生、在校生分别比上年减少了 6.46 万人、5.92 万人。

2000 年，整个高中阶段教育共有学校 2016 所，招生 646687 人，在校生 1786123 人。其中，高中阶段职业教育（包括职业高中、普通中专、成人中专和技工学校）的招生和在校生数，分别占整个高中阶段招生和在校生总数的 51.32% 和 57.92%，同比上年下降 8.7 个和 7.6 个百分点。

2000 年，普通高中有较大发展，高中阶段职业教育学生人数减少。全省普通高中共有学校 761 所，比上年增加 73 所；招生 314818 人，比上年增加 70562 人，增长 28.89%；在校生 751508 人，比上年增加 140856 人，增长 23.07%。高中阶段职业教育共有学校 1255 所，比上年减少 110 所（其中，成人中专减少 23 所，职业高中减少 83 所，普通中专减少 4 所）；招生 331869 人，比上年减少 34942 人，下降 9.53%；在校生 1034615 人，比上年减少 112116 人，下降 9.78%

2000 年，全省共有普通高中专任教师 45737 人，生师比 16.4∶1，比上年的 14.9∶1 有所提高。专任教师学历合格率为 71.39%，比上年提高 3.69 个百分点；职业高中专任教师 24587 人，生师比 19.3∶1，比上年的 20.1∶1 有所下降。专任教师合格率为 41.58%，比上年提高 4.96 个百分点；普通中专专任教师 16640 人，生师比 20.1∶1，比上年的 20.7∶1 略有下降。专任教师合格率为 78.15%，比上年的 77.63% 提高 0.52 个百分点。

2001 年，全省高中阶段教育共有学校 1933 所，比上年减少 83 所，其中高中阶段职业教育（职业高中、普通中专、成人中专、技工学校）共有学校 1114 所，比上年减少 133 所；招生 29.98 万人；在校学生 85.13 万人。截至 2001 年 12 月底，高中阶段职业教育共招生 35.06 万人，在校学生 90.21 万人。全省普通高中共有 819 所，比上年增加 58 所，全省普通高中校均规模 1157 人，平均班额 64 人。普通高中招生 37.63 万人，比上年增加 6.15 万人，增长 19.5%；在校学生 94.73 万人，比上年增加 19.58 万人，提高 26.1%。普通高中教职工 6.93 万人，比上年增加 0.79 万人，增长 12.9%，其中专任教师 5.13 万人，比上年增加 0.55 万人，增长 12%。专任教师学历达标率 73.58%，比上年提高 2.18 个百分点，生师比 18：1，比上年有所提高。

2001 年，全省共有职业高中 512 所，比上年减少 89 所；招生 14.12 万人，比上年减少 2.14 万人，下降 13.2%；在校学生 37.6 万人，比上年减少 9.75 万人，下降 20.6%。职业高中教职工 3.15 万人，比上年减少 0.18 万人，其中专任教师 2.31 万人，比上年减少 0.15 万人，专任教师学历达标率 48.3%，比上年提高 6.7 个百分点。全省职业中学校舍建筑面积 397.15 万平方米，其中校舍危房面积 11.69 万平方米，校舍危房率 3%，比上年上升 2.3 个百分点。生均校舍建筑面积 10.26 平方米。职业中学共有图书 807.85 万册，生均 21 册。

2001 年，全省共有普通中等专业学校 160 所，招生 9.98 万人，在校学生 31.4 万人；普通中等专业学校教职工 2.78 万人，比上年减少 0.26 万人；普通中等专业学校专任教师 1.52 万人，比上年减少 0.14 万人，下降 8.4%，生师比 21：1，比上年有所提高，专任教师学历达标率 80%，比上年提高 1.85 个百分点。

2001 年，全省共有成人中等专业学校 249 所，比上年减少 28 所；招生 3.09 万人，比上年减少 1.34 万人；在校学生 9.87 万人，比上年减少 4.8 万人；教职工 1.72 万人，比上年减少 0.1 万人，其中专任教师 1 万人，比上年减少 0.05 万人。

2002 年，全省高中阶段教育共有学校 1915 所，比上年减少 18 所，招生 87.03 万人，在校学生 214.14 万人。其中高中阶段职业教育（职业高中、普通中专、成人中专、技工学校）招生 36.3 万人，在校学生 88.96 万人，高中阶段职业教育招生和在校生分别占整个高中阶段招生和在校学生的

41.62%和41.47%。全省普通高中共有854所（其中完全中学272所），比上年增加35所，普通高中校均规模1470人，班额67人。普通高中招生50.93万人，比上年增加13.30万人，增长35.35%；在校学生125.55万人，比上年增加30.82万人，增长32.53%。普通高中专任教师6.03万人，比上年增加0.91万人，增长17.70%，专任教师学历达标率76.10%，比上年提高2.5个百分点，生师比21：1。

2001年，全省共有职业中学484所（其中初、高中合设15所），比上年减少36所。招生17.05万人，比上年增加2.41万人，增长16.50%；在校学生数41.52万人，比上年增加2.81万人，增长7.25%。初中后短期职业培训共有26万人，在校学生5.0万人，比上年增加1万人。

2001年，全省共有普通中等专业学校158所，比上年减少2所，招生12.55万人，在校学生33.76万人；普通中等专业学校教职工2.55万人，每一教职工平均负担学生13人，其中专任教师1.39万人，生师比24：1。全省共有成人中等专业学校249所，与上年持平。招生3.37万人，比上年增加0.27万人，增长8.78%；在校学生6.94万人，比上年减少2.93万人，下降29.70%。

2003年，全省共有整个高中阶段教育学校1876所，比上年减少39所。招生956824人，比上年增加84699人，增长9.7%。在校生2469099人，比上年增加324029人，增长15.1%。高中阶段毛入学率达到40.3%，比上年的38.6%提高1.7个百分点。全省普通高中共有学校888所，比上年增加34所。招生537749人，比上年增加28409人，增长17.9%。在校生1464205人，比上年增加208704人，增长14.3%。

2003年，全省共有中等职业教育学校988所，比上年减少73所。招生419075人，比上年增加56290人；在校生1004894人，比上年增加115325人。中等职业教育的招生数和在校生数分别占整个高中阶段教育招生数和在校生数的43.8%和40.7%。

2003年，全省共有普通高中专任教师67217人，比上年增加6876人，增长11.4%。生师比21.8：1，与上年基本持平。专任教师中本科及以上学历的占78.4%，比上年提高2.3个百分点。普通中等专业学校专任教师12200人，比上年减少1733人；其中双师型教师1634人，占总数的

13.38%。生师比 21.0∶1，比上年的 24.2∶1 有所降低。职业高中专任教师 21776 人，比上年减少 1396 人，其中双师型教师 1264 人，占总数的 5.8%。

2004 年，全省共有高中阶段教育学校（包括普通高中、普通中专、成人中专、职业高中和技工学校）1857 所，比上年减少 19 所。招生 105.29 万人，比上年增加 9.61 万人。在校生 278.7 万人，比上年增加 31.80 万人。另有初中后一年职业培训在校生 45.33 万人。高中阶段毛入学率达到 42.90%，比上年提高 2.6 个百分点。

2004 年，全省共有普通高中学校 909 所，比上年增加 21 所。招生 61.33 万人，比上年增加 7.55 万人。在校生 168.75 万人，比上年增加 22.33 万人。

2004 年，全省共有中等职业教育学校（包括普通中专、成人中专、职业高中和技工学校）948 所，比上年减少 40 所。招生 43.96 万人，比上年增加 2.05 万人；在校生 109.95 万人，比上年增加 9.46 万人。中等职业教育的招生数和在校生数分别占高中阶段教育招生数和在校生总数的 41.75% 和 39.45%，均比上年有所下降。

2004 年，全省共有普通高中专任教师 7.6 万人，比上年增加 0.87 万人。生师比为 22.22∶1，比上年的 21.80∶1 有所提高。专任教师学历合格率为 80.73%（其中专任教师研究生学历共有 1167 人，占总数的 1.54%），比上年提高 2.33 个百分点。中等职业学校专任教师 5.10 万人，生师比为 21.55∶1。

2005 年，河南共有高中阶段教育学校（包括普通高中、普通中专、成人中专、职业高中和技工学校）1908 所，比上年增加 51 所。招生 120.97 万人，比上年增加 15.68 万人。在校生 313.35 万人，比上年增加 34.65 万人。高中阶段毛入学率 48.3%，比上年提高 5.4 个百分点。

2005 年，河南共有普通高中学校 945 所，比上年增加 36 所。毕业生 53.66 万人，比上年增加 11.18 万人；招生 69.99 万人，比上年增加 8.67 万人；在校生 188.39 万人，比上年增加 19.64 万人。普通高中升入普通高等教育的比例为 51.33%。

2005 年，河南共有中等职业教育学校（包括普通中专、成人中专、职业高中和技工学校）963 所，比上年增加 15 所。招生 50.97 万人，比上年增加 7.01 万人；在校生 124.96 万人，比上年增加 15.01 万人。中等职业教育的招生数和在校生数分别占高中阶段教育招生数和在校生总数的 42.13% 和 39.88%。

2005 年，河南共有普通高中专任教师 8.4 万人，比上年增加 0.8 万人。生师比 22.42∶1，与上年基本持平。专任教师学历合格率 82.55%（其中专任教师研究生学历共有 1305 人，占总数的 1.55%），比上年提高 1.8 个百分点。中等职业学校专任教师 5.12 万人，专任教师学历达标率 71.3%，其中双师型教师 0.44 万人，占教师总数的 10.02%。生师比 23.86∶1。

2006 年，全省共有高中阶段教育学校 1978 所，比上年增加 70 所，其中职业高中增加 61 所。招生 125.64 万人，比上年增加 4.68 万人，增长 3.87%。在校生 338.67 万人，比上年增加 25.32 万人，增长 8.08%；毕业生 94.53 万人，比上年增加 5.67 万人，增长 6.38%。全省普通高中学校 955 所，比上年增加 10 所。毕业生 57.36 万人，比上年增加 3.7 万人，增长 6.70%；招生 67.75 万人，比上年减少 2.24 万人，降低 3.2%；在校生 201.58 万人，比上年增加 13.19 万人，增长 7.0%。校均规模由 1994 人增加到 2111 人。普通高中专任教师达 9.19 万人，比上年增加 0.78 万人。生师比 21.94∶1，低于上年的 22.42∶1。专任教师学历合格率达 85.17%，比上年提高 2.62 个百分点，其中专任教师研究生学历占总数的 2.04%，比上年提高 0.49 个百分点。

2006 年，全省共有中等职业教育学校 1023 所，比上年增加 60 所。招生 57.89 万人，比上年增加 6.92 万人，增长 13.58%；在校生 137.09 万人，比上年增加 12.03 万人，增长 9.63%；毕业生 37.17 万人，比上年增加 1.96 万人，增长 5.57%。中等职业教育的招生数和在校生数分别占高中阶段教育的 46.07% 和 40.48%，分别比上年提高 3.93 个和 0.6 个百分点。中等职业教育的教职工总数达 8.16 万人，比上年增加 0.56 万人。其中专任教师 5.58 万人，比上年增加 0.43 万人。专任教师中双师型教师达 0.68 万人，占总数的 12.19%，比上年提高 2.17 个百分点；专任教师学历合格率达 74.51%，比上年提高 3.21 个百分点。

2007 年，全省共有高中阶段教育学校 2036 所，比上年增加 58 所。招生 136.08 万人，比上年增加 10.44 万人，增长 8.31%；在校生 368.96 万人，比上年增加 30.29 万人，增长 8.95%。

普通高中教育规模稳步增长。2007 年，全省普通高中 920 所，比上年减少 35 所。招生 70.57 万人，比上年增加 2.82 万人，增长 4.17%；在校生212.63 万人，比上年增加 11.05 万人，增长 5.49%。校均规模由 2111 人增加到 2311 人。

中等职业教育快速发展。2007 年，全省中等职业教育学校 1116 所，比上年增加 93 所。招生 65.51 万人，比上年增加 7.62 万人，增长 13.17%；在校生 156.34 万人，比上年增加 19.25 万人，增长 14.05%。

通过对招生计划的宏观调控，中等职业教育与普通高中在校生规模差距进一步缩小，招生规模基本实现大体相当。2007 年，中等职业教育的招生数和在校生数分别占高中阶段教育的 48.14% 和 42.38%，分别比上年提高 5.76 个和 1.9 个百分点。

2007 年，普通高中专任教师达 9.79 万人，比上年增加 0.6 万人。生师比 21.72：1，低于上年的 21.94：1。专任教师学历合格率达 88.67%，比上年提高 3.5 个百分点。其中，专任教师中具有研究生学历的占总数的2.32%，比上年提高 0.28 个百分点。

2007 年，中等职业教育（不含技工学校）教职工总数达 7.61 万人，比上年增加 0.62 万人。其中，专任教师 5.33 万人，比上年增加 0.53 万人。专任教师中双师型教师达 0.67 万人，占总数的 12.61%，比上年提高 0.42个百分点；专任教师学历合格率达 74.85%，比上年提高 0.34 个百分点。

2007 年，全省普通高中校舍建筑面积 2384.59 万平方米，比上年增加105.27 万平方米，增长 7.94%。图书藏量达 3365.76 万册，比上年增加268.37 万册，增长 8.67%。建立校园网的普通高中达到 526 所，占总数的57.18%，比上年提高 5.87 个百分点。拥有教学用计算机 12.38 万台，比上年增加 0.68 万台。

2007 年，全省中等职业教育学校（不含技工学校）校舍建筑面积 1521.3万平方米，比上年增加 157.53 万平方米，增长 11.56%；图书藏量达 3016.52万册，比上年增加 344.35 万册，增长 12.89%；生均教育仪器设备值 1541 元，比上年增加 92 元。拥有教学用计算机 16.63 万台，比上年增加 6.37 万台，增长 35.65%；平均每百人拥有计算机 12 台，比上年提高 2 台。

2008 年，全省共有高中阶段教育学校 2081 所，比上年增加 45 所。招生 136.06 万人，比上年减少 0.02 万人；在校生 379.01 万人，比上年增加 10.05 万人。

普通高中教育规模有所减少。2008 年，全省普通高中 908 所，比上年减少 12 所。招生 68.42 万人，比上年减少 2.15 万人；在校生 207.26 万人，比上年减少 5.37 万人。校均规模为 2283 人。

中等职业教育快速发展，招生和在校生均达到历史最高水平。2008 年，全省中等职业教育学校 1173 所，比上年增加 57 所。招生 67.64 万人，比上年增加 2.13 万人；在校生 171.75 万人，比上年增加 15.41 万人。中等职业教育的招生数和在校生数分别占高中阶段教育总数的 49.71% 和 45.32%。

2008 年，全省普通高中教职工 12.53 万人，比上年增加 2.74 万人，其中专任教师达 10.27 万人，比上年增加 0.48 万人。生师比 20.18∶1。专任教师学历合格率达 90.8%，其中，专任教师中具有研究生学历的占总数的 2.66%。

2008 年，中等职业教育（不含技工学校）教职工总数达 7.91 万人，比上年增加 0.3 万人。其中，专任教师 5.59 万人，比上年增加 0.26 万人。专任教师中双师型教师达 0.94 万人，占总数的 16.84%；专任教师学历合格率达 77.48%。

2008 年，全省普通高中校舍建筑面积 2432.98 万平方米，比上年增加 48.39 万平方米。图书藏量达 3347.17 万册，比上年减少 18.59 万册。建立校园网的普通高中达到 546 所，拥有教学用计算机 12.8 万台。

2008 年，全省中等职业教育学校（不含技工学校）校舍建筑面积 1601.87 万平方米，比上年增加 80.57 万平方米；图书藏量达 3100.45 万册，比上年增加 83.93 万册；生均教学仪器设备值 1465 元；拥有教学用计算机 18.85 万台。

2009 年，全省高中阶段教育学校共有 2048 所，比上年减少 33 所。招生 137.61 万人，比上年增加 1.55 万人；在校生 389.11 万人，比上年增加 10.1 万人。普通高中在校生规模逐步减少。全省普通高中共有 868 所，比上年减少 40 所；招生 64.5 万人，比上年减少 3.92 万人，降低 5.73%；在校生 201.2 万人，比上年减少 6.06 万人，降低 2.92%。校均规模由上年的

2283 人增加到 2318 人。全省中等职业教育学校 1180 所（校数、招生和在校生均含技工学校），比上年增加 7 所；招生 73.11 万人，比上年增加 5.47 万人；在校生 187.91 万人，比上年增加 16.16 万人。中等职业教育的招生数和在校生数分别占高中阶段教育的 53.13% 和 48.29%，分别比上年提高 3.42 个和 2.97 个百分点。

2009 年，全省共有普通高中教职工 12.70 万人，比上年增加 0.17 万人；专任教师 10.5 万人，比上年增加 0.22 万人。生师比 15.84∶1，低于上年的 20.18∶1。专任教师学历合格率达 93.98%，比上年提高 3.18 个百分点；其中，具有研究生学历的占总数的 3.28%，比上年提高 0.66 个百分点，具有中学高级职称的占总数的 18.14%；专任教师年龄分布中，30 岁及以下年龄段专任教师数占总数的 39.61%，31～45 岁年龄段专任教师数占 49.9%。全省中等职业教育教职工（不含技工学校）达 8.27 万人，比上年增加 0.36 万人；专任教师 5.95 万人，比上年增加 0.36 万人，其中双师型专任教师达 0.91 万人，比上年增加 0.16 万人，增长 20.57%。专任教师学历合格率达 79.91%，比上年提高 2.63 个百分点，其中具有研究生学历的占 3.12%；30 岁及以下年龄段专任教师数占总数的 26.84%，31～45 岁年龄段专任教师数占 58.85%。

2009 年，全省普通高中校舍建筑面积 2473.63 万平方米，比上年增加 40.65 万平方米，增长 1.67%。图书藏量达 3456.02 万册，比上年增加 108.85 万册，增长 3.25%。建立校园网 497 所，占 57.26%。拥有教学用计算机 13.3 万台，比上年增加 0.5 万台，平均每百人拥有计算机 6.6 台。全省中等职业教育学校（不含技工学校）占地面积达 6.15 万亩，比上年增加 0.38 万亩，增长 6.59%；校舍建筑面积 1721.72 万平方米，比上年增加 119.86 万平方米，增长 7.48%；图书藏量达 3167.02 万册，比上年增加 66.57 万册，增长 2.15%；教学仪器设备值 23.16 亿元，比上年增加 1.34 亿元，增长 6.14%；语音实验室和多媒体教师座位数 28.35 万个，比上年增加 4.63 万个，增长 19.52%。

2010 年，全省高中阶段教育学校共有 1955 所，比上年减少 94 所。招生 135.32 万人，比上年减少 2.29 万人；在校生 381.47 万人，比上年减少 7.64 万人。

2010 年，全省共有普通高中 825 所，比上年减少 43 所。招生 62.85 万人，比上年减少 1.65 万人，降幅 2.56%；在校生 192.16 万人，比上年减少 9.04 万人，降幅 4.49%。校均规模由上年的 2318 人增加到 2329 人。全省普通高中教职工 12.58 万人，比上年减少 0.12 万人；其中专任教师 10.43 万人，比上年减少 521 人。生师比 18.42∶1，高于上年的 15.84∶1；专任教师学历合格率达 94.99%，比上年提高 1.01 个百分点；专任教师中具有研究生及以上学历的比例为 4.50%，比上年提高 1.22 个百分点。全省普通高中校舍建筑面积 2464.99 万平方米，比上年减少 8.65 万平方米，降低 0.35%。图书藏量 3301.61 万册，比上年减少 154.42 万册，降低 4.47%。建立校园网的普通高中达到 527 所，占总数的 63.88%，比上年提高 6.62 个百分点。拥有教学用计算机 13.55 万台，比上年增加 0.25 万台，平均每百人拥有计算机由上年的 6.6 台增至 7.1 台。全省中等职业教育学校 1130 所（该校数为教育部 2010 年 9 月 1 日的统计时点数据。根据省职业教育督导组的核定，截至 2010 年底，全省中学职业教育学校数为 890 所。以上校数均含技工学校），比上年减少 51 所。招生 72.47 万人，比上年减少 0.64 万人；在校生 189.31 万人，比上年增加 1.4 万人。中等职业教育的招生数和在校生数分别占高中阶段教育的 53.55% 和 49.62%，分别比上年提高 0.42 个和 1.33 个百分点。

2010 年，全省中等职业教育教职工（不含技工学校）8.32 万人，比上年增加 445 人；其中，专任教师 6.04 万人，比上年增加 858 人。双师型教师 1.05 万人，占专任教师总数的 17.38%，比上年提高 2.08 个百分点，双师型教师占专业课教师总数的比例达 31.04%；专任教师学历合格率达 83.06%，比上年提高 3.15 个百分点，专任教师中具有研究生及以上学历的比例达 3.93%，比上年提高 0.81 个百分点。中等职业教育学校（不含技工学校）校舍建筑面积 1663.63 万平方米，比上年增加 116.03 万平方米，增长 7.5%。图书藏量 3345.44 万册，比上年增加 178.42 万册，增长 5.63%；教学仪器设备值 24.07 亿元，比上年增加 1.78 亿元，增长 7.97%，生均教学仪器设备值 1472 元，比上年增加 57 元。拥有教学用计算机 17.06 万台，比上年减少 1.44 万台，下降 7.78%；平均每百人拥有计算机 10 台，比上年减少 1 台。

2011 年，全省高中阶段教育学校共有 1753 所，比上年减少 162 所。招生 132.65 万人，比上年减少 2.67 万人；在校生 374.23 万人，比上年减少 7.24 万人。

2011 年，全省普通高中 792 所，比上年减少 33 所；招生 64.63 万人，比上年增加 1.78 万人；在校生 189.51 万人，比上年减少 2.65 万人。校均规模由上年的 2329 人增加到 2393 人。

2011 年，全省普通高中教职工 13.85 万人，专任教师 11.43 万人。生师比 18.17∶1，略低于上年的 18.42∶1。专任教师学历合格率 95.47%，比上年提高 0.48 个百分点；专任教师中具有研究生学历的占总数的 5.29%，比上年提高 0.78 个百分点。普通高中占地 8.5 万亩，校舍建筑面积 2540.1 万平方米，图书藏量 3127.74 万册。

2011 年，全省中等职业学校 961 所（校数、招生和在校生均含技工学校），比上年减少 169 所。国家级重点中等职业学校 165 所，省部级中等职业学校 172 所，国家示范性中等职业学校 42 所，省部级示范性中等职业学校 90 所（含技工学校 7 所）。招生 68.02 万人，比上年减少 4.45 万人；在校生 184.72 万人，比上年减少 4.59 万人。中等职业教育的招生数和在校生数分别占高中阶段教育的 51.28% 和 49.36%，分别比上年下降 2.28 个和 0.27 个百分点。

2011 年，全省中等职业学校教职工 7.9 万人（不含技工学校），其中专任教师 5.83 万人（其中双师型专任教师 1.07 万人），学历合格率 86.04%，具有研究生及以上学历的占总数的 5.02%。中等职业学校占地 5.54 万亩，校舍建筑面积 1677.29 万平方米，图书藏量 3347.59 万册，教学仪器设备值 24.85 亿元。

2012 年，全省共有高中阶段教育学校 1705 所，比上年减少 48 所。招生 129.87 万人，比上年减少 2.78 万人；在校生 366.50 万人，比上年减少 7.73 万人。

2012 年，全省普通高中 785 所，比上年减少 7 所；招生 66.57 万人，比上年增加 1.94 万人；在校生 192.63 万人，比上年增加 3.12 万人。校均规模由上年的 2393 人增加到 2454 人。教职工 14.28 万人，其中专任教师 10.73 万人。生师比 17.95∶1，略低于上年 18.17∶1。专任教师学历合格率

96.53%，比上年提高 1.06 个百分点；专任教师中具有研究生及以上学历的所占比例为 5.88%，比上年提高 0.59 个百分点。学校占地 8.53 万亩，校舍建筑面积 2629.96 万平方米，图书藏量 3340.61 万册。

2012 年，全省中等职业学校 920 所（校数、招生和在校生均含技工学校），比上年减少 41 所。国家级重点中等职业学校 165 所，省部级中等职业学校 172 所，国家示范性中等职业学校 62 所。招生 63.30 万人，比上年减少 4.72 万人；在校生 173.87 万人，比上年减少 10.85 万人。中等职业教育的招生数和在校生数分别占高中阶段教育总数的 48.74% 和 47.44%，分别比上年下降 2.54 个和 1.92 个百分点。教职工 7.64 万人（不含技工学校），其中专任教师 5.72 万人（其中双师型专任教师 1.13 万人），专任教师学历合格率 87.51%，专任教师具有研究生及以上学历的占总数的 5.28%。学校占地 5.52 万亩，校舍建筑面积 1719.11 万平方米，图书藏量 3111.24 万册，教学仪器设备值 29.48 亿元。

2013 年，全省高中阶段教育学校 1675 所，招生 119.17 万人，在校生 336.42 万人。普通高中 776 所，毕业生 63.13 万人，招生 66.11 万人，在校生 189.23 万人。教职工 14.33 万人，其中专任教师 12.26 万人，生师比 17.51∶1。专任教师学历合格率 96.50%，其中具有研究生及以上学历的占 6.33%。学校占地 8.50 万亩，校舍建筑面积 2644.34 万平方米，图书 3274.31 万册，教学仪器设备值 17.16 亿元。

2013 年，全省中等职业学校 899 所，其中国家级重点学校 127 所，省部级重点学校 116 所，国家改革发展示范校 62 所，省级品牌示范校 29 所，特色学校 79 所。招生 53.06 万人，在校生 147.19 万人。中等职业教育的招生数和在校生数分别占高中阶段教育的 44.53% 和 43.75%。教职工 6.94 万人，其中专任教师 5.26 万人（其中双师型教师 1.04 万人），专任教师学历合格率 87.93%，其中具有研究生及以上学历的占 6.67%。学校占地 5.29 万亩，校舍建筑面积 1590.81 万平方米，图书 2759.38 万册，教学仪器设备值 29.26 亿元。

2014 年，全省高中阶段教育学校 1659 所，招生 113.88 万人，在校生 327.13 万人。普通高中 774 所，招生 64.49 万人，在校生 189.55 万人，毕业生 60.28 万人。教职工 14.73 万人，其中专任教师 11.08 万人。生师比

17.11：1。专任教师学历合格率 96.34%，专任教师中具有研究生及以上学历的所占比例为 7.00%。学校占地 8.58 万亩，校舍建筑面积 2752.36 万平方米，图书 3300 万册，教学仪器设备值 18.93 亿元。中等职业学校 885 所（校数、招生和在校生均含技工学校），其中国家级重点中等职业学校 151 所，省部级重点中等职业学校 134 所，国家中等职业教育改革发展示范校 62 所，省级品牌示范院校 100 所（含高职和技校），特色院校 200 所（含高职和技校）。招生 49.39 万人，在校生 137.58 万人。中等职业教育招生数和在校生数分别占高中阶段教育的 43.37% 和 42.06%。教职工 6.77 万人（办学条件均不含技工学校），其中专任教师 5.18 万人（其中双师型专任教师 1.07 万人），专任教师学历合格率 87.81%，专任教师具有研究生及以上学历的占总数的 6.77%。中等职业学校占地 5.30 万亩，校舍建筑面积 1658.93 万平方米，图书 2600 万册，教学仪器设备值 30.14 亿元。

2015 年，全省共有高中阶段教育学校 1645 所，招生 115.87 万人，在校生 325.79 万人，高中阶段毛入学率 90.30%。普通高中 770 所，招生 67.98 万人，在校生 194.31 万人，毕业生 61.05 万人。大班 2.24 万个，占 75.42%；超大班 1.38 万个，占 46.28%。教职工 15.07 万人，其中专任教师 11.4 万人。生师比 17.04：1。专任教师学历合格率 97.12%，专任教师中具有研究生及以上学历的所占比例为 7.6%。普通高中学校占地 8.69 万亩，校舍建筑面积 2827.55 万平方米，图书藏量 3304.31 万册，教学仪器设备值 20.26 亿元。

2015 年，全省共有中等职业学校 875 所，招生 47.89 万人，在校生 131.48 万人。中等职业教育的招生数和在校生数分别占高中阶段教育的 41.33% 和 40.36%。教职工 6.71 万人（不含技工学校），其中专任教师 5.17 万人（其中双师型专任教师 1.08 万人），专任教师学历合格率 89.23%，其中专任教师中具有研究生及以上学历的占总数的 7.34%。中等职业学校占地 5.18 万亩，校舍建筑面积 1605.13 万平方米，图书藏量 2545.74 万册，教学仪器设备值 31.38 亿元。

2016 年，全省共有高中阶段教育学校 1592 所，招生 117.32 万人，在校生 327.85 万人。高中阶段毛入学率 90.40%。普通高中 792 所，毕业生 63.31 万人，招生 69.53 万人，在校生 199.6 万人，预计毕业生 63.16 万人。

大班 2.26 万个，占 72.81%；超大班 1.31 万个，占 42.16%。教职工 15.55 万人，其中专任教师 13.54 万人。生师比 16.93∶1。专任教师学历合格率 97.09%，专任教师中具有研究生学历的所占比例为 8.06%。普通高中学校占地 8.97 万亩，校舍建筑面积 2929.57 万平方米，生均图书 17 册，生均教学仪器设备值 1149 元。

2016 年，全省共有中等职业学校 800 所，招生 47.79 万人，在校生 128.25 万人。中等职业教育的招生数和在校生数分别占高中阶段教育的 40.73% 和 39.12%。教职工 6.42 万人（不含技工学校），其中专任教师 5.03 万人（其中双师型专任教师 1.08 万人），专任教师学历合格率 90.00%，其中专任教师中具有研究生及以上学历的占总数的 7.80%。中等职业学校占地 4.86 万亩，校舍建筑面积 1540.80 万平方米，生均图书 22 册，生均教学仪器设备值 3080 元。

2017 年，全省共有高中阶段教育学校 1602 所，招生 123.84 万人，在校生 338.72 万人。高中阶段毛入学率 90.61%。普通高中 813 所，毕业生 63.14 万人，招生 70.97 万人，在校生 205.49 万人，预计毕业生 66.21 万人。共有 3.26 万个班，其中，大班 2.22 万个（占 68.10%），超大班 1.27 万个（占 38.96%）。普通高中学校教职工 16.49 万人，其中，专任教师 14.45 万人。专任教师学历合格率 97.56%，具有研究生及以上学历的所占比例为 9.08%。生师比 14.22∶1。普通高中学校占地 9.29 万亩，校舍建筑面积 3051.05 万平方米，藏书 3519.38 万册，教学仪器设备值 249201.97 万元。

2017 年，全省共有独立设置中等职业学校 789 所。中等职业教育毕业生 40.38 万人，招生 52.87 万人，在校生 133.23 万人。中等职业教育的招生数和在校生数分别占高中阶段的比例为 42.69% 和 39.33%。教职工 7.95 万人，其中，专任教师 6.38 万人。专任教师学历合格率 90.22%，研究生及以上学历的占总数的 8.48%。中等职业学校占地 4.64 万亩，校舍建筑面积 1499.46 平方米，藏书 2107.58 万册，教学仪器设备值 335481.73 万元。

2018 年，全省共有高中阶段教育学校 1607 所，招生 122.69 万人，在校生 346.69 万人。高中阶段毛入学率 91.23%。普通高中 852 所，毕业生 66.08 万人，招生 72.65 万人，在校生 210.06 万人。共有 3.45 万个班，其中，大班 2.23 万个（占 64.64%），超大班 1.07 万个（占 31.01%）。普通高中学校教职工 17.44 万人，其中，专任教师 15.33 万人。专任教师学历合格率 98.23%，具有研究生及以上学历的所占比例为 10.03%。生师比 13.7：1。另有代课教师 2610 人，兼任教师 1127 人。普通高中学校占地 9.95 万亩，校舍建筑面积 3317.41 万平方米，图书 3667.06 万册，教学仪器设备值 309588.44 万元。

2018 年，全省共有中等职业学校 755 所，招生 50.03 万人，在校生 136.63 万人。中等职业教育招生数和在校生数分别占高中阶段教育的 40.78% 和 39.41%。教职工 7.58 万人，其中，专任教师 6.16 万人。学校占地 4.61 万亩，校舍建筑面积 1502.55 万平方米，图书 2179.01 万册，教学、实习仪器设备资产值 374059.02 万元。

4. 高等教育

1999~2018 年 20 年间，全省培养研究生的单位由 22 处增加到 27 处，招收博士研究生的数量由 46 人增加到 796 人，硕士学位招生由 988 人增加到 19247 人。普通高校由 56 所增加到 140 所，其中本科院校由 18 所增加到 57 所，在校生由 9.69 万人增加到 138.09 万人，增加了 13.25 倍；专科院校由 38 所增加到 83 所，在校生由 8.86 万人增加到 75.96 万人，增加了 7.57 倍。高等教育毛入学率由不足 13% 增长到 45.60%。

1999 年，全省有培养研究生的单位 22 个，其中设在高校的 15 个，设在科研机构的 7 个。有博士学位点 14 个，其中高校 13 个；硕士学位点 198 个，其中高校 191 个。当年招收研究生 1034 人，比上年增加 317 人。其中，博士学位招生 46 人，硕士学位招生 988 人。在学研究生 2392 人，比上年增加 457 人。其中，博士生 81 人，硕士生 2311 人。研究生指导教师 1513 人，比上年增加 365 人。其中，博士生导师 7 人，硕士生导师 1477 人，博士、硕士生导师 29 人。

全省有普通高等学校 56 所，比上年增加 5 所，另有 5 处普通大专班。其中，本科院校 18 所，专科院校 38 所。普通本专科招生 7.88 万人，比上年增加 2.86 万人，增长 57%。其中，本科招生 3.54 万人，专科招生 4.34 万人（含新高职招生 1.31 万人），本科与专科招生之比为 45：55。普通本专科在校生 18.55 万人，比上年增加 3.91 万人，增长 26.7%，其中，本科在校生 9.69 万人，专科在校生 8.86 万人，本科生与专科生之比为 52∶48。校均普通本专科在校生 3240 人，比上年增加 370 人。其中，本科院校校均 5787 人，专科院校校均 2033 人。普通本专科招生中，工学类占 38.9%，经济学类占 16.9%。

全省独立设置的成人高校 40 所，普通高校附设的成人学历教育机构 61 处。成人本专科招生 5.67 万人，比上年增加 0.55 万人；在校生达到 14.89 万人，比上年增加 0.37 万人。其中，普通高校附设的高等学历教育机构招生 3.39 万人，占成人学历教育招生总数的 60%；在校生 9.48 万人，占高校学生总数的 1.64%。独立设置的成人高校校均规模 1200 人，其中，不足 300 人的 10 所。在成人学历教育学生中，全脱产学习的招生数占成人教育学历招生数的 55%，在校生数占成人教育学历在校生数的 50%。

2000 年，全省高等教育共招本专科学生 192879 人（包括电大普通班），其中普通高等教育招生 116853 人，成人高等教育招生 76026 人，分别比上年增加了 38048 人和 19313 人，增幅达 48.28% 和 34.05%。2000 年研究生教育也有较快增长，普通高等学校和研究机构共招生 1485 人，比上年增长 43.62%。

全省共有高等学校 86 所，本专科在校生 430587 人。其中，普通高等学校 52 所，由于部分高校合并比上年减少 4 所，本专科在校生 262400 人，比上年增加 76914 人，增长 41.47%；校均规模由上年的 3312 人增加到 5046 人，其中本科院校为 5980 人，专科院校为 4414 人；生师比由上年的 10∶1 提高到 13∶1。普通高校教师中研究生及以上的占 22.3%，比上年提高 0.3 个百分点。全省共有研究生培养单位 20 个，在学研究生 3229 人，比上年增加 837 人，增长 34.99%。

全省共有独立设置的成人高等学校 34 所，比上年减少 6 所；普通高校附设的成人学历教育机构共 48 处。本专科在校生 168187 人，比上年增加 19250 人，增长 12.92%。其中，普通高校附设的高等教育机构招生 47012 人，占成人教育学历招生数的 61.48%，在校生 109332 人，占成人教育学历在校生数的 65%。

全省高等教育毛入学率达到 8.7%，比上年的 7.5% 提高 1.2 个百分点。普通高等学校占地面积为 19633300 平方米（合 29450 亩）；校舍建筑面积为

9105030 平方米，比上年增加 1483016 平方米，增长 19%。成人高等学校占地面积为 2642737 平方米（合 3964 亩）；校舍建筑面积为 1841181 平方米，比上年减少 32288 平方米，下降 2%。

2001 年，普通高等学校和科研机构共招研究生 2114 人，在学研究生达 4656 人，分别比上年增加 629 人和 1427 人，增幅分别为 42.36% 和 44.19%。全省共有普通高等学校 64 所，其中本科 21 所，专科 43 所，比上年增加 12 所。全省普通高校毕业生 4.61 万人，其中本科 1.91 万人，专科 2.70 万人，本专科毕业生分别比上年增加 0.21 万人和 0.23 万人。普通高校到校报到学生数 14.01 万人，比上年增加 2.33 万人，增长 19.9%；在校学生 36.91 万人，比上年增加 10.67 万人，增长 40.7%。全省普通高等学校的录取率 58%；18~22 周岁人口高等教育毛入学率 12%。全省普通高校的校均规模由 5046 人提高到 5766 人。普通高校共有 11 个学科，招生总数中工科占 37.36%，文学占 16.13%，管理学占 15.12%；普通高校共有教职工 5.05 万人，每一教职工平均负担 7 个学生；普通高校共有专任教师 2.46 万人，其中研究生学历及以上的占 21.37%，生师比（含普通高校办成人班）18∶1。

2001 年，全省共有独立设置的成人高等学校 27 所，较上年减少 7 所，招生（含普通高校函授、夜大、成人脱产班）8.81 万人，本专科在校学生（含普通高校函授、夜大、成人脱产班）19.65 万人。独立设置的成人高校共有教职工 0.72 万人，每一教职工平均负担 7 个学生；独立设置的成人高校共有专任教师 0.39 万人，较上年减少 0.03 万人，生师比 13∶1。

普通高等学校占地面积 2952.77 万平方米（合 44291 亩），比上年增加 989.44 万平方米；校舍建筑面积 1259.75 万平方米，比上年增加 349.24 万平方米，增长 38.4%，生均校舍建筑面积 34.13 平方米，比上年减少 0.57 平方米；学校共有图书 3298.06 万册，比上年增加 650.19 万册，增长 24.6%，生均图书 89 册，比上年减少 12 册；教学仪器设备资产总值为 162492.61 万元，比上年增加 35895.71 万元，增长 28.4%，生均教学仪器 4401.82 元，比上年减少 422.76 元。成人高等学校占地面积 325.61 万平方米（合 4884 亩）；校舍建筑面积 186.91 万平方米，比上年增加 2.79 万平方米，增长 1.52%；学校共有图书 430.94 万册，比上年增加 37.36 万册；教学仪器设备资产总值 17160.15 万元。

2002 年，全省共有博士学位授权点 15 个，硕士学位授权点 281 个，国家级重点学科 3 个，国家级工程技术中心及重点实验室 4 个；普通高等学校和科研机构共招研究生 2707 人，在学研究生 6313 人，分别比上年增加 593 人和 1657 人，增幅分别为 28.1% 和 35.6%。

全省共有普通高等学校 66 所，其中本科 24 所，专科 42 所（其中商丘科技职业技术学院 2002 年未招生），比上年增加 2 所。全省普通高等学校毕业生（含成人高等学校普通专科班）71226 人，其中本科 23355 人，专科 47871 人，本专科毕业生分别比上年增加 4245 人和 20861 人。普通高等学校共招生 166084 人（含成人高校普通专科班），比上年增加 25954 人，增长 18.5%；在校学生 467963 人（含成人高校普通专科班），比上年增加 98814 人，增长 26.8%。全省高等学校录取率 59%，其中普通高等学校录取率 60%，18~22 周岁人口高等教育毛入学率为 13%。全省普通高等学校的校均规模 7199 人。全省普通高等学校共有 11 个学科，招生总数中工科占 34.7%，文学占 18.5%，管理学占 15.2%；普通高等学校共有教职工 54539 人，比上年增加 3991 人，增长 7.9%，每一教职工负担学生 8.6 人；普通高等学校共有专任教师 28470 人，其中专任教师中具有研究生及以上学历的占 21%，生师比（含普通高等学校办成人班）为 16.4：1。全省共有独立设置的成人高等学校 24 所，较上年减少 3 所，本专科在校学生（含普通高校函授、夜大、成人脱产班）254016 人，招生（含普通高校函授、夜大、成人脱产班）111308 人，分别比上年增加 57553 人和 23245 人。独立设置成人高等学校共有教职工 7780 人，其中专任教师 4477 人。

普通高等学校占地面积 3692.62 万平方米（合 55387 亩），比上年增加 739.85 万平方米（合 11097 亩），增长 25%。校舍建筑面积 1456.6 万平方米，比上年增加 196.9 万平方米，增长 15.6%，其中教学及辅助用房 527.6 万平方米，比上年增加 101.8 万平方米，增长 23.9%。学校共有图书 3489.68 万册，比上年增加 191.62 万册，增长 5.8%，生均图书 78 册。教学仪器设备资产总值 225294.77 万元，比上年增加 62802.16 万元，增长 38.6%，生均 4905 元。成人高等学校占地面积 396.86 万平方米（合 5953 亩），校舍建筑面积 213.2 万平方米。学校共有图书 478.22 万册，教学仪器设备资产总值 22807.32 万元。

2003 年，全省共有研究生培养单位 21 个，其中普通高等学校研究生培养单位 14 个。全省共有普通高等学校 71 所，其中本科院校 24 所，专科学校 47 所，专科校数比上年增加 6 所。博士学位授权点 35 个，比上年增加 20 个；硕士学位授权点 455 个，比上年增加 191 个。

高等教育在校生总规模达 1051603 人，高等教育毛入学率达 14.1%。普通高等学校和研究机构共招收研究生 3818 人，比上年增加 1111 人，增长 41.0%；在学研究生 8465 人，比上年增加 2152 人，增长 34.1%。普通高等学校招收研究生和在学研究生分别占总数的 98.7% 和 98.6%。全省普通高等教育招生 190214 人，比上年增加 24130 人，增长 14.5%；其中本科招生 75925 人，比上年增加 11913 人，增长 18.6%。在校生 557240 人，比上年增加 89277 人，增长 19.1%，其中本科在校生比上年增加 52053 人，增长 25.1%。普通高等学校校均规模由上年的 7199 人增加到 7848 人。

全省成人高等教育招生 111193 人，比上年减少 115 人，降低 0.1%；其中本科招生 32007 人，比上年增加 12955 人，增长 68.0%。在校生 290818 人，比上年增加 36802 人，增长 14.5%，其中本科在校生比上年减少 1445 人，降低 3.3%。

全省高等学校专任教师 39814 人，比上年增加 5654 人，增长了 16.6%。普通高等学校专任教师 33344 人，比上年增加 4874 人，增长 17.1%。专任教师中具有副高及以上职称的占 33.6%，研究生及以上学历的占 24.9%，其中本科院校专任教师研究生及以上学历的占 32.0%。成人高等学校专任教师 4764 人，比上年增加 287 人，增长 6.4%。专任教师中具有副高及以上职称的占 27.8%，研究生及以上学历的占 7.6%。

2004 年，全省共有研究生培养单位 22 处，其中普通高校 14 处，科研机构 8 处。全省共有普通高校 82 所，比上年增加 11 所，其中本科院校 28 所，比上年增加 4 所。全省共有成人高校 23 所，比上年减少 1 所。全省普通高等学校和科研机构共有博士学位授权点 35 个，硕士学位授权点 424 个。

2004 年，全省高等教育总规模约为 127.36 万人，高等教育毛入学率为 16%。

高等学校和研究机构共招收研究生 5408 人，比上年增加 1590 人，增长

41.64%。在学研究生 11853 人，比上年增加 3388 人，增长 40.02%。全省普通高等教育共招本科、高职（专科）学生 25.74 万人，比上年增加 6.71 万人，增长 35.28%。在校生达 70.28 万人，比上年增加 56 万人，增长 26.13%。

全省成人高等教育共招本专科学生约 14 万人，比上年增加 3.23 万人，在校生达 33.74 万人。普通高校校均规模由上年的 7519 人增加到 8226 人，其中本科院校由上年的 14172 人增加到 15176 人，高职（专科）院校由上年的 4076 人增加到 4103 人。

普通高校共有教职工 7.21 万人，其中专任教师 4.20 万人，比上年增加 0.87 万人，增长 26.13%。生师比为 16.2∶1，比上年的 17.7∶1 有所下降。专任教师中具有副高级及以上职称的有 13448 人（其中正高级 2338 人），占总数的 32.04%，其中本科院校专任教师中具有副高级及以上职称的有 8980 人（其中正高级 1899 人），占本科院校专任教师总数的 35.36%。专任教师中研究生及以上学历的有 11030 人（其中博士学历的有 1783 人），占总数的 26.28%，比上年提高 1.38 个百分点。成人高校共有教职工 8224 人，其中专任教师 5022 人，比上年增加 258 人。

普通高校占地面积 93075.7 亩（产权归学校所有），比上年增加 16221.9 亩；另有非学校产权中独立使用的占地面积 1890.20 亩，生均占地面积 87.78 平方米，比上年的 86.25 平方米增加 1.53 平方米。普通高校图书藏量 5466.72 万册（产权归学校所有），比上年增加 1258.78 万册，增长 29.91%，生均图书 73.9 册，比上年的 65.9 册增加 8 册；固定资产总值达 195.69 亿元，其中教学、科研仪器设备资产值达 40.36 亿元，比上年增加 9.25 亿元，增长 29.73%，生均教学科研仪器设备值为 5442 元，比上年增加 568 元。普通高校校舍建筑面积 2308.46 万平方米（产权归学校所有），比上年增加 363.58 万平方米。另有由学校独立使用的非学校产权建筑面积 150.23 万平方米，比上年增加 19.02 万平方米。其中教学及行政用房 1154.34 万平方米，生均教学及行政用房 16 平方米，比上年的 15.35 平方米增加了 0.65 平方米；学生宿舍面积 633.24 万平方米，生均 8.78 平方米，比上年的 8.13 平方米增加了 0.65 平方米。

2005 年，全省共有研究生培养单位 22 处，其中普通高校 14 处，科研机构 8 处。共有普通高等学校 83 所，比上年增加 1 所（河南工业贸易职业学院），其中本科院校 28 所。全省共有成人高等学校 23 所。普通高等学校和科研机构共有博士一级学科点 12 个，博士学位授权点 104 个；硕士学位一级学科点 78 个，硕士学位授权点 822 个。

全省高等教育总规模约为 145.53 万人，高等教育毛入学率 17.02%。高等学校和研究机构共招收研究生 6561 人，比上年增加 1153 人，增长 21.32%。在学研究生 15830 人，比上年增加 3977 人，增长 33.55%。全省普通高等教育共招本、专科学生 27.76 万人，比上年增加 2.02 万人，增长 7.85%，其中本科招生 10.62 万人，专科招生 17.14 万人，本、专科招生比为 3.8：6.2。在校生 85.19 万人，比上年增加 14.96 万人，增长 21.29%，其中本科在校生 38.94 万人，专科在校生 46.25 万人，本、专科在校生之比为 4.6：5.4。全省成人高等教育共招本专科学生约 14 万人，在校生约 36.93 万人。

普通高等学校校均规模由上年的 8226 人增加到 9819 人，其中本科院校由上年的 15176 人增加到 16637 人，专科院校由上年的 4103 人增加到 5436 人。

普通高等学校共有教职工 7.58 万人，其中专任教师 4.63 万人，比上年增加 0.45 万人，增长 10.77%，专任教师占教职工的比例为 61.11%，比上年的 58.19% 有所提高。生师比为 17.5：1，比上年的 16.2：1 有所提高。专任教师中具有副高级及以上职称的有 14953 人（其中正高级 2805 人），占总数的 32.29%；其中本科院校专任教师中具有副高级及以上职称的有 9630 人（其中正高级 2200 人），占本科院校专任教师总数的 34.77%。专任教师中具有研究生及以上学历的有 14318 人（其中博士学历的有 2406 人），占总数的 30.92%，比上年提高 4.64 个百分点。成人高等学校共有教职工 0.82 万人，其中专任教师 0.47 万人。

普通高等学校占地面积 6609 公顷（产权归学校所有），比上年增加 404 公顷；另有非学校产权中独立使用的占地面积 160.8 公顷，生均占地面积 77.35 平方米，比上年的 87.78 平方米减少了 10.43 平方米。普通高等学校图书藏量 5900.83 万册（产权归学校所有），比上年增加 1258.78 万册，增长 7.94%，生均图书 66.4 册，比上年的 73.9 册减少了 7.5 册；固定资产总值 238.04 亿元，其中教学、科研仪器设备资产值 46.26 亿元，比上年增加了 5.6 亿元，增长 13.84%，生均教学科研仪器设备值 5122元。普通高等学校校舍建筑面积 2613.43 万平方米（产权归学校所有），比上年增加 304.97 万平方米。另有由学校独立使用的非学校产权建筑面积 101.49 万平方米。其中教学及行政用房 1281.08 万平方米，生均教学及行政用房 14.6 平方米，比上年的 16 平方米减少了 1.4 平方米；学生宿舍面积 709.02 万平方米，生均 8.1 平方米，比上年的 8.8 平方米减少了 0.7平方米。

2006 年，全省高等教育总规模 167.45 万人，高等教育毛入学率达18.3%。全省研究生培养机构 23 处，其中普通高校 14 处，科研机构 9 处；高等学校和研究机构共招收研究生 7375 人，比上年增加 814 人，增长12.41%。在学研究生达 19336 人，比上年增加 3506 人，增长 22.15%。毕业研究生 3722 人，比上年增加 1135 人，增长 43.87%。普通高等学校 84所，比上年增加 1 所，其中本科院校 28 所。普通高等教育共招本专科学生33.76 万人，比上年增加 6.01 万人，其中本科招生 14.40 万人，专科招生19.36 万人，本、专科招生比为 4.3∶5.7。在校生达 97.41 万人，比上年增加 12.22 万人，增长 14.34%，其中本科在校生 44.99 万人，专科在校生52.42 万人，本、专科在校生之比为 4.6∶5.4。毕业生达 20.21 万人，其中本科毕业生 7.86 万人，本、专科之比为 3.9∶6.1。

普通高等学校教职工 8.34 万人，比上年增加 0.76 万人；其中专任教师 5.29 万人，比上年增加 0.66 万人。生师比为 17.4∶1，略低于上年的17.5∶1，专任教师中具有副高级及以上职称的占总数的 31.85%，比上年下降 0.44 个百分点；专任教师中研究生及以上学历的占总数的 33.37%，比上年提高 2.45 个百分点。普通高等学校校均规模继续扩大，由上年的9819 人增加到 11126 人，其中本科院校由上年的 16637 人增加到 17526人，专科院校由上年的 5436 人增加到 6576 人。

普通高等学校占地面积 107733.72 亩，比上年增加 6186.23 亩，增长6.09%；校舍建筑面积 3105.96 万平方米，比上年增加 391.04 万平方米，增长 14.40%，图书藏量达 7095.14 万册，比上年增加 1099.81 万册，增长18.34%；教学科研仪器设备值 536599.47 万元，比上年增加 74042.08 万元，增长 16.01%。成人高等学校 23 所，成人高等教育招生 10.08 万人，比上年减少 0.31 万人；在校生 25.51 万人，比上年减少 10.41 万人。

2007 年，全省高等教育学校共有 127 所，比上年减少 3 所。其中，研究生培养机构 24 所，比上年增加 1 所；普通高等学校 82 所（其中，本科院校 31 所，专科学校 51 所），比上年减少 2 所；成人高等学校 21 所，比上年减少 2 所。省属高等学校博士一级学科点达 11 个，博士学位授权点达 107 个；硕士学位一级学科点达 98 个，硕士学位授权点达 845 个。

全省高等教育总规模达 195.42 万人，高等教育毛入学率达 19.68%。研究生招生达 7957 人（其中，博士生 273 人），比上年增加 582 人，增长 7.9%；在学研究生达 21667 人（其中，博士生 838 人），比上年增加 2331 人，增长 12.06%。普通高等教育招生达 35.52 万人（本、专科招生分别为 14.41 万人和 21.11 万人），比上年增加 1.76 万人；在校生达 109.52 万人（本、专科在校生分别为 50.7 万人和 58.82 万人），比上年增加 12.11 万人。成人高等教育招生 9.28 万人，比上年减少 0.8 万人；在校生 24.94 万人，比上年减少 0.56 万人。

普通高等学校校均规模继续扩大，校均规模由上年的 11126 人增加到 12967 人（若将郑州大学所属的升达经贸管理学院、西亚斯国际学院、郑大体育学院和 10 所独立学院以及 9 所二级职业技术学院作为独立办学单位，校均规模为 10224 人）。其中，本科院校由上年的 17526 人增加到 18641 人（若把郑州大学所属的升达经贸管理学院、西亚斯国际学院和郑大体育学院作为独立办学单位，校均规模为 16997 人），专科院校由上年的 6576 人增加到 7620 人。

普通高等学校教职工 8.82 万人，比上年增加 0.48 万人。其中，专任教师 5.88 万人，比上年增加 0.59 万人。生师比为 17.7：1，高于上年 17.4：1（在校生和教师总数均为折合数）。专任教师中具有副高级及以上职称的有 19144 人（其中，正高级 4012 人），占总数的 32.58%，比上年提高 0.7 个百分点。专任教师中具有研究生及以上学历的有 21279 人（其中，博士学历的有 3774 人），占总数的 36.21%，比上年提高 2.84 个百分点。师资力量的不断增强，为高等教育教学质量的提高奠定了重要基础。

成人高等学校教职工 0.84 万人，其中专任教师 0.55 万人。专任教师中具有副高级及以上职称的达 28.08%，具有研究生及以上学历的达 11.5%，具有研究生学位及以上的达 16.64%。

普通高等学校占地面积达 118705.68 亩，比上年增加 10971.96 亩，增长 9.24%；生均占地面积为 71.05 平方米，比上年减少了 0.66 平方米。校舍建筑面积达 3527.19 万平方米，比上年增加 423.66 万平方米，增长 13.65%；生均校舍建筑面积为 31.66 平方米，比上年增加 0.66 平方米。生均教学行政用房 15.14 平方米。图书藏量达 8093.61 万册，比上年增加 998.47 万册，增长 12.34%；生均图书 70.3 册，比上年增加 1.1 册。教学科研仪器设备值 620539.12 万元，比上年增加 83939.65 万元，增长 13.53%；生均教学科研仪器设备值 5390 元，比上年增加 160 元。

成人高等学校占地面积 10910.64 亩，比上年增加 1500 亩；校舍建筑面积 340.68 万平方米，比上年增加 47.88 万平方米；图书 670.01 万册，比上年减少 20.08 万册；教学科研仪器设备值 49861.5 万元，比上年增加 5753.47 万元。

2008 年，全省研究生培养机构 23 处；普通高等学校 84 所（其中，本科院校 33 所，专科学校 51 所），比上年增加 2 所；成人高等学校 20 所，比上年减少 1 所。全省高校现有博士学位授权一级学科点 11 个，博士点 106 个；硕士学位授权一级学科点 104 个，硕士点 845 个。

全省高等教育总规模达 215.44 万人。研究生招生达 8507 人（其中，博士生 294 人），比上年增加 550 人；在学研究生达 23551 人（其中，博士生 974 人），比上年增加 1884 人。普通高等教育招生达 44.51 万人（本、专科招生分别为 16.74 万人和 27.77 万人），比上年增加 8.99 万人；在校生达 125.02 万人（本、专科在校生分别为 56.58 万人和 68.44 万人），比上年增加 15.5 万人。成人高等教育招生 11.01 万人，比上年增加 1.73 万人；在校生 26.88 万人，比上年增加 1.94 万人。

普通高等学校校均规模继续扩大，由上年的 12967 人增加到 13075 人；其中，本科院校由上年的 18641 人增加到 19729 人，高职（专科）院校由上年的 7620 人增加到 8770 人。

普通高等学校教职工 9.59 万人，比上年增加 0.77 万人。其中，专任教师 6.49 万人，比上年增加 0.61 万人。生师比为 18.26：1（在校生和教师总数均为折合数）。专任教师中具有副高级及以上职称的有 21485 人（其中，正高级 4718 人），占总数的 33.11%。专任教师中具有研究生及以上学历的有 25901 人（其中，具有博士学历的有 4951 人），占总数的 39.92%。专任教师中具有硕士学位及以上的有 32645 人（其中，具有博士学位的有 5087 人），占总数的 50.31%。

成人高等学校教职工 0.59 万人，其中专任教师 0.38 万人。专任教师中具有副高级及以上职称的达 31.54%，具有研究生学历及以上的达 16.06%，具有研究生学位及以上的达 22.08%。

普通高等学校占地面积达 13.08 万亩，比上年增加 1.21 万亩，增长 10.21%。校舍建筑面积达 3715.12 万平方米，比上年增加 187.93 万平方米，增长 5.33%。图书藏量达 9099.18 万册，比上年增加 1005.57 万册，增长 12.42%。教学科研仪器设备值 706825.05 万元，比上年增加 86285.93 万元，增长 13.9%。

成人高等学校占地面积 8441.35 亩，校舍建筑面积 299.36 万平方米，图书 645.46 万册，教学科研仪器设备值 45386.95 万元。

2009 年，全省研究生培养机构 23 处；普通高等学校 99 所，其中，本科院校 43 所，高职院校 56 所；成人高等学校 18 所，比上年减少 2 所。全省高校和科研机构共有博士学位授权一级学科点 11 个，博士点 106 个；硕士学位授权一级学科点 103 个，硕士点 845 个。全省高等教育总规模达 227.96 万人，高等教育毛入学率达 22.02%。研究生招生达 9918 人（其中，博士生 303 人），比上年增加 1408 人；在学研究生达 26431 人（其中，博士生 1079 人），比上年增加 2872 人。普通高等教育招生达 45.74 万人（本、专科招生分别为 18.38 万人和 27.36 万人，本专科之比为 4∶6），其中，"高起本"招生 16.26 万人，比上年增加 1.22 万人；"专升本"招生 2.12 万人，比上年增加 0.42 万人；"高起专"招生 21.72 万人，比上年减少 0.37 万人；"对口"招生 2.65 万人，比上年增加 0.09 万人；"五年制转入"招生 2.75 万人，比上年减少 0.38 万人。普通高等教育在校生达 136.88 万人（本、专科在校生分别为 61.61 万人和 75.27 万人，本、专科之比为 4.5∶5.5），比上年增加 11.86 万人，增长 9.49%。普通高等学校校均规模继续扩大，校均规模达 13181 人，其中，本科院校校均规模由上年的 16811 人增加到 18574 人，高职院校由上年的 8770 人增加到 9040 人。成人高等教育招生 10.13 万人，比上年减少 0.88 万人；在校生 27.78 万人，比上年增加 0.9 万人。

普通高等学校教职工 10.36 万人，比上年增加 0.77 万人，其中，专任教师 7.15 万人，比上年增加 0.66 万人。生师比为 18.33：1，高于上年的 18.26：1（在校生和教师总数均为折合数）。专任教师中具有副高级及以上职称的有 23573 人（其中，正高级 5320 人），占 32.98%，比上年下降 0.13 个百分点；具有研究生及以上学历的有 29612 人（其中，具有博士学历的有 5910 人），占 41.43%，比上年提高 1.51 个百分点；具有硕士学位及以上的有 37625 人（其中，具有博士学位的有 6025 人），占 52.64%，比上年提高 2.33 个百分点；30 岁及以下专任教师占 31.14%，31～45 岁专任教师占 50.13%，46~60 岁专任教师占 17.43%。成人高等学校教职工 5427 人，其中专任教师 3566 人。专任教师中具有副高级及以上职称的达 31.3%，比上年降低 0.16 个百分点；具有研究生及以上学历的达 18.37%，比上年提高 2.31 个百分点；具有研究生学位及以上的达 24.45%，比上年提高 2.37 个百分点。

普通高等学校占地面积达 13.4 万亩，比上年增加 0.32 万亩，增长 2.45%；生均占地面积为 63.52 平方米，比上年减少 4.86 平方米。校舍建筑面积达 3980.81 万平方米，比上年增加 265.69 万平方米，增长 7.15%；生均校舍建筑面积为 28.2 平方米，比上年减少 0.93 平方米，其中生均教学行政用房 14.58 平方米，比上年减少 0.46 平方米。图书藏量达 10050.64 万册，比上年增加 951.46 万册，增长 10.46%；生均图书为 68.8 册，比上年减少 0.3 册。教学科研仪器设备值 774679.16 万元，比上年增加 67854.11 万元，增长 9.6%；生均教学科研仪器设备值为 5300 元，比上年减少 68 元。上学年度信息化经费投入为 25139 万元，信息化培训人次 35462 人次，每百人拥有的多媒体教室座位数为 63 个。成人高等学校占地面积 4886.64 亩，比上年减少 1223.54 亩；校舍建筑面积 161.74 万平方米，比上年减少 22.89 万平方米；图书藏量达 432.32 万册，比上年增加 6.85 万册；教学科研仪器设备值 29912.68 万元，比上年减少 224.27 万元。上学年度信息化经费投入 1508.2 万元，信息化培训人次 2655 人次，每百人拥有多媒体教室座位数 19 个。

2010 年，全省研究生培养机构 23 处；普通高等学校 107 所，其中，本科院校 45 所（含 10 所独立院校），高职院校 62 所；成人高等学校 15 所，比上年减少 3 所。

全省高等教育总规模达 232.35 万人，高等教育毛入学率达 23.66%。研究生招生 1.07 万人（其中，博士生 328 人），比上年增加 786 人；在学研究生 2.9 万人（其中，博士生 1142 人），比上年增加 2590 人。普通高等教育招生 47.83 万人（本、专科招生分别为 21.13 万人和 26.7 万人，本、专科之比为 4.4∶5.6），比上年增加 2.09 万人，增长 4.57%，其中，"高起本"招生 18.96 万人，比上年增加 2.7 万人；"专升本"招生 2.18 万人，比上年增加 550 人；"高起专"招生 22.21 万人，比上年增加 2536 人；"对口"招生 2.37 万人，比上年减少 2851 人；"五年制转入"招生 2.12 万人，比上年减少 6287 人。在校生 145.67 万人（本、专科在校生分别为 68.72 万人和 76.95 万人，本、专科之比为 4.7∶5.3），比上年增加 8.79 万人，增长 6.42%。普通高等学校校均规模达 13384 人，其中，本科院校校均规模由上年的 18511 人增加到 19666 人，高职（专科）院校由上年的 9040 人减少到 8557 人。

普通高等学校教职工 11.04 万人，比上年增加 6810 人。其中，专任教师 7.75 万人，比上年增加 5999 人。生师比 17.56∶1，低于上年的 18.33∶1（在校生和教师总数均为折合数）。专任教师中具有副高级及以上职称的有 2.56 万人（其中，正高级 5830 人），占总数的 33%，比上年提高 0.02 个百分点。专任教师中具有研究生及以上学历的 3.38 万人（其中，具有博士学历的有 7044 人），占总数的 43.65%，比上年提高 2.22 个百分点。专任教师中具有硕士学位及以上的 4.22 万人（其中，具有博士学位的有 7173 人），占总数的 54.52%，比上年提高 1.88 个百分点。普通高等学校占地面积 14.02 万亩，比上年增加 6200 亩，增长 4.62%；生均占地面积为 63.66 平方米，比上年增加 0.14 平方米。校舍建筑面积 4237.21 万平方米，比上年增加 256.4 万平方米，增长 6.44%；生均校舍建筑面积为 28.85 平方米，比上年增加 0.65 平方米，其中生均教学行政用房 14.72 平方米，比上年增加 0.14 平方米。图书藏量 1.1 亿册，比上年增加 957.95 万册，增长 9.83%；生均图书 72.7 册，比上年减少 3.9 册。教学科研仪器设备值 86.58 亿元，比上年增加 9.11 亿元，增长 11.76%；生均教学科研仪器设备值为 5701 元，比上年增加 401 元。上学年度信息化经费投入 3.18 亿元,信息化培训人次 6.36 万人次;每百人拥有的多媒体教室和语音实验室座位数 71 个,比上年增加 8 个。

成人高等教育招生 10.72 万人,比上年增加 5962 人;在校生 25.89 万人,比上年减少 1.89 万人。教职工 4571 人,其中专任教师 3055 人。专任教师中具有副高级及以上职称的有 941 人,占总数的 30.8%,比上年降低 0.5 个百分点;具有研究生及以上学历的 612 人,占总数的 20.03%,比上年提高 1.66 个百分点;具有硕士学位及以上的 822 人,占总数的 26.90%,比上年提高 2.45 个百分点。

成人高等学校占地面积 4328 亩,比上年减少 558.64 亩;校舍建筑面积 160.27 万平方米,比上年减少 1.47 万平方米;图书藏量 374.52 万册,比上年减少 57.8 万册;教学科研仪器设备值 2.84 亿元,比上年减少 1543.87 万元。上学年度信息化经费投入 1601.95 万元,信息化培训人次 4395 人次,每百人拥有的多媒体教室座位数 22 个。

2011 年,全省研究生培养机构 23 处,与上年持平;普通高等学校 117 所,其中本科院校 47 所(含 9 所独立学院),高职高专院校 70 所;成人高等学校 14 所,比上年减少 1 所。

全省博士学位授权一级学科点 44 个,博士学位授权二级学科点 12 个,硕士学位授权一级学科点 282 个。一级国家重点学科 1 个,二级国家重点(培育)学科 8 个,一级省(部)级重点学科 89 个,二级省(部)级重点学科 179 个。国家重点实验室 1 个,国家工程实验室 2 个,国家工程研究中心 1 个,国家工程技术研究中心 1 个。

全省高等教育总规模 236.49 万人,高等教育毛入学率 24.63%。研究生招生 1.08 万人(其中,博士生 337 人),比上年增加 187 人;在学研究生 3.09 万人(其中,博士生 1245 人),比上年增加 1887 人。

普通高等教育招生 47.14 万人,本、专科招生分别为 22.65 万人和 24.49 万人,本、专科之比为 4.8∶5.2;在校生 150.01 万人,本、专科在校生分别为 75.88 万人和 74.13 万人,本、专科之比为 5.1∶4.9。校均规模由 13384 人减少到 12630 人,其中本科由上年的 19666 人增加到 20151 人,高职高专由上年的 8557 人减少到 7580 人。

普通高等学校教职工 11.71 万人，比上年增加 6690 人；专任教师 8.2 万人，比上年增加 4566 人。生师比 17.29∶1，低于上年的 17.56∶1（在校生和教师总数均为折合数）。专任教师中具有副高级及以上职称的 2.78 万人（其中，正高级 6478 人），占总数的 33.86%，比上年提高 0.86 个百分点。专任教师中具有硕士及以上学历的 3.79 万人（其中，博士生 8193 人），占总数的 46.14%，比上年提高 2.49 个百分点。具有硕士学位及以上的 4.78 万人（其中，具有博士学位的 8366 人），占总数的 58.28%，比上年提高 3.76 个百分点。

普通高等学校占地面积 14.77 万亩，比上年增加 7500 亩；生均占地面积 64.94 平方米，比上年增加 1.28 平方米。校舍建筑面积 4688.79 万平方米，比上年增加 451.58 万平方米；生均校舍建筑面积 30.95 平方米，比上年增加 2.1 平方米，其中生均教学行政用房 15.96 平方米，比上年增加 1.24 平方米。图书藏量 1.19 亿册，比上年增加 883.21 万册；生均图书 75 册，比上年增加 2 册。教学科研仪器设备值 95.33 亿元，比上年增加 8.75 亿元；生均教学科研仪器设备值 6023 元，比上年增加 322 元。上学年度信息化经费投入 4.08 亿元，信息化培训人次 5.35 万人次；每百人拥有的多媒体教室和语音实验室座位数 78 个，比上年增加 7 个。

成人高等教育招生 10.72 万人，比上年增加 5962 人；在校生 25.89 万人，比上年减少 1.89 万人。教职工 4571 人，专任教师 3055 人。专任教师中具有副高级及以上职称的 941 人，占总数的 30.8%，比上年降低 0.5 个百分点；具有硕士及以上学历的 612 人，占总数的 20.03%，比上年提高 1.66 个百分点；具有硕士学位及以上的 822 人，占总数的 26.90%，比上年提高 2.45 个百分点。

2012 年，全省研究生培养机构 26 处，比上年增加 3 处；普通高等学校 120 所，其中本科院校 47 所（含 8 所独立学院），高职高专院校 73 所；成人高等学校 14 所，与上年持平。博士学位授权一级学科点 44 个，博士学位授权二级学科点 12 个，硕士学位授权一级学科点 282 个。一级学科国家重点学科 1 个，二级学科国家重点（培育）学科 8 个。一级学科省级重点学科 259 个，二级学科省级重点学科 92 个。国家重点实验室 1 个，国家重点实验室培育基地 3 个，国家工程实验室 4 个（含国家地方联合工程实验室)，国家工程（技术）研究中心 2 个。

全省高等教育总规模 258.59 万人，高等教育毛入学率 27.22%。研究生招生 1.17 万人（其中，博士生 395 人），比上年增加 792 人；在学研究生 3.2 万人（其中，博士生 1298 人），比上年增加 1057 人。

普通高等教育招生 49.81 万人，本、专科招生分别为 24.92 万人和 24.89 万人，本、专科之比为 5.03∶4.97；在校生 155.9 万人，本、专科在校生分别为 83.71 万人和 72.19 万人，本、专科之比为 5.37∶4.63。校均规模由 12630 人增加到 12802 人，其中本科学校由上年的 20151 人增加到 21300 人；高职高专学校由上年的 7580 人减少到 7331 人。普通高等学校教职工 12.02 万人，比上年增加 0.3 万人；其中专任教师 8.6 万人，比上年增加 0.4 万人。生师比 17.22∶1，低于上年的 17.29∶1（在校生和教师总数均为折合数）。专任教师中具有副高级及以上职称的 2.94 万人（其中正高级 7052 人），占总数的 34.15%，比上年提高 0.29 个百分点，本科学校和高职高专院校副高级及以上所占比例分别为 38.25% 和 27.28%。专任教师中具有硕士及以上学历的 4.12 万人（其中，博士生 9566 人），占总数的 47.97%，比上年提高 1.83 个百分点。具有硕士学位及以上的 5.19 万人（其中，博士学位 9894 人），占总数的 60.38%，比上年提高 2.1 个百分点。

普通高等学校占地面积 15.35 万亩，比上年增加 0.58 万亩；生均占地面积 65.09 平方米，比上年增加 0.15 平方米。校舍建筑面积 5010.89 万平方米，比上年增加 322.1 万平方米；生均校舍建筑面积 31.88 平方米，比上年增加 0.93 平方米，其中生均教学行政用房 16.5 平方米，比上年增加 0.54 平方米。图书藏量 1.29 亿册，比上年增加 585.18 万册；生均图书 76 册，比上年增加 1 册。教学科研仪器设备值 108.84 亿元，比上年增加 13.51 亿元；生均教学科研仪器设备值 6613 元，比上年增加 590 元。上学年度信息化经费投入 4.19 亿元，信息化培训人次 10.82 万人次；每百人拥有多媒体教室和语音实验室座位数 87 个，比上年增加 9 个。

成人高等教育招生 14.87 万人，比上年增加 2.93 万人；在校生 29.81 万人，比上年增加 4.16 万人。成人高等学校教职工 0.43 万人，其中专任教师 0.29 万人。专任教师中具有副高级及以上职称的 0.08 万人，占总数的

29.81%；具有硕士及以上学历的 0.06 万人，占总数的 20.92%；具有硕士学位及以上的 0.08 万人，占总数的 31.09%。

2013 年，全省研究生培养机构 27 处，普通高等学校 127 所，其中本科学校 50 所（含独立学院），高职（专科）院校 77 所；成人高等学校 13 所。

全省高等教育总规模 265 万人，高等教育毛入学率 30.1%。

全省研究生培养机构中一级博士学位授权点 53 个，一级硕士学位授权点 285 个。研究生毕业 1.07 万人（其中，博士生 250 人），招生 1.22 万人（其中，博士生 415 人），在学研究生 3.33 万人（其中，博士生 1380 人）。

普通本专科毕业生 45.02 万人，本、专科分别为 18.42 万人和 26.60 万人，本、专科之比为 4.1∶5.9；招生 50.84 万人，本、专科分别为 25.94 万人和 24.90 万人，本、专科之比为 5.1∶4.9；在校生 161.84 万人，本、专科分别为 91.02 万人和 70.82 万人，本、专科之比为 5.6∶4.4。普通高校校均规模 12642 人，其中本科学校 22105 人，高职（专科）院校 6496 人。普通高等学校教职工 12.52 万人，其中专任教师 9.09 万人。专任教师中具有副高级及以上职称的 3.19 万人（其中，正高级 7752 人），占 35.04%。专任教师中具有硕士及以上学历的 4.51 万人（其中，博士生 10920 人），占 49.63%；具有硕士学位及以上的 5.64 万人（其中，具有博士学位的 11310 人），占 61.99%。学校占地 15.92 万亩，校舍建筑面积 5395.75 万平方米，图书 1.33 亿册，教学科研仪器设备值 122.31 亿元。

全省高校拥有国家一级学科重点学科 1 个，国家二级学科重点学科 6 个，国家重点（培育）学科 4 个，省一级学科重点学科 259 个，省二级学科重点学科 92 个。依托全省高校建设国家"2011 协同创新中心"1 个，国家重点实验室（培育基地）4 个，国家（地方联合）工程实验室 5 个，（省部共建）教育部重点实验室 11 个；国家工程（技术）研究中心 2 个，国家国际联合研究中心 1 个，教育部工程研究中心 6 个。

成人本专科毕业生 10.59 万人，招生 15.41 万人，在校生 33.64 万人。成人高等学校教职工 0.34 万人，其中专任教师 0.22 万人。专任教师中具有副高级及以上职称的 672 人，占总数的 31.14%；具有硕士及以上学历的 396 人，占总数的 18.35%；具有硕士学位及以上的 617 人，占总数的 28.59%。学校占地 3298.86 亩，校舍建筑面积 120.47 万平方米，图书

349.51 万册，教学科研仪器设备值 2.57 亿元。

2014 年，全省研究生培养机构 27 处，普通高等学校 129 所，其中本科院校 52 所（含 8 所独立学院），高职高专院校 77 所；成人高等学校 12 所。全省研究生培养机构授权一级博士学位授权点 55 个，其中普通高等学校授权一级博士学位授权点 53 个；授权一级硕士学位授权点 284 个，其中普通高等学校授权一级硕士学位授权点 271 个。高校拥有一级学科国家重点学科 1 个，二级学科国家重点学科 4 个，国家重点（培育）学科 4 个，一级学科省重点学科 259 个，二级学科省重点学科 97 个。依托高校建设国家"2011 协同创新中心"1 个，国家重点实验室（培育基地）4 个，国家（地方联合）工程实验室 5 个，（省部共建）教育部重点实验室 11 个，国家工程（技术）研究中心 2 个，国家国际联合研究中心 2 个，教育部工程研究中心 6 个。全省高等教育总规模 276.50 万人，高等教育毛入学率 34.00%。全省研究生毕业 1.12 万人，其中博士生 256 人；招生 1.28 万人，其中博士生 468 人；在学研究生 3.48 万人，其中博士生 1530 人。普通本专科毕业生 44.53 万人，本、专科分别为 20.89 万人和 23.64 万人，本、专科之比为 4.7：5.3；招生 51.43 万人，本、专科分别为 25.76 万人和 25.67 万人，本、专科之比为 5.0：5.0；在校生 167.97 万人，本、专科分别为 95.52 万人和 72.45 万人，本、专科之比为 5.7：4.3。普通高等学校校均规模 12948 人，其中本科院校 22359 人，高职高专院校 6594 人。成人本专科毕业生 13.77 万人，招生 16.51 万人，在校生 35.89 万人。普通高等学校教职工 13.00 万人，其中专任教师 9.51 万人。生师比 17.15：1。专任教师中具有副高级及以上职称的 3.33 万人（其中，正高级 8020 人），占总数的 34.98%；本科院校和高职高专院校专任教师中具有副高级及以上职称的所占比例分别为 39.11% 和 27.36%。专任教师中具有硕士及以上学历的 4.87 万人（其中，具有博士学历的 12154 人），占总数的 51.21%；具有硕士学位及以上的 6.08 万人（其中，具有博士学位的 12647 人），占总数的 63.86%。成人高等学校教职工 0.28 万人，其中专任教师 0.19 万人。专任教师中具有副高级及以上职称的 624 人，占总数的 33.53%；具有硕士及以上学历的 400 人，占总数的 21.49%；具有硕士学位及以上的 630 人，占总数的 33.85%。普通高等学校占地面积 16.26 万亩，校舍建筑面积 5467.39 万平方米，图书藏量 1.41 亿册，教学科研仪器设备值 140.56 亿元。

2015 年，全省研究生培养机构 27 处；普通高等学校 129 所，其中本科院校 52 所（含 8 所独立学院），高职高专院校 77 所；成人高等学校 12 所。

全省研究生培养机构一级博士学位授权点 55 个，其中普通高校一级博士学位授权点 53 个；一级硕士学位授权点 279 个，其中普通高校一级硕士学位授权点 271 个。省属高校拥有一级国家重点学科 1 个，二级国家重点学科 8 个，一级省重点学科 259 个，二级省重点学科 96 个。

依托全省高校建设国家 "2011 协同创新中心" 1 个，国家重点实验室（培育基地）4 个，国家（地方联合）工程实验室 7 个，教育部重点实验室 11 个；国家工程（技术）研究中心 2 个，国家国际联合研究中心 3 个，教育部工程研究中心 6 个。

全省高等教育毛入学率约 36.50%。

全省研究生招生 1.36 万人（其中，博士生 500 人），在学研究生 3.76 万人（其中，博士生 1792 人），毕业 1.06 万人（其中，博士生 201 人）。

全省普通本专科招生 55.92 万人，本、专科分别为 26.72 万人和 29.2 万人，本、专科之比为 4.8∶5.2；在校生 176.69 万人，本、专科分别为 99.55 万人和 77.14 万人，本、专科之比为 5.6∶4.4；毕业生 46.58 万人，本、专科分别为 22.27 万人和 24.31 万人，本、专科之比为 4.8∶5.2；校均规模 13606 人，其中本科院校校均规模 23209 人，高职高专院校校均规模 7120 人。

普通高等学校教职工 13.34 万人，其中专任教师 9.8 万人。专任教师中具有副高级及以上职称的 3.39 万人（其中，正高级 8416 人），占 34.56%（本科院校和高职高专院校专任教师中具有副高级及以上职称的所占比例分别为 38.55% 和 27.19%）。专任教师中具有硕士及以上学历的 5.18 万人（其中，博士生 13367 人），占 52.81%；具有硕士学位及以上的 6.42 万人（其中，具有博士学位的 13865 人），占 65.52%。

普通高等学校占地面积 16.42 万亩，校舍建筑面积 5705.1 万平方米，图书藏量 1.48 亿册，教学科研仪器设备值 164.59 亿元。

全省成人本专科招生 15.2 万人，在校生 35.91 万人，毕业生 14.54 万人。成人高等学校教职工 0.3 万人，其中专任教师 0.2 万人。专任教师中具有副高级及以上职称的 651 人，占 31.88%；具有硕士及以上学历的 412 人，占 20.18%；具有硕士学位及以上的 669 人，占 32.76%。

2016 年，全省研究生培养机构 27 处；普通高等学校 129 所，其中，本科院校 55 所（其中公办 38 所），占 42.64%；高职高专院校 74 所（其中公办 54 所），占 57.36%；成人高等学校 11 所。

全省研究生培养机构一级博士学位授权点 55 个，其中普通高校一级博士学位授权点 53 个；一级硕士学位授权点 279 个，其中普通高校一级硕士学位授权点 273 个。省属普通高校拥有一级学科国家重点学科 1 个，二级学科国家重点学科 8 个，省特色学科 25 个，一级学科省重点学科 253 个，省优势学科 10 个，二级学科省重点学科 173 个。

依托全省普通高校和研究生培养机构建设国家"2011 协同创新中心"1 个，省级协同创新中心 37 个，国家实验室 1 个（参与建设），国家重点实验室（培育基地）7 个，国家（地方联合）工程实验室（研究中心）10 个，教育部重点实验室 11 个；国家工程（技术）研究中心 2 个，国家国际联合研究中心 5 个，教育部工程研究中心 6 个。

全省高等教育毛入学率 38.80%。

全省研究生毕业 1.20 万人（其中，博士研究生 322 人），招生 1.43 万人（其中，博士研究生 567 人），在学研究生 3.95 万人（其中，博士研究生 2005 人）。

普通本专科毕业生 48.69 万人，本、专科分别为 24.28 万人和 24.41 万人，本、专科之比为 4.99∶5.01；招生 60.60 万人，本、专科分别为 28.72 万人和 31.88 万人，本、专科之比为 4.74∶5.26；在校生 187.47 万人，本、专科分别为 103.42 万人和 84.05 万人，本、专科之比为 5.52∶4.48；预计毕业生 51.50 万人，本、专科分别为 25.94 万人和 25.56 万人，本、专科之比为 5.04∶4.96。普通高校校均规模 14513 人，其中，本科院校校均规模 23421 人，高职高专院校校均规模 7893 人。

在河南高校工作的两院院士 7 人（不含双聘院士）。普通高等学校教职工 13.89 万人，其中专任教师 10.29 万人。生师比 18.56∶1。专任教师中具有副高级及以上职称的 3.55 万人（其中，正高级 8685 人），占总数的

34.54%。专任教师中具有硕士及以上学历的 5.50 万人（其中，具有博士学历的 14920 人），占总数的 53.46%。专任教师中具有硕士学位及以上的 6.84 万人（其中，具有博士学位的 15387 人），占总数的 66.45%。

普通高等学校占地面积 16.26 万亩，生均占地面积 57.88 平方米。校舍建筑面积 5663.93 万平方米，生均校舍建筑面积 30.25 平方米。图书藏量 1.58 亿册，生均图书 84 册。教学科研仪器设备值 192.18 亿元，生均教学科研仪器设备值 10264 元。

成人本专科毕业生 15.65 万人，招生 11.78 万人，在校生 31.55 万人，预计毕业生 15.70 万人。成人高等学校教职工 0.23 万人，其中专任教师 0.16 万人。专任教师中具有副高级及以上职称的 457 人，占总数的 28.56%。专任教师中具有硕士及以上学历的 247 人，占总数的 15.44%。专任教师中具有硕士学位及以上的 402 人，占总数的 25.13%。

2017 年，全省研究生培养机构 27 处；普通高等学校 134 所，其中，本科院校 55 所，高职（高专）院校 79 所；成人高等学校 11 所。

全省有博士学位授权普通高等学校 9 所，硕士学位授权普通高等学校 19 所；博士一级学科授权点 53 个，硕士一级学科授权点 273 个。省级优势特色学科建设工程一期建设学科 35 个，其中优势学科 10 个，特色学科（群）25 个；拥有一级学科省重点学科 268 个，二级学科省重点学科 100 个。依托高校建设国家"2011 协同创新中心"1 个，国家大学科技园 2 个，国家重点实验室（培育基地）4 个，国家工程（技术）研究中心 5 个，国家国际联合研究中心 4 个，国家工程实验室 11 个，教育部重点实验室 11 个，教育部工程研究中心 6 个。

全省高等教育毛入学率 41.78%。

全省研究生毕业 1.29 万人（其中，博士生 318 人），招生 1.84 万人（其中，博士生 648 人），在学研究生 4.48 万人（其中，博士生 2345 人）。普通本专科毕业生 50.41 万人，本、专科分别为 25.38 万人和 25.03 万人，本专科之比为 5.03∶4.97；招生 63.57 万人，本、专科分别为 29.78 万人和 33.79 万人，本、专科之比为 4.69∶5.31；在校生 200.47 万人，本、专科分别为 107.71 万人和 92.76 万人，本、专科之比为 5.37∶4.63。普通高校校均规模由 14513 人增加到 14935 人，其中，本科院校校均规模 24235 人，高职（高专）院校校均规模 8460 人。

在河南高校工作的两院院士 10 人（不含双聘院士）。普通高等学校教职工 14.58 万人，其中，专任教师 10.84 万人。生师比 18.45∶1。专任教师中具有副高级及以上职称的 3.69 万人（其中，正高级 8826 人），占总数的 34.03%。专任教师中具有硕士及以上学历的 5.95 万人（其中，博士生 16439 人），占总数的 54.89%。具有硕士学位及以上的 7.37 万人（其中，具有博士学位的 17026 人），占总数的 67.95%。

普通高等学校学校占地面积 16.62 万亩，校舍建筑面积 5920.64 万平方米，图书藏量 1.64 亿册，教学科研仪器设备值 219.03 亿元。

成人本专科毕业生 15.92 万人，招生 12.50 万人，在校生 28.22 万人。成人高等学校教职工 0.15 万人，其中，专任教师 0.11 万人。专任教师中具有副高级及以上职称的 311 人，占总数的 28.17%；具有硕士及以上学历的 152 人，占总数的 13.77%；具有硕士学位及以上的 262 人，占总数的 23.73%。

郑州大学入选全国一流大学建设高校，临床医学、材料科学与工程、化学入选一流建设学科；河南大学入选全国一流学科建设高校，生物学入选一流建设学科。

2018 年，全省研究生培养机构 27 处；普通高等学校 140 所（含 5 所独立学院），其中，本科院校 57 所（其中，公办 38 所）；高职（专科）院校 83 所（其中，公办 63 所）；成人高等学校 10 所。

博士学位授权普通高等学校 9 所，硕士学位授权普通高等学校 19 所；博士学位授权一级学科 87 个，博士专业学位授权点 4 个；硕士学位授权一级学科 332 个，硕士专业学位授权点 155 个。

省级优势特色学科建设工程一期建设学科 35 个，其中，优势学科 10 个，特色学科（群）25 个；拥有第九批重点学科 407 个，其中，一级学科 288 个，二级学科 119 个。

依托高校建设国家"2011 协同创新中心"3 个（含省部共建协同创新中心 2 个），国家大学科技园 2 个，国家重点实验室（培育基地）4 个，国家工程（技术）研究中心 5 个，国家国际联合研究中心 7 个，国家（地方联合）工程实验室 11 个，教育部重点实验室 12 个，教育部工程研究中心

6个。

全省高等教育毛入学率45.60%。

研究生毕业生13556人（其中，博士生388人），招生20043人（其中，博士生796人），在学研究生50999人（其中，博士生2749人）。

普通本专科毕业生55.99万人，本、专科分别为26.20万人和29.79万人，本、专科之比为4.7∶5.3；招生70.87万人，本、专科分别为32.97万人和37.89万人，本、专科之比为4.7∶5.3；在校生214.08万人，本、专科分别为114.08万人和100.00万人，本专科之比为5.3∶4.7。普通高等学校校均规模15399人，其中，本科院校25107人，高职（专科）院校9043人。

普通高等学校教职工15.37万人，其中，专任教师11.54万人。生师比18.79∶1。专任教师中具有副高级及以上职称的38796人（其中，正高级9226人），占总数的33.63%；具有硕士及以上学历的64320人（其中，具有博士学历的18069人），占总数的55.76%；具有硕士学位及以上的78838人（其中，具有博士学位的18610人），占总数的68.34%。普通高等学校占地17.36万亩，校舍建筑面积6162.42万平方米，图书17643.13万册，教学、科研仪器设备资产值2491683.82万元。

成人本专科毕业生12.30万人，招生18.17万人，在校生33.86万人。成人高等学校教职工901人，其中，专任教师568人。专任教师中具有副高级及以上职称的192人，占总数的33.80%；具有硕士及以上学历的166人，占总数的29.23%；具有硕士学位及以上的242人，占总数的42.61%。

5. 民办教育

20年间，全省民办教育学校数由875所增加到20539所，在校生由15.82万人增加到674.90万人，民办教育已经成为全省教育事业的重要组成部分。

1999年，全省共有民办中小学、幼儿园875所，教学点393处，招生7.17万人，在校（园）人数15.82万人，固定教职工7751人。全省非学历高等教育机构81处，注册学生4.31万人。

2000年，社会力量举办的非学历高等教育机构82个，注册学生达65229人；普通中学513所，在校生246467人；职业学校156所，在校生

105148 人；小学 635 所，在校生 283886 人；幼儿园 1891 所，在园幼儿 465518 人。

2001 年，全省非学历高等教育机构 67 处，注册学生 4.54 万人。全省社会力量举办的职业技能培训机构总数为 1062 所，在职教职工 6644 人，其中，专职教师 4450 人，兼职教师 2388 人。全年培训各类人员 18.3 万人，结业 15.8 万人，其中，劳动预备制学员 20024 人，下岗职工 23219 人，失业人员 27080 人，通过培训，95545 人取得结业证书，62915 人获得职业资格证书，89320 人实现就业。①

2002 年，全省民办普通高等学校 6 所，比上年增加 2 所；在校学生数 12663 人，比上年增加 5340 人，增长 72.9%。社会力量举办的非学历高等教育机构 70 所，其中学历文凭考试机构 21 所。社会力量办的普通中学 460 所，比上年增加 68 所，在校学生 228480 人，比上年增加 50998 人；职业中学 29 所，比上年减少 3 所，在校学生 24890 人，比上年减少 6904 人；小学 444 所，比上年增加 16 所，在校学生 148338 人，比上年增加 19308 人；幼儿园 902 所，比上年增加 308 所，在园幼儿 129506 人，比上年增加 54393 人。

2003 年，全省各类民办学校 2514 所，在校生 791041 人。其中民办普通高等教育机构 8 所，在校生 21849 人，另有本科院校举办的独立学院 8 所，加上中外合作办学在校生 18982 人，民办普通本专科在校生总数达 40831 人，占普通本专科在校生总数的 7.3%。民办的其他高等教育机构 82 所，其中学历文凭考试机构 20 所，在校生 15970 人。民办中等职业学校 36 所，在校生 45427 人。民办普通中学 516 所，比上年增加 56 所，在校生 305173 人，比上年增加 76693 人；民办小学 535 所，比上年增加 91 所，在校生 195085 人，比上年增加 46747 人；民办幼儿园 1328 所，比上年增加 426 所，在校生 188555 人，比上年增加 59049 人。

2004 年，全省各类民办教育学校 3393 所，在校生 109.10 万人。其中，民办普通高校 10 所，在校生 6.34 万人，占总数的 9.02%，民办普通高校本科在校生 3.73 万人，占普通本科在校生总数的 11.65%。民办普通高中 170

①　1999~2001 年 3 年的民办普通教育数据统一统计在全省高等教育的总数中，没有单列。

所，在校生 12.93 万人；民办中等职业学校 41 所，在校生 5.94 万人。民办普通初中 398 所，在校生 25.81 万人。民办普通小学 585 所，在校生 24.98 万人。民办幼儿园 2122 所，在园幼儿 26.71 万人。

2005 年，全省各类民办教育学校共有 4297 所，在校生 140.55 万人。其中民办普通高等学校 10 所，在校生 9.92 万人，占总数的 11.64%，比上年提高 2.62 个百分点；民办普通高等学校本科在校生 5.72 万人，占普通本科在校生总数的 14.68%，比上年提高 3.03 个百分点。民办普通高中 197 所，比上年增加 27 所；在校生 19.19 万人，比上年增加 6.26 万人。民办中等职业学校 69 所，比上年增加 28 所；在校生 9.88 万人，比上年增加 3.94 万人。民办普通初中 485 所，比上年增加 87 所；在校生 32.66 万人，比上年增加 6.85 万人。民办普通小学 777 所，比上年增加 192 所；在校生 33.48 万人，比上年增加 8.5 万人。民办幼儿园 2714 所，比上年增加 592 所；在园幼儿 35.18 万人，比上年增加 8.47 万人。

2006 年，全省各级各类民办学校 4997 所，比上年增加 640 所，各类在校学生 174.85 万人，比上年增加 34.3 万人，增长 24.40%。其中，民办幼儿园 3268 所，在园儿童 44.64 万人；民办普通小学 797 所，在校生 40.91 万人；民办普通初中 501 所，在校生 36.14 万人；民办普通高中 198 所，在校生 21.59 万人；民办中等职业学校 133 所，在校生 14.53 万人；民办普通高等学校 11 所，在校生 14.3 万人，占普通高等教育在校生总数的 14.68%，其中，本科生 8.13 万人；民办高等教育机构 29 所，各类注册学生 2.74 万人。

2007 年，全省各级各类民办学校达 5162 所，比上年增加 225 所，在校生总数达 197.03 万人，比上年增加 22.5 万人，增长 12.89%。其中，民办幼儿园 3392 所，在园幼儿 48.9 万人；民办普通小学 807 所，在校生 47.38 万人；民办普通初中 515 所，在校生 39.65 万人；民办普通高中 192 所，在校生 21.79 万人；民办中等职业学校 216 所，在校生 20.32 万人；民办普通高等学校 11 所，在校生 16.69 万人；民办高等教育机构注册学生 2.31 万人。民办普通高等教育规模快速扩大，在校生达 16.69 万人，在校生占普通高等教育在校生总数的比例达 15.24%，比上年提高 0.56 个百分点。其中，本科在校生 9.42 万人，比上年增加 1.51 万人，增长 19.17%。

2008 年，全省各级各类民办学校达 6149 所，比上年增加 1001 所，在校生总数达 239.08 万人，比上年增加 42.2 万人，增长 21.42%。其中，民办幼儿园 4117 所，在园幼儿 60.27 万人；民办普通小学 1019 所，在校生 62.83 万人；民办普通初中 517 所，在校生 42.42 万人；民办普通高中 197 所，在校生 2.93 万人；民办中等职业学校 272 所，在校生 27.94 万人；民办普通高等学校 11 所，在校生 20.29 万人；民办高等教育机构注册学生 2.78 万人。民办普通高等教育规模进一步扩大，在校生占普通高等教育在校生总数的比例达 16.23%，比上年提高 0.99 个百分点。其中，本科在校生 10.92 万人，比上年增加 1.5 万人，增长 15.92%。

2009 年，全省各级各类民办学校达 7034 所，比上年增加 885 所，在校生总数达 270.52 万人，比上年增加 31.4 万人，增长 13.15%。其中，民办幼儿园 4913 所，在园幼儿 75.7 万人；民办普通小学 1091 所，在校生 69.9 万人；民办普通初中 506 所，在校生 42.59 万人；民办普通高中 182 所，在校生 21.55 万人；民办中等职业学校 299 所，在校生 35.21 万人；民办普通高等学校 23 所，在校生 23.38 万人，占普通高等教育在校生总数的比例达 17.14%，比上年提高 0.91 个百分点；民办的其他高等教育机构注册学生 2.79 万人。

2010 年，全省各级各类民办学校 8466 所，比上年增加 1432 所，在校生总数 318.43 万人，比上年增加 47.91 万人，增长 17.71%。其中，民办幼儿园 6208 所，在园幼儿 101.9 万人；民办普通小学 1177 所，在校生 82.78 万人；民办普通初中 529 所，在校生 47.46 万人；民办普通高中 176 所，在校生 21.90 万人；民办中等职业学校 305 所，在校生 35.30 万人；民办普通高等学校 28 所，在校生 25.37 万人，占普通高等教育在校生总数的 17.42%，比上年提高 0.28 个百分点；民办的其他高等教育机构注册学生 3.69 万人。

需要特别说明的是，2010 年，全省民办幼儿园达到 6208 所，公办幼儿园只有 1490 所，民办园比公办园多出 4718 所；全省民办园在园幼儿 101.90 万人，而同期公办园只有 94.77 万人。这是新中国成立以来河南民办幼儿园在园所数和在园幼儿数两方面第一次超过公办幼儿园。

2011 年，全省各级各类民办学校 10539 所，比上年增加 2073 所，在校生总数 374.02 万人，比上年增加 55.59 万人，增长 17.46%。其中，民办幼儿园 822 所，在园幼儿 151.42 万人；民办普通小学 1242 所，在校生 93.22 万人；民办普通初中 572 所，在校生 52.8 万人；民办普通高中 174 所，在校生 22.08 万人；民办中等职业学校 254 所，在校生 28.59 万人；民办普通高等学校 33 所，在校生 25.89 万人，占普通高等教育在校生总数的 17.26%，与上年基本持平。

2012 年，全省各级各类民办学校 12761 所，比上年增加 2222 所，在校生总数 421.68 万人，比上年增加 44.89 万人，增长 11.91%。其中，民办幼儿园 10326 所，在园幼儿 174.04 万人；民办普通小学 1344 所，在校生 107.18 万人；民办普通初中 584 所，在校生 59.13 万人；民办普通高中 196 所，在校生 25.98 万人；民办中等职业学校 234 所，在校生 24.48 万人；民办普通高等学校 34 所，在校生 28.96 万人，占普通高等教育在校生总数的 18.58%，比上年提高 1.32 个百分点。

2013 年，全省各级各类民办学校 14244 所，比上年增加 1483 所，增幅 1.2%；在校生总数 454.98 万人，比上年增加 33.30 万人，增幅 7.90%；教职工总数 31.19 万人，比上年增加 3.09 万人，增幅 11%。其中，民办幼儿园 11686 所，在园幼儿 209.42 万人；民办小学 1429 所，在校生 11.61 万人；民办普通初中 627 所，在校生 58.75 万人；民办普通高中 196 所，在校生 24.54 万人；民办中等职业学校 218 所，在校生 18.61 万人；民办普通高等学校 35 所，普通本专科在校生 33.04 万人，占全省普通本专科在校生总数的 20.42%，比上年提高 1.84 个百分点。

2014 年，全省有各级各类民办学校 15288 所，在校生总数 470.37 万人，教职工总数 34.71 万人。其中，民办幼儿园 12585 所，在园幼儿 228.25 万人；民办小学 1550 所，在校生 111.54 万人；民办普通初中 693 所，在校生 52.44 万人；民办普通高中 208 所，在校生 25.91 万人；民办中等职业学校 215 所，在校生 16.72 万人；民办普通高等学校 37 所，普通本专科（含郑州大学西亚斯国际学院）在校生 35.51 万人，占全省普通本专科在校生总数的 21.14%。

2015 年，全省各级各类民办学校 16707 所，比上年增加 1370 所，增长 8.93%；在校生总数 525.68 万人，比上年增加 54.54 万人，增长 11.58%；

教职工总数 39.98 万人，比上年增加 5.27 万人，增长 15.17%。其中，民办幼儿园 13824 所，在园幼儿 253.13 万人；民办小学 1652 所，在校生 118.14 万人；民办普通初中 716 所，在校生 68.92 万人；民办普通高中 219 所，在校生 29.25 万人；民办中等职业学校 205 所，在校生 16.89 万人；民办普通高等学校 37 所，普通本专科（含郑州大学西亚斯国际学院）在校生 38.65 万人，占全省普通本专科在校生总数的 21.88%，比上年增加 0.74 个百分点。

2016 年，全省各级各类民办学校 17718 所，比上年增加 1011 所，增长 6.05%；在校生总数 566.27 万人，比上年增加 40.58 万人，增长 7.72%；教职工总数 43.35 万人，比上年增加 3.37 万人，增长 8.43%。其中，民办幼儿园 14743 所，在园幼儿 268.75 万人；民办小学 1748 所，在校生 129 万人：民办普通初中 758 所，在校生 74.08 万人；民办普通高中 242 所，在校生 33.10 万人；民办中等职业学校 190 所，在校生 19.62 万人。民办普通高等学校 37 所，其中本科 17 所，专科 20 所；普通本专科在校生 41.72 万人，其中本科 26.50 万人，专科 15.22 万人，占全省普通本专科在校生总数的 22.25%，比上年增加 0.37 个百分点。

2017 年，全省各级各类民办学校 19277 所，在校生总数 617.87 万人，教职工总数 48.41 万人。其中，民办幼儿园 16183 所，在园幼儿 287.24 万人；民办小学 1807 所，在校生 143.96 万人；民办普通初中 801 所，在校生 80.92 万人；民办普通高中 263 所，在校生 36.78 万人；民办中等职业学校 186 所，在校生 23.30 万人；民办普通高等学校 37 所（其中，本科 17 所，专科 20 所），普通本专科在校生 45.66 万人，占全省普通本专科在校生总数的 22.82%，其中，本科 27.92 万人，专科 17.74 万人。

2018 年，全省各级各类民办学校 20539 所，在校生 674.90 万人，教职工 54.42 万人。其中，民办幼儿园 17293 所，在园幼儿 300.46 万人；民办小学 1865 所，在校生 162.35 万人；民办普通初中 819 所，在校生 90.73 万人；民办普通高中 299 所，在校生 41.84 万人；民办中等职业学校 170 所，在校生 26.54 万人；民办普通高等学校 39 所，其中，本科院校 19 所，高职（专科）20 所；普通本专科在校生 51.05 万人（其中，本科 31.12 万人），占全省普通本专科在校生总数的 23.85%。

6. 成人和培训教育

20 年间全省职业技术培训机构整体上呈规模缩减的趋势，主要原因是政府教育经费的增加，普通教育承载能力的增强，业余的职业教育原有的空间逐步缩小。

1999 年，全省有广播电视中专、干部中专、职工中专、农民中专、成人函授中专、小学教师进修学校等各类成人中专 300 所，比上年增加 11 所；招生 6.04 万人，比上年减少 1.41 万人；在校生 19.17 万人，比上年减少 3.16 万人。

2000 年，全省成人技术培训学校 36466 所，比上年增加 2105 所，全年共培训 713.87 万人次，比上年增加 23.26 万人次，增长 3.4%。全省共扫除文盲 20.96 万人。

2001 年，全省共有成人技术培训学校 35380 所，比上年减少 1086 所；全年共培训 661.5 万人次，比上年减少 52.38 万人次。全省共扫除文盲 17.42 万人。

2002 年，全省共有成人技术培训学校 34701 所，比上年减少 679 所；全年共培训 620.9 万人次，比上年减少 40.59 万人次。

2003 年，全省共有成人技术培训学校 26408 所，结业人数 538.05 万人次。全年共扫除文盲 17.49 万人。

2004 年，全省共有成人技术培训学校 2.38 万所，结业人数 481.77 万人次。全年共扫除文盲 13.67 万人。

2005 年，全省共有成人技术培训学校 1.84 万所，结业人数 424.75 万人次。全年共扫除文盲 13.2 万人。

2006 年，高等学校举办的各类成人非学历教育结业人数达 20.91 万人次，注册学生 4.87 万人。各种非学历中等教育结业人数达 63.69 万人次，注册学生 46.93 万人。职业技术培训机构共 20213 所，培训结业学员 478.37 万人次，注册学生 435.45 万人；教职工 3.43 万人，其中专任教师 2.18 万人。成人中学 315 所，结业人数 29.10 万人次，注册学生 19.34 万人；教职工 0.18 万人，其中专任教师 0.11 万人。成人初等学校 12118 所，比上年减少 1017 所；结业生 48.67 万人，比上年减少 0.96 万人；注册学生 46.13 万人，比上年增加 4.08 万人；教职工 1.25 万人，比上年增加 0.12 万人，其中专任教师 0.92 万人，比上年增加 0.13 万人。全省共扫除文盲 17.45 万人，有 13.34 万人正在参加扫盲学习。扫盲教育教职工 0.69 万人，其中专任教师 0.49 万人。

2007 年，高等学校举办的各类成人非学历教育结业人数达 23.56 万人次，注册学生 2.63 万人。各种非学历中等教育结业人数达 56.41 万人次，注册学生 42.91 万人。职业技术培训机构共 19369 所，培训结业学员 476.53 万人次，注册学生 430.41 万人；教职工 2.86 万人，其中专任教师 1.77 万人。成人中学 271 所，结业人数 18.71 万人次，注册学生 18.87 万人；教职工 0.17 万人，其中专任教师 0.09 万人。成人初等学校 11784 所，结业生 49.14 万人，注册学生 48.07 万人；教职工 1.06 万人，其中专任教师 0.71 万人。全省共扫除文盲 8.41 万人，青壮年非文盲率达到 98% 以上。扫盲教育教职工 0.5 万人，其中专任教师 0.32 万人。

2008 年，高等学校举办的各类成人非学历教育结业人数达 29.75 万人次，注册学生 3.85 万人。各种非学历中等教育结业人数达 48.37 万人次，注册学生 37.81 万人。职业技术培训机构共 20668 所，培训结业学员 499.02 万人次，注册学生 456.63 万人；教职工 2.95 万人，其中专任教师 1.73 万人。成人中学 309 所，结业人数 20 万人次，注册学生 17.93 万人；教职工 0.21 万人，其中专任教师 0.12 万人。成人初等学校 11785 所，结业生 50.39 万人，注册学生 47.16 万人；教职工 1.06 万人，其中专任教师 0.69 万人。全省共扫除文盲 10.52 万人，青壮年非文盲率达到 99% 以上。扫盲教育教职工 0.47 万人，其中专任教师 0.28 万人。

2009 年，高等学校举办的各类成人非学历教育结业人数达 15.57 万人次，注册学生 4.69 万人。各种非学历中等教育结业人数达 49.82 万人次，注册学生 37.97 万人。职业技术培训机构共 21260 所，培训结业学员 483.02 万人次，注册学生 475.3 万人；教职工 3.28 万人，其中专任教师 1.95 万人。成人中学 327 所，结业人数 18.34 万人次，注册学生 16.93 万人；教职工 0.19 万人，其中专任教师 960 人。成人初等学校 10284 所，结业生 43.24 万人，注册学生 39.17 万人；教职工 0.84 万人，其中专任教师 0.54 万人。全省共扫除文盲 8.09 万人，扫盲教育教职工 0.34 万人，其中专任教师 0.21 万人。

2010 年，高等学校举办的各类成人非学历教育结业人数 40.25 万人次，注册学生 6.04 万人。各种非学历中等教育结业人数达 45.73 万人次,注册学生 32.16 万人。职业技术培训机构 1.8 万所,培训结业学员 453.51 万人次,注册学生 417.28 万人次;教职工 2.69 万人,其中,专任教师 1.88 万人。成人中学 265 所,结业人数 20.25 万人次,注册学生 18.26 万人次;教职工 1379 人,其中,专任教师 1078 人。成人初等学校 8384 所,结业生 36.40 万人次,注册学生 36.10 万人次;教职工 6645 人,其中,专任教师 4690 人。全省共扫除文盲 7.57 万人。

2011 年,全省高等学校举办的各类成人非学历教育结业人数 35.24 万人次,注册学生 5.17 万人。各种非学历中等教育结业人数 51.05 万人次,注册学生 33.26 万人。职业技术培训机构 1.47 万所,培训结业学员 368.82 万人次,注册学生 347.28 万人次;教职工 4.11 万人,其中专任教师 2.43 万人。成人中学 877 所,结业人数 25.42 万人次,注册学生 22.78 万人;教职工 4129 人,其中专任教师 3345 人。成人初等学校 5267 所,结业生 29.22 万人次,注册学生 27.28 万人;教职工 5172 人,专任教师 3425 人。全省共扫除文盲 5.82 万人。

2012 年,全省各类成人培训和扫盲教育稳步发展。高等学校举办的各类成人非学历教育结业人数 35.67 万人次,注册学生 5.84 万人。各种非学历中等教育结业人数 40.94 万人次,注册学生 27.29 万人。职业技术培训机构 1.3 万所,培训结业学员 344.53 万人次,注册学生 307.17 万人次;教职工 3.14 万人,其中专任教师 1.87 万人。成人中学 331 所,结业人数 20.54 万人次,注册学生 20.45 万人;教职工 0.17 万人,其中专任教师 0.1 万人。成人初等学校 4466 所,结业生 49.45 万人次,注册学生 50.53 万人;教职工 0.56 万人,其中专任教师 0.33 万人。全省共扫除文盲 3.76 万人。

2013 年,全省高等学校举办的各类成人非学历教育结业人数 36.69 万人次,注册学生 37.70 万人次。各种非学历中等教育结业人数 39.26 万人次,注册学生 23.78 万人次。职业技术培训机构 1.04 万所,结业学生 262.39 万人次,注册学生 240.24 万人次;教职工 2.55 万人,其中专任教师 1.58 万人。成人中学 675 所,结业人数 18.29 万人次,注册学生 16 万人次;教职工 0.24 万人,其中专任教师 0.18 万人。成人小学 2962 所,结业生 44.27 万人次,注册学生 39.03 万人次;教职工 0.4 万人,其中专任教师

0.29 万人。全省共扫除文盲 5.12 万人。

2014 年，全省高等学校举办的各类成人非学历教育结业人数 36.66 万人次，注册学生 39.24 万人次。各种非学历中等教育结业人数 42.94 万人次，注册学生 26.04 万人次。职业技术培训机构 1.02 万所，结业学生 279.44 万人次，注册学生 266 万人次；教职工 2.57 万人，其中专任教师 1.48 万人。成人中学 557 所，结业人数 11.37 万人次，注册学生 10.38 万人次；教职工 0.18 万人，其中专任教师 0.16 万人。成人小学 1980 所，结业生 34.45 万人次，注册学生 33.37 万人次；教职工 0.28 万人，其中专任教师 0.21 万人。全省共扫除文盲 2.03 万人；扫盲班教职工 0.1 万人，其中专任教师 0.08 万人。

2015 年，全省高等学校举办的各类成人非学历教育结业人数 34.76 万人次，注册学生 34.22 万人次。各种非学历中等教育结业人数 43.68 万人次，注册学生 22.79 万人次。职业技术培训机构 0.79 万所，结业学生 233.61 万人次，注册学生 230.67 万人次；教职工 1.73 万人，其中专任教师 1.16 万人。成人中学 481 所，结业人数 8.25 万人次，注册学生 8.18 万人次；教职工 0.16 万人，其中专任教师 0.14 万人。成人小学 1555 所，结业生 28.53 万人次，注册学生 25.43 万人次；教职工 0.35 万人，其中专任教师 0.25 万人。全省共扫除文盲 1.03 万人次，扫盲班教职工 0.07 万人，专任教师 0.06 万人。

2016 年，全省高等学校举办的各类成人非学历教育结业人数 32.82 万人次，注册学生 33.37 万人次。各种非学历中等教育结业人数 38.47 万人次，注册学生 19.98 万人次。职业技术培训机构 0.75 万所，结业学生 220.66 万人次，注册学生 215.14 万人次；教职工 1.54 万人，其中专任教师 0.97 万人。成人中学 60 所，结业人数 4.10 万人次，注册学生 4.16 万人次；教职工 0.04 万人，其中专任教师 0.03 万人。成人小学 1544 所，结业生 29.38 万人次，注册学生 27.30 万人次；教职工 0.27 万人，其中专任教师 0.21 万人。扫除文盲 0.84 万人，参与扫盲工作教职工 0.06 万人。

2017 年，全省高等学校举办的各类成人非学历教育结业人数 32.34 万人次，注册学生 32.43 万人次。各种非学历中等教育结业人数 33.36 万人次，注册学生 18.13 万人次。职业技术培训机构 0.71 万所，结业学生

216.07 万人次，注册学生 207.26 万人次；教职工 1.48 万人，其中，专任教师 0.88 万人。成人中学 73 所，结业人数 4.26 万人次，注册学生 4.32 万人次；教职工 0.04 万人，其中，专任教师 0.03 万人。成人小学 1161 所，结业生 24.84 万人次，注册学生 23.82 万人次；教职工 0.22 万人，其中，专任教师 0.17 万人。全省共扫除文盲 0.29 万人，扫盲班教职工 0.01 万人。

2018 年，全省职业技术培训机构 5223 所，结业生数 130.96 万人次，注册学生数 115.84 万人次；教职工 12218 人，其中，专任教师 6231 人。成人中学 60 所，结业生数 9.02 万人次，注册学生数 8.99 万人次；教职工 378 人，其中，专任教师 289 人。成人小学 1043 所，结业生数 22.07 万人次，注册学生数 20.99 万人次；教职工 2289 人，其中，专任教师 1584 人。

第二节　2018 年河南教育的基本特点

一是教育人口占比不断增加，学龄人口受教育的机会增多。2018 年，河南教育人口占全省总人口的 25.96%，学前三年毛入学率达到 88.13%，九年义务教育巩固率达到 94.62%，高中阶段毛入学率达到 91.23%，高等教育毛入学率达到 45.60%，这在河南这样一个经济欠发达的内陆人口大省，殊为不易。

二是基本保障到位。2018 年，河南小学阶段生均图书 22 册，生均教学仪器设备值 797 元；初中阶段生均图书 31 册，生均教学仪器设备值 1275 元；普通高中生均图书 17 册，生均教学仪器设备值 1474 元；中等职业学校生均图书 20 册，生均教学仪器设备值 3396 元；普通高校生均图书 73 册，生均教学仪器设备值 10366 元。这些基本保障和能够基本满足教育教学需要的生均用地、生均校舍面积和教职工队伍，使得在教育规模不断扩大的情况下能够保证学校正常运转。

三是民办教育走在全国前列。2018 年，河南各级各类民办学校达到 20539 所，在校生达到 674.90 万人。学校数占到全省总数的 38.25%，在校生数占到 25.49%。这样的规模已经走在全国前列。

四是高中教育阶段职普比例不够协调。2018 年，全省中等职业教育招生数和在校生数分别占高中阶段教育的 40.78% 和 39.41%，与 1998 年的

70%和 66.5%相比,下滑幅度很大。今后一个时期,河南经济和社会发展仍然需要大批的应用型技术技能型人才,高中阶段职业教育人数比例太低,会在一定程度上影响社会人才的结构。

五是优质高等教育资源不足。和北京、上海、天津等高等教育资源雄厚的直辖市相比,河南的优质高等教育资源显得十分薄弱。即使和陕西、湖北、广东这样的中东部省份相比,河南的优质高等教育资源也相形见绌。这就导致了河南的高考考生读好大学难的局面。河南高考考生的报名人数,多年占据全国第一。2008 年达到 98.8 万,2018 年为 98.38 万,2019 年达到 108.2 万。2018 年,河南省普通高考招生录取 71.23 万人,录取率为 72.41%,应该说,尽管艰难,但大多数河南考生只要想上,还是有大学可上的,问题是录取比例问题。2018 年,河南普通本科录取 33.70 万人,占录取总数的 47.31%,其中本科一批录取 9.02 万人,只占河南录取总数的 12.92%。根据河南省近五年高考成绩分段表统计,近年来一本上线考生人数逐年增长,2018 年一本上线人数达到 12.26 万人,较 2014 年增长了 5.4 万人。在文科类考生中,2018 年本科一批上线人数为 2.19 万人,较上年增加近 3000 人;理科上线考生人数为 10.07 万人,较上年增加 1.5 万余人。2018 年河南文科高分段(600 分以上)考生人数再创新高,达 5089 人,较 2017 年增长 2.7 倍,是 2014 年的 11.3 倍,呈大幅度增长趋势。郑州大学作为河南省唯一一所 211 院校,2018 年在河南省的文科录取最低分为 605 分,高出文科一本线 58 分,录取的考生中全省最低排名为 4254 名;理科方面,录取最低分为 586 分,高出理科一本线 87 分,全省最低排名为 23432 名。其他省外 211 院校中,文科录取分数线最低的是青海大学,为 578 分;理科录取分数线最低的是内蒙古大学,为 550 分。河南是高考大省,高考人数多、高分率高,这些因素都增加了河南考生报考 211 院校的难度。而高质量的大学少,本省的招生计划就少,河南的考生要想上理想中的大学,要比其他省份的学子付出更多的辛勤劳动。

六是投入需要科学增加。从发展可以看出,全省教育的投入实现了大规模增长,但是在师资队伍、生均资源等方面还不富裕,需要加大教育投入。同时也要科学使用有限的经费,对于少数公办学校的投入,可以根据其培养贡献予以增减。

第三节 河南教育发展在全国的位次

尽管河南人口多、底子薄，但是由于全省上下多年来共同努力，全省教育事业得到了快速发展，在整体规模增加、教育质量提升的同时，一些指标已经位居全国前列。

一 高等教育

河南的高等教育学校数在全国位次靠前，但本科院校位次稍后，这样的格局导致河南考生上大学不难，难的是上本科大学，难的是享受优质高等教育资源。2016年、2017年河南普通高等教育招生总数分别位居全国第2、第1，专科层次招生数都位居全国第1，而本科层次招生数却位居全国第4，就说明了这个问题。

在高等学校专任教师中，硕士、本科、专科及以下学历的和初级职称的数据都位居全国第1，而博士学位和正高级职称的都位居全国第9之后。这说明河南高等教育高学位、高职称的教师数量与河南高等教育的需要还不匹配，远远落后于应有水平。

表 2-1 2016~2017 年河南高等教育学校（机构）情况及与全国比较

年份	地区	普通高校			成人高等学校（所）	民办及其他高等教育机构（处）
		总计（所）	本科院校（所）	专科院校（所）		
2016	全国	2596	1237	1359	284	813
	河南	129	55	74	11	51
	河南占全国比例（%）	4.97	4.45	5.45	3.87	6.27
	居全国位次	4	9	4	12	5
2017	全国	2631	1234	1388	282	800
	河南	134	55	79	11	51
	河南占全国比例（%）	5.09	4.46	5.69	3.90	6.38
	居全国位次	4	9	3	12	5

资料来源：作者根据《河南省教育统计资料2018》（内部资料）、《中国教育统计年鉴2017》相关资料整理而成。

表 2-2　2016~2017 年河南高等学校（机构）研究生培养情况及与全国比较

年份	地区	毕（结）业生数（万人）			招生数（万人）			在校生数（万人）			授予学位数（万人）
		总计	博士	硕士	总计	博士	硕士	计	博士	硕士	
2016	全国	56.39	5.50	50.89	66.71	7.73	58.98	198.11	34.20	163.90	55.88
	河南	1.20	0.03	1.16	1.42	0.06	1.36	3.95	0.20	3.75	1.18
	河南占全国比例（%）	2.12	0.59	2.29	2.13	0.73	2.31	2.00	0.59	2.29	2.11
	居全国位次	19	22	18	18	20	18	19	22	18	19
2017	全国	57.03	5.65	51.38	79.59	81.90	71.40	214.66	35.39	179.27	56.63
	河南	1.29	0.03	1.26	1.83	0.06	1.76	4.46	0.23	4.23	1.25
	河南占全国比例（%）	2.26	0.56	2.44	2.30	0.79	2.47	2.08	0.66	2.36	2.20
	居全国位次	17	22	17	17	20	17	19	22	18	18

资料来源：作者根据《河南省教育统计资料 2018》（内部资料）、《中国教育统计年鉴 2017》相关资料整理而成。

表 2-3　2016~2017 年河南高等教育普通本、专科教育情况及与全国比较

年份	地区	毕业生数（万人）			授予学位数（万人）	招生数（万人）			在校生数（万人）		
		总计	本科	专科		总计	本科	专科	计	本科	专科
2016	全国	704.18	374.37	329.81	365.97	748.61	405.40	343.21	2695.84	1612.95	1082.89
	河南	48.69	24.28	24.40	23.80	55.01	25.62	29.39	187.48	103.42	84.05
	河南占全国比例（%）	6.91	6.49	7.40	6.50	7.35	6.32	8.56	6.95	6.41	7.76
	居全国位次	3	2	3	1	2	4	1	3	3	2
2017	全国	735.83	384.18	351.64	377.10	761.49	410.75	350.74	2753.59	1648.63	1104.95
	河南	50.41	25.38	25.03	24.90	56.94	25.80	31.13	200.47	107.71	92.76
	河南占全国比例（%）	6.85	6.61	7.12	6.60	7.48	6.28	8.88	7.28	6.53	8.39
	居全国位次	3	1	3	1	1	4	1	2	3	2

资料来源：作者根据《河南省教育统计资料 2018》（内部资料）、《中国教育统计年鉴 2017》相关资料整理而成。

表 2-4 2016～2017 年河南高等教育学校（机构）教职工情况及与全国比较

年份	地区	总计（万人）	专任教师（万人）						行政人员（万人）	教辅人员（万人）	工勤人员（万人）
			总计	正高级	副高级	中级	初级	未定职级			
2016	全国	234.14	162.87	20.34	48.20	64.79	19.35	10.18	34.01	22.31	14.96
	河南	13.57	10.43	0.87	2.72	4.26	1.84	0.74	1.37	0.92	0.85
	河南占全国比例（%）	5.80	6.41	4.29	5.64	6.57	9.52	7.25	4.02	4.13	5.66
	居全国位次	4	3	10	4	4	1	2	11	11	4
2017	全国	237.81	165.72	21.02	49.77	65.43	18.58	10.93	35.15	22.66	14.27
	河南	14.20	10.96	0.89	2.84	4.53	1.93	0.78	1.46	0.95	0.83
	河南占全国比例（%）	5.97	6.61	4.21	5.70	6.93	10.36	7.10	4.15	4.21	5.82
	居全国位次	4	3	10	4	3	1	2	10	10	4

资料来源：作者根据《河南省教育统计资料 2018》（内部资料）、《中国教育统计年鉴 2017》相关资料整理而成。

表 2-5 2016～2017 年河南高等学校专任教师学历、职级情况及与全国比较

年份	地区	按学历分（万人）				按职称分（万人）				
		博士	硕士	本科	专科及以下	正高级	副高级	中级	初级	未定职级
2016	全国	36.71	58.79	65.30	2.07	20.34	48.20	64.79	19.35	10.18
	河南	1.49	4.03	4.75	0.16	0.87	2.72	4.26	1.84	0.74
	河南占全国比例（%）	4.06	6.85	7.27	7.73	4.28	5.64	6.57	9.52	7.27
	居全国位次	9	1	2	4	10	4	4	1	2
2017	全国	39.89	60.26	63.71	1.87	21.02	49.77	65.43	18.58	10.93
	河南	1.64	4.32	4.82	0.18	0.89	2.84	4.53	1.93	0.78
	河南占全国比例（%）	4.11	7.17	7.57	9.63	4.23	5.70	6.93	10.36	7.10
	居全国位次	9	1	1	1	10	4	3	1	2

资料来源：作者根据《河南省教育统计资料 2018》（内部资料）、《中国教育统计年鉴 2017》相关资料整理而成。

表 2-6　2016~2017 年河南高等学校资产情况（学校产权）及与全国比较

年份	地区	占地（平方米）	图书（万册）	计算机（台）	教室（间）	固定资产值（万元）	
						计	教学科研仪器
2016	全国	1770502575	252879.35	11742919	643661	196479390.64	45014249.88
	河南	109103271	15944.01	627655	43468	8489436.83	1938058.36
	河南占全国比例（%）	6.16	6.30	5.34	6.75	4.32	4.31
	居全国位次	3	3	5	2	9	9
2017	全国	1805535992	260505.13	9227205	667619	213524676.88	49812055.73
	河南	111457945	16582.86	678201	46652	9288246.45	2203769.28
	河南占全国比例（%）	6.17	6.37	7.35	6.99	4.35	4.42
	居全国位次	3	4	5	2	10	8

资料来源：作者根据《河南省教育统计资料 2018》（内部资料）、《中国教育统计年鉴 2017》相关资料整理而成。

二　普通高中

普通高中的学生数、专任教师数位居全国前 1、2 位，基本匹配。资料表明，全省普通高中的专任教师中，具有研究生及以上学历的和中学高级职称的占比不高。

办学条件也不容乐观。全省普通高中在校生数位居全国第 1，但图书、教学仪器设备资产值等重要指标都在全国 10 名以后。

表 2-7　2016~2017 年河南普通高中校数、学生数及与全国比较

年份	地区	校数（所）	毕业生数（万人）	招生数（万人）	在校生数（万人）	教职工数（万人）	专任教师（万人）
2016	全国	13383	792.35	802.92	2366.65	658.95	583.39
	河南	792	63.31	69.53	199.60	48.77	43.63
	河南占全国比例（%）	5.92	7.99	8.66	8.43	7.40	7.48
	居全国位次	2	2	1	1	2	2

续表

年份	地区	校数 （所）	毕业生数 （万人）	招生数 （万人）	在校生数 （万人）	教职工数 （万人）	专任教师 （万人）
2017	全国	13555	775.73	800.05	2374.55	674.31	598.50
	河南	813	63.14	70.97	205.49	51.41	46.21
	河南占全国 比例（%）	6.00	8.14	8.87	8.65	7.62	7.72
	居全国位次	2	2	1	1	2	2

注：教职工数和专任教师数是普通中学的数据。

资料来源：作者根据《河南省教育统计资料2018》（内部资料）、《中国教育统计年鉴2017》相关资料整理而成。

表 2-8　2016~2017 年河南普通高中办学条件及与全国比较

年份	地区	占地 （平方米）	图书 （万册）	计算机 （台）	教室 （间）	固定资产值（万元）	
						计	教学科研仪器
2016	全国	991002807	87875.66	4867548	1020149	75166284.35	7867877.31
	河南	59831112	3408.63	172721	57711	3184523.46	229369.36
	河南占全国 比例（%）	6.04	3.88	3.55	5.66	4.24	2.92
	居全国位次	3	9	10	4	7	13
2017	全国	1018559023	92270.26	5180068	1065685	83707301.04	8854589.85
	河南	61969250	3519.38	186747	60810	3462657.74	249201.97
	河南占全国 比例（%）	6.08	3.81	3.61	5.71	4.14	2.81
	居全国位次	3	11	10	4	8	14

资料来源：作者根据《河南省教育统计资料2018》（内部资料）、《中国教育统计年鉴2017》相关资料整理而成。

三　中等职业学校

河南中等职业学校校数、招生数、在校生数和专任教师数都占据了全国第1的位置，但专任教师的学历和职称情况不协调。资料表明，与多项第1不匹配的是，河南中等职业学校（机构）专任教师中的正高级职称位居全国第 5，具有博士研究生学位的位居全国第 8。

办学条件也和学生数不匹配，占地面积、图书、计算机、固定资产值等都排在了全国第 4 位以后，教学科研仪器设备值更是落到了全国第 9 位。

表 2-9　2016~2017 年中等职业学校校数、学生数、教师数及与全国比较

年份	地区	校数（所）	毕业生数（万人）	招生数（万人）	在校生数（万人）	教职工数（万人）	专任教师（万人）
2016	全国	8367	440.58	465.98	1275.40	82.10	64.31
	河南	651	33.90	37.49	101.58	6.42	5.03
	河南占全国比例（%）	7.78	7.70	8.05	7.96	7.82	7.82
	居全国位次	1	3	1	2	1	1
2017	全国	8181	406.40	451.52	1254.29	81.11	64.04
	河南	640	31.87	42.04	106.52	6.27	4.98
	河南占全国比例（%）	7.82	7.84	9.31	8.49	7.73	7.77
	居全国位次	1	3	1	1	1	1

资料来源：作者根据《河南省教育统计资料 2018》（内部资料）、《中国教育统计年鉴 2017》相关资料整理而成。

表 2-10　2016~2017 年河南中等职业学校（机构）资产情况（学校产权）及与全国比较

年份	地区	占地（平方米）	图书（册）	计算机（台）	教室（间）	固定资产值（万元）	
						计	教学科研仪器
2016	全国	463991889	326421943	3183808	4035711	31099575.27	7099638.02
	河南	32079443	21940543	192154	309700	1482750.46	299636.16
	河南占全国比例（%）	6.91	6.72	6.04	7.67	4.77	4.22
	居全国位次	4	5	4	2	7	9

续表

年份	地区	占地（平方米）	图书（册）	计算机（台）	教室（间）	固定资产值（万元）	
						计	教学科研仪器
2017	全国	455609059	319803855	3266672	396732	33850302.66	7797421.54
	河南	30948058	21075766	196800	30685	1586699.62	335481.73
	河南占全国比例（%）	6.79	6.59	6.02	7.73	4.69	4.30
	居全国位次	4	5	6	2	7	9

资料来源：作者根据《河南省教育统计资料2018》（内部资料）、《中国教育统计年鉴2017》相关资料整理而成。

四　初中

河南的初中教育主要规模指标都是全国第1，专任教师的学历和职称情况也比较匹配。办学条件有点拮据，但相对比其他层次的情况要好。

表 2-11　2016~2017 年河南初中校数、学生数、教师数及与全国比较

年份	地区	校数（所）	毕业生数（万人）	招生数（万人）	在校生数（万人）	专任教师（万人）
2016	全国	52118	1423.87	1487.15	4329.32	348.78
	河南	4557	129.50	144.12	415.80	28.64
	河南占全国比例（%）	8.74	9.10	9.69	9.60	8.21
	居全国位次	1	1	1	1	1
2017	全国	51894	1397.47	1547.22	4442.06	354.87
	河南	4515	132.29	149.45	429.16	29.90
	河南占全国比例（%）	8.70	9.47	9.66	9.66	8.43
	居全国位次	1	1	1	1	1

资料来源：作者根据《河南省教育统计资料2018》（内部资料）、《中国教育统计年鉴2017》相关资料整理而成。

表 2-12 2016~2017 年河南初中办学条件情况及与全国比较

年份	地区	占地（平方米）	图书（万册）	计算机（台）	教室（间）	固定资产值（万元）	
						计	教学科研仪器
2016	全国	1555852238	148793	7199230	1737981	73969425.87	8705494.94
	河南	121496649	11005	397861	140204	4506673.85	405043.30
	河南占全国比例（%）	7.81	7.40	5.53	8.07	6.09	4.65
	居全国位次	2	3	5	2	4	6
2017	全国	1587527312	158318	7874766	1811140	83716576.76	10060241.46
	河南	125685634	12390	477386	148275	5403819.17	489588.26
	河南占全国比例（%）	7.92	7.83	6.06	8.19	6.45	4.87
	居全国位次	2	3	4	1	4	6

资料来源：作者根据《河南省教育统计资料 2018》（内部资料）、《中国教育统计年鉴 2017》相关资料整理而成。

五 小学

全省小学的主要规模指标位居全国第 1，虽然专任教师中高学历、高职称的占比不高，但小学教育没有必要安排更多的博士和教授。在办学条件上，教学科研仪器设备值还不高，计算机也应该适当增加。

表 2-13 2016~2017 年河南小学校数、学生数、教师数及居全国的位次

年份	地区	校数（所）	毕业生数（万人）	招生数（万人）	在校生数（万人）	教职工数（万人）	专任教师（万人）
2016	全国	177633	1507.44	1752.46	9913.00	553.73	517.64
	河南	22800	144.16	173.16	965.59	50.23	47.42
	河南占全国比例（%）	12.85	9.56	9.88	9.74	9.07	9.16
	居全国位次	1	1	1	1	1	1

年份	地区	校数（所）	毕业生数（万人）	招生数（万人）	在校生数（万人）	教职工数（万人）	专任教师（万人）
2017	全国	167009	1565.90	1766.55	10093.70	564.53	528.25
	河南	20400	150.31	172.38	982.06	51.77	48.86
	河南占全国比例（%）	12.20	9.60	9.76	9.73	9.17	9.25
	居全国位次	1	1	2	1	1	1

资料来源：作者根据《河南省教育统计资料2018》（内部资料）、《中国教育统计年鉴2017》相关资料整理而成。

表 2-14　2016~2017 年河南小学办学条件及与全国比较

年份	地区	占地（平方米）	图书（万册）	计算机（台）	教室（间）	固定资产值（万元）	
						计	教学科研仪器
2016	全国	2278797908	213416	11084743	3783211	88455281.24	11905064.53
	河南	207777138	16707	536928	396345	5180103.33	527656.46
	河南占全国比例（%）	9.12	7.83	4.84	10.48	5.86	4.43
	居全国位次	1	3	6	1	4	7
2017	全国	2320835702	228855	12521976	3895067	101627639.12	14177074
	河南	214439554	18587	731960	404163	6116887.59	675221.63
	河南占全国比例（%）	9.24	8.12	5.83	10.38	6.02	4.76
	居全国位次	1	3	5	1	4	7

资料来源：作者根据《河南省教育统计资料2018》（内部资料）、《中国教育统计年鉴2017》相关资料整理而成。

六　幼儿园

2017年，全省幼儿园的离园人数高于入园人数，说明未来小学的生源会同比减少。整体上看，全省幼儿园园长和专任教师的学历主要集中在专科、高中毕业和高中阶段以下学历层次。虽然学前教育没有必要招用大比例的高学历教师，但是未来的发展仍然需要提升保教队伍的学历水平。职称情况与学历情况大体相似，但未定职级的比例过大。

从教学条件看，校舍、活动室、洗手间、睡眠室、保健室、图书室和占地面积都位于全国前 3 的位置。值得注意的是，全省幼儿园危房面积占到了全国 4.74% 的比例，不能麻痹。

表 2-15　2016~2017 年河南幼儿园数、儿童数、教师数及与全国比较

年份	地区	园数（所）	离园儿童数（万人）	入园儿童数（万人）	在园儿童数（万人）	教职工数（万人）	专任教师（万人）
2016	全国	239812	1623.20	1922.10	4413.88	381.78	223.21
	河南	18695	155.60	157.93	408.68	29.70	17.82
	河南占全国比例（%）	7.80	9.59	8.22	9.26	7.78	7.98
	居全国位次	2	1	2	2	2	2
2017	全国	254950	1652.67	1937.95	4600.14	419.29	243.21
	河南	20613	158.87	151.65	424.93	33.23	19.78
	河南占全国比例（%）	8.09	9.61	7.83	9.24	7.92	8.13
	居全国位次	1	1	2	2	2	2

资料来源：作者根据《河南省教育统计资料 2018》（内部资料）、《中国教育统计年鉴 2017》相关资料整理而成。

表 2-16　2016~2017 年河南幼儿园办学条件及与全国比较

年份	地区	占地（平方米）	图书（万册）	数字资源（GB）		
				数据库（个）	电子图书（万册）	音视频（小时）
2016	全国	518470475	32503	8275174	157271	86549067
	河南	40585309	2220	64901	217.98	2510398
	河南占全国比例（%）	7.83	6.83	0.78	0.14	2.90
	居全国位次	3	4	10	11	4
2017	全国	576405517	35886	2761739697（册）		
	河南	45687773	2439	5750108（册）		
	河南占全国比例（%）	7.93	6.80	0.21		
	居全国位次	2	4	9		

资料来源：作者根据《河南省教育统计资料 2018》（内部资料）、《中国教育统计年鉴 2017》相关资料整理而成。

第三章 河南教育投资体制70年的变迁

教育投资体制是教育体制的一个基本组成部分，它是由经济体制和教育体制决定的。教育投资体制反映经济体制和教育体制、财政体制和金融体制的特征。举凡由谁投资、由谁决策、由谁负责实施、投资如何运行、如何管理、由谁得益或承担风险等教育投资过程中的一系列问题，都是教育投资体制的内容。教育投资体制只有在适应社会主义市场经济发展的过程中不断改革、不断完善，才能充分满足教育发展的需要。通过对河南当代教育70年的教育投资体制及其演变、改革的研究，可以了解教育投资体制发展的方向，了解教育投资体制改革对当代河南教育事业的发展和不断完善的积极作用，从而促进河南教育投资体制循着正确的方向逐步改革，不断完善。

第一节 河南义务教育投资体制的演变

20世纪50年代至70年代末，在高度集中的计划经济体制下，我国的教育财政投入体制虽几经变革，义务教育经费投入以政府包办为主的局面并没有太大变化。由于政府财力有限和教育规模的不断扩大，政府也在探索多渠道的教育经费筹措办法。20世纪50年代初，我国提出了"两条腿走路"的方针，在办学体制上实行国家办学和厂矿、企业、农村合作社办学共举，免费教育与非免费教育并举，允许中小学收取杂费等措施。河南与全国的情况类似，义务教育实行政府办学、财政单一供给的管理模式，即由教育主管部门统一规划教育事业的发展规模，由国家财政统一拨款举办教育。

　　1951 年郑州市教育局对市立小学、幼儿园的办公费的标准是：小学高年级每班每月 40 千克小麦，初级班每班每月 30 千克小麦；幼儿园每班每月 100 千克小麦。1953 年以后教育经费改为以粮折价拨款。到 1956 年，小学、幼儿园教育经费的标准是：中、高年级（三、四、五、六年级）每班每月 9 元，初级小学每班每月 6 元；幼儿园每班每月 15 元。1960 年以前，区文教局（股、科）只对辖区学校行使行政领导和业务指导，教育经费的管理与分配由郑州市教育局直接拨款至学校。1960 年以后，区文教局设总务室，开始自己编制财政预算，报郑州市教育局审批，郑州市教育局按月划拨至区，由区文教局（科）统一管理分配。"文化大革命"期间，小学教育办公费停拨，仅靠学生交纳的学杂费来维持办公。1964 年 9 月 3 日，《河南日报》第一版发表了信阳专署文教局《以革命精神兴办多种形式的小学》的专题报道。文章介绍了信阳地区 10 个月办起多种形式的小学 23675 个班（组），吸收了 40 万儿童入学的经验。

　　1978 年 12 月 18~29 日，全省教育工作会议在郑州召开。会议传达了全国教育工作会议精神，部署了学校工作重点转移到教学上来，研究制定了《河南省教育事业发展规划（草案）》等方案。会议认为，国家拨给的教育经费要专款专用，地方自筹资金必须有一部分用于兴办教育事业。教育上的基建资金要有相应增加。1978 年，河南省各地厂矿企事业和社会各方面都开始积极主动集资办学。尤其是随着农村生产责任制的推行，农业生产的发展和农民生活条件的改善，社队集体集资办学的积极性空前高涨，使相当一批农村中小学破旧落后的面貌有了很大改观。据统计，1978~1982 年，通过各级财政、社队和个人集资以及学校勤工俭学等多种渠道共筹集学校修缮费和设备购置费 6.7 亿元（其中社队、个人集资 3.7 亿元），修建中小学校舍 1044 万平方米，占原校舍总面积的 42.6%；给 83% 的中学和 43% 的小学生添置了课桌凳。省教育工作会议以后，1983 年 8~12 月，在短短几个月之内，全省农村社队集体和群众集资办学的投资约达 1.5 亿元左右，相当于 1978~1982 年集资总数的 43%。共新建和改建校舍 200 多万平方米，添置桌凳 30 多万套。国家投资、社队群众集资、学校勤工俭学筹资等几方面力量的汇合，迅速改变了校容校貌。河南农村义务教育管理体制和投资体制也随之发生了变化，改革进程不断推进。1980 年，息县率先建立了人民教育基金，开辟了 8 条筹措资金的渠道，到年底，全县共征收人民教育基金 90 多万元。之后，又有新县、潢川、罗山建立了人民教育基金，为解决城镇学校办学难问题闯出了一条新路子。

1985 年以后河南农村义务教育投资体制的演变过程可以划分为四个阶段。

一　"地方负责、分级管理、以乡为主"时期（1985~1994 年）

这一时期河南农村义务教育投资体制的最大特点是，乡、村和农民承担了主要的农村义务教育投资责任，同时逐渐形成了以其他经费筹措渠道为辅的投资体制。

1985 年，我国出台了《中共中央关于教育体制改革的决定》，提出"把发展基础教育的责任交给地方，实行基础教育由地方负责、分级管理"的原则，明确了基础教育的管理权属于地方，除大政方针和宏观规划由中央决定外，具体政策、制度、计划的制定和实施以及对学校的领导、管理和检查，责任和权利都交给地方，至于省、市（地）、县、乡分级管理的职责如何划分，由省、自治区和直辖市决定。1986 年的《义务教育法》和 1992 年的《义务教育法实施细则》进一步明确规定，实施义务教育，在国务院领导下，由地方各级人民政府负责，按省、县、乡分级管理。从 1986 年起，为解决民办教师工资和中小学办学经费不足，国家开始按农民平均纯收入的 3% 征收农村教育费附加；按城镇工商企业的"营业税、增值税、企业所得税"的 3% 征收城镇教育费附加（1999 年，财政预算体制改变，离退休人员经费从正常经费中分离出来，列入社会保障经费）。教育经费财政供给构成分为三大块：教育事业费、离退休经费、教育费附加。同时，对教育部门行政事业性收费收入实行收缴分离、票款分离，所有行政事业性收费收入一律通过银行代收代缴财政专户。教育支出年初编制部门预算，财政审核后按计划拨款。

在具体实践中，地方政府纷纷效仿中央政府，层层下放责任。这种"地方负责、分级管理"的基础教育体制最终转化为"县办高中、乡办初中、村办小学"的"三级办学、两级管理"的办学模式。农村义务教育的分级管理体制主要表现为"以乡为主"，农村义务教育投资体制也相应转化为"以乡为主"的体制，乡、村承担了主要的投资责任。

商城县冯店乡连塘村，1984 年提出"发挥山区优势，两年更新校舍"的口号，他们说，我们虽穷，但人穷志不穷，山上有的是石头和木材；人多地少，我们有的是劳力，只要依靠群众，办学条件是可以改善的。经过一年的努力，这个村就建起了 27 间标准砖瓦校舍，拉了围墙，安了大门。按当时的造价，可折合人民币 5 万元，而群众只拿了 2600 元，占总造价的 7%，这个经验在商城县普遍得到推广。1985 年，商城县新建校舍 2000 间，比 1984 年增加 45.8%，而群众投入的资金仅占造价的 30%。商城县就是靠这个办法，使"六配套"的学校达到了 95% 以上，全县 451 所中小学，有近 400 所是新建的全新学校。1986 年，信阳地区行署在商城县召开了现场会，在山区推广了他们的经验。

1989 年，卢氏县提出了学校建设"十年先进，二十年不落后"的口号。位于熊耳南麓的汤河乡义节沟村，599 口人，530 亩耕地，人均年收入仅148 元，每年全村吃统销粮 3 万余斤。当年全村群众集资 15000 元，建成 10 间教室及伙房、厕所、大门、院墙齐全的新学校。梧鸣沟口组，7 户 38 口人，群众集资 9600 元，户均捐资 1370 元，人均捐款 250 元，建成一所全新的组办小学。文峪乡文峪村集资 13 万元，人均 20 多元，建成 1 栋教学楼和 18 间的教师办公室。范里乡的新庄村、涧底村，城郊乡的江渠村等和汤河、范里、磨口等中学相继建成教学楼。朱阳关小学及岭东小学、毛庄小学、五里川的温口小学、南峪沟小学等都建成规范化校舍。11 月 3~4 日，县政府在汤河乡召开现场会，参观了汤河、朱阳关两乡的部分学校建设。据当年 10 月统计，全县学校建设总投资 62 万元，其中社会、群众集资 45 万元，改建校舍危房面积 8420 平方米。

信阳市光山县仅 1990 年，就集资近 1000 万元，使 97% 的学校达到"六配套"，一举甩掉了"危房大户"的帽子。

这一时期，除了由乡、村承担对农村义务教育的主要投入责任外，各级政府同时不断开辟其他经费来源渠道，形成了多渠道筹措教育经费的模式。其中最重要的渠道之一是教育费附加，此项收入首先用于改善基础教育的教学设施，不得挪作他用。同时，政府还鼓励企业、社会、个人捐资助学，以及农村集资办学。教育主管部门还允许学校收取杂费，并鼓励发展校办产业、开展勤工俭学和社会服务。

社旗县唐庄乡岗里学校校长朱福之带领师生勤俭建校。他在号召师生艰苦奋斗的同时，积极筹划创收方案。他动员全体学生拾废纸废铁，夏秋两季从事粮食复收。仅 1980 年这一年，学校就复收小麦 5000 斤，秋粮 6000 斤，价值 2700 多元，加上其他收益，年创收 4600 多元。朱福之用这些师生的汗水换来的钱扩大勤工俭学项目，买来了饲料粉碎机，同时又办起了酱油厂、农机具修理部、小商店、鼋鱼养殖场等，多管齐下，8 年共创收入 56000 多元。在上级的支持下，先后盖起了教学楼、电教室等，面积达 700 多平方米。在建校中，他带领全校师生利用秋假脱坯 8 万多块，拾砖碴 40 多立方米。1981 年冬天，学校缺少教具，他就自己动手制作。几年来，他制作教具 200 多件，其中 20 件获县级奖，13 件获地区奖，3 件获省级奖。同时，他用勤工俭学的部分收入为学校购置了电教设备，在众多的乡村学校中率先实现了电化教学。朱福之也被评为全国教育系统劳动模范。

1982 年，学生家长贾廷玉看到卢氏县官坡中心小学经济困难，主动带上机器设备投奔学校"带业过继"，办起了官坡中心小学校办工厂，以打绳、针织、卫生香生产为主，后在改革中逐步发展了木炭加工、果壳炭化、核桃加工等生产项目，工厂安排教师职工家属、子女和社会困难户等闲散劳动力 30 余人。工厂有炭化炉 1 个，粉碎机、发电机、日本进口汽车各 1 部，固定资金 10 万元，流动资金 5 万元。厂长贾廷玉对学校负责，采用固定人员常年干，突击项目集中干，项目少了分散干等管理办法，至 1987 年，该厂总产值 50 余万元，付出工资 6500 元，付银行贷款 24800 元，上缴税款 10800 元、管理费 6500 元，向本校交勤工俭学费 38600 元，向敬老院、困难户、官坡中学捐赠款物 1430 元，总共为社会付出 120100 余元。学校使用这笔勤工俭学款，全免官坡村学生学费，解决困难学生书费、衣服等。整修 8 个教学班的全部教室，修复危房 17 间，购进课桌 120 套，添置了轧面机、收录机、扩大机，架起了火电线路，安装了办公室、实验室的全部照明设备。1982~1987 年，为学校支出办公费 618.57 元，体育费 1675.77 元，图书费 1943.3 元，修缮费 6700 元，购置费 3360 元，福利费 3776 元，师生奖金 3193 元。官坡中心小学有了校办工厂的经济保障，办公用品保障供应，师生福利得到改善，教学质量稳步上升，在全县名列前茅，达到地区一类学校标准，被首批确定为三门峡市重点学校，并始终保持县文明学校、文明工厂的光荣称号。

巩县根据地域复杂、经济基础悬殊较大的特点，积极引导各校开办小商店、修理店、小饮食等服务性项目，因地制宜，搞好多种经营，开发校园经济，组织复收拾杂、开荒植树、编织、采药等多种形式的勤工俭学活动，1988 年，被评为全国勤工俭学先进县。

郑州市回民中学在教育经费紧张的情况下，发扬艰苦奋斗的精神，一不等，二不靠，三不伸手要，坚定地走勤工俭学道路，以厂养校，以工促教。经过十多年的努力，建成了包括化学试剂厂、一分厂、香料厂、食品厂、化工经营部、商店、银行储蓄代办所 7 部分组成的校办产业。主要生产化学试剂，烟用、食品、化妆品用的香精香料，有职工 72 人，其中教工 10 人，管理人员 19 人，科技人员 18 人。1991 年总产值已达 700 余万元，利税 171 余万元，纯利润 120 余万元，人均产值 97222 元，人均利润 16667 元；工厂向学校上交 50 万元，比国拨教育经费 45.91 万元多 8.91%。1982 年被评为全国勤工俭学先进单位，获得了国家计委、国家经委、教育部和财政部联合颁发的奖状。

1986 年郑州市中原区就规定了城区小学征收学杂费的用途。小学征收的学杂费 85% 留学校使用，15% 交文教局（科）。上交部分主要用于对人数较少或因灾减免过多、教学行政费确实不敷开支的学校适当予以补助；有计划地给学校添置图书资料、挂图、教学仪器等；用于重点修缮和设备补充。留校部分主要用于解决学生学习、生活、文体活动、设备维修等方面的费用（公务费、水电费、图书报刊费、烤火费）。如果有节余，可用于学校的房屋维修，以及购置费和补充教学行政费的不足，各项使用比例由学校视其情况而定。

共青团中央、全国青联等单位于 1989 年 10 月联合创办了中国青少年基金会，该基金会通过募捐创建了"救助贫困地区失学少年基金"，并把该项工作命名为"希望工程"。该基金取之于社会，全部用之于社会，设立助学金，长期资助贫困地区那些品学兼优渴望学习而又因家庭困难失学的孩子重返校园，为一些贫困乡村新盖、修缮小学校舍，为一些贫困乡村小学购置教具、文具和书籍。

　　"以乡为主，多方筹资"的投资体制在当时的历史背景下，有力地促进了农村义务教育的发展，到 1993 年全省已普及了小学教育。但随着该体制的不断运行，也暴露出了许多突出问题。豫西山区的卢氏县在经过 20 世纪 80 年代后期进行试点实验后，1992 年 1 月，卢氏县开始实行"划分收支，分级包干"的财政体制，教育经费不再由县教育局（委）直接管理，而是由县财政局经预算直接由乡（镇）人民政府管理，拨给乡（镇）教育办公室。由于乡（镇）政府财力不足，教师工资迟发、拖欠现象时有发生。1993 年教师节，县委县政府采取种种措施解决教师工资"拖欠"问题，截至 1994 年 1 月 10 日，全县还拖欠 1993 年教师工资 84.14 万元，其中公办教师工资 48.44 万元，民办教师工资 35.70 万元。由于"经费包干"，这一时期每年大中专毕业生分配也很困难，一些乡政府曾借口"经费困难"，拒不接收县教育局（委）分配的大中专毕业生。1995 年 2 月，卢氏县委县政府把教育经费逐步纳入县财政预算实行单列，统一了教育工作的人事权和财权。

　　"经费包干"乡级财力较弱，导致长期无法在更高层次上合理统筹配置教育资源，教育发展非均衡性突出，办学效益得不到提高。省教委在充分调查研究的基础上，制订了筹资办学 1979~1989 年十年发展规划和 1989~1991 年三年发展规划，采取了一系列切实可行的措施，以保证两个规划有计划、有步骤、有成效地实施。河南筹资办学发展规划大致分三个阶段：一是从 1979 年开始，提出每年以 3% 左右的速度消除中小学危房，争取到 1985 年把危房比重降到 10% 左右；二是从 1986 年开始，提出要加快实现"一无两有"的步伐，到 1988 年将危房比重降到 2% 以下，使全省 90% 左右的中小学基本实现"一无两有"；三是从 1988 年开始，争取用 3 年时间，把危房比重稳定在 100 以下，全省基本完成实现"一无两有"的历史任务，中小学校实现"六配套"，并在此基础上制订 1991~2000 年全省筹资办学十年发展规划和"八五"计划。争取到 2000 年前，使全省中小学校都具有较好的办学条件和良好的学习环境。

　　1980 年初夏，邓县村民自觉凑钱、凑料、出工，翻修了一批已经漏雨的破旧校舍。1980 年秋天，河南省第一次集资办学现场会在邓县召开，"邓县做法"向全省推广。随后 1980 年至 1982 年，省教育厅分别在周口地区、长葛县等地召开集资办学现场会，推广邓县发动群众集资办学，改造中小学危房的经验；1983 年至 1985 年，在巩县、辉县、安阳召开现场会；1986 年和 1987 年，又在多灾贫困地区的清丰县、栾川县召开会议，发扬他们贫穷志不短、自力更生建学校的革命精神，推广他们从实际出发、实事求是、因地制宜，分类指导，搞好筹资办学的先进经验，极大地激发了全省人民特别是贫困地区人民集资办学的积极性。1988 年 11 月，在偃师县召开筹资办学现场会，推广偃师县县委、人大、政府、政协四大班子齐抓共管、分工合作、互相配合，主要领导亲自抓集资、抓征收教育费附加的经验。1989 年 3 月，在虞城县召开集资办学现场会，省长亲自主持并发表重要讲话，推广虞城县在多灾多难的情况下，发动群众集资办学，一年筹资 1100 万元，一举实现了"一无两有"的经验。1990 年 7 月，在焦作市召开了全省筹资办学现场会议，学习推广焦作市开发领导层特别是开发党政一、二把手高度重视筹资办学和大力发动群众高标准实现"六配套"的经验。南至信阳，北至安阳，东至商丘，西至三门峡，全省 17 个地、市，157 个县、区，2200 个乡、镇，几乎到处都有党政领导大抓集资办学的典型事例，许多地方都涌现出了"教育市长""教育县长""教育乡（镇）长""教育书记"。

罗山县楠杆乡农民 3 年集资 400 万元，建起 17 幢教学楼和 213 间新平房，使全乡 16 所中小学告别了荒草破屋，一举实现了"六配套"。新校舍带来了师生们的新风貌，教师们由留不住到争着来，学生娃子们也变得更精神、更勤奋，教育质量显著提高。1992 年，这个大别山区的偏僻山中的 3 名中学生破天荒地从全省奥林匹克学科竞赛中捧回 3 块奖牌。

地处伏牛山区的汝阳县，在温饱还没有完全解决的情况下，通过十多年坚持不懈的艰苦努力，高标准地实现了"六配套"。该县 253 所学校已新建楼房 240 幢，建筑面积 18 万平方米，全县中小学基本上实现了楼房化。1991 年 9 月，省教委在汝阳县召开了筹资办学现场会议，学习推广处于深山特贫地区的汝阳人民"治穷先治愚，治愚办教育"的革命精神，以及全县人民大兴筹资办学热潮，高标准实现"六配套"的典型经验。

洛阳市全市群众集资达 40 万元以上受省树碑嘉奖的先进单位 171 个，20 万元以上受市树碑嘉奖的先进单位 150 个，捐资助学达 5 万元以上的先进个人 13 名，万元以上的先进个人 82 名。市政府和市教委分别采取树碑、挂匾、发光荣册、挂大红花等形式对他们进行表彰，对全市人民鼓舞很大。三门峡市市政府坚持每年在一个乡召开一次现场会的做法，极大地调动了乡镇集资办学的积极性，很多乡镇要求承办市政府的现场会，各县（市）、区也纷纷效仿，召开不同形式的集资办学现场会，用典型引路，让经验开花，打开了集资办学工作的新局面。

灵宝县故县镇河西村投资 40 万元为学校建成了供暖工程，成为全省第一个使用暖气的农村学校。陕县大营村投资 120 万元，建成一座占地 32 亩，总建筑面积 3410 平方米，集花园、游乐园于一体的幼儿园。湖滨区崖底乡投资 800 万元，建设一所占地面积 34 亩、建筑面积 1.1 万平方米的标准化乡中，是当时全省投资最多的乡镇学校。

1990 年，密县县委县政府作出了《关于进一步发展我县教育事业的决定》和《关于建立密县人民教育基金制度的规定》。人民教育基金制度规定"煤炭除指令性调销外，以煤矿生产销售为依据，每吨煤按 1 元计征，每年应征收 150 万元，由煤炭局负责征收。电每度按 1 分计征，每年应征收 210 万元，由电业局负责征收。车辆每吨每年按 100 元计征，每年应征收 120 万元，由公安局负责征收。国家干部、职工按年工资总额的 2% 计征"，大大拓宽了县教育经费来源渠道。

河南集资办学工作沿着党中央指引的方向，以消除中小学危房为突破口，以实现"校校无危房，班班有教室，学生人人有课桌凳"（即"一无两有"）和全面进行"校舍、围墙、大门、厕所、桌凳、操场"配套建设（即六配套）为目标，在全省各地掀起了集资办学的阵阵高潮，优先发展教育事业，尊师重教已成为全党全民的共识和共同关注的大事，集资办学取得了举世瞩目的光辉业绩。1979 年至 1992 年 6 月底，13 年间全省预算外筹措的教育经费已高达 102 亿元，名列全国第一。新建中小学校舍 3509 万平方米，改造中小学危房 2651 万平方米，使全省 97% 以上的中小学实现了"六配套"，中小学危房连续 4 年稳定在 0.5% 以下，受到国家教委、财政部、国家计委的通令嘉奖。从东部的黄淮平原，到西部的伏牛山区，从南部的大别山苏区，到北部的太行山脚下，16000 多幢宏伟的学校楼房，3 万多所面貌崭新的学校校舍，矗立在千千万万个乡乡村村。

从 1993 年起，河南省开展了"希望工程——百万爱心行动"，这是实施"希望工程"的一个具体行动。其主要内容是,通过广泛的宣传动员工作,让更多的人了解"希望工程",通过基金会和各级团组织的牵线搭桥,让捐赠者(个人或集体)与贫困地区的失学儿童建立直接联系,进行定向资助。这一活动的开展,得到社会各界的广泛关注和热情支持,规模和影响逐年扩大,形成了全方位宣传、多元化筹资、大面积救助、规范化管理的运转机制。接受捐款额逐年递增,1993 年为 400 多万元,1994 年为 830 多万元,1995 年达 1000 万元。利用募集资金新建、改造、修缮了多所"希望小学"。

进入 20 世纪 90 年代,河南全省掀起了多次捐资助学的高潮。还以豫西深山区的卢氏县为例,"教育科技年活动"是卢氏县办学史上前所未有的一次领导重视、组织严密、动员广泛、措施得力、行动迅速、效果显著的群众集资办学活动。这次活动始于 1991 年元月,止于 1993 年冬,历时 3 载。它显示了卢氏人民艰苦卓绝的奋斗精神,弘扬了卢氏人民尊师重教的优良传统,铸筑了崇山峻岭之中的座座建校丰碑。据统计,3 年全县集资 1300 多万元,先后有 49 所中小学建成教学楼 57 栋,75 所中小学校建起了砖木结构的新校舍,78 所中小学改建了旧校舍,实现"六配套";新建改建校舍面积 53898 平方米,做课桌凳 6593 套,新购图书 38948 册,新修围墙 12594 米,创建校容校貌达标学校 57 所、标准化学校 71 所。1995 年,全县再次出现机关部门捐资热潮。县农行推出"捐资兴教十年工程"。据统计,当年全县社会捐资集资 208 万元,其中农村集资 195 万元,新建教学楼 11 栋,新建学校 8 所,新增操场 4860 平方米,新添课桌凳 2905 套,修建改建危房面积 9080 平方米。

在农村集资建校、筹资办学形成热潮之际,河南各地特别是郑州、安阳、南阳等城市改革投资办法,采取了"一比三、三三制"的筹资办法,解决了长期困扰教师的住房问题。所谓"一比三",就是中央补助一个,省里配套三个,省里补助一个,市财政配套三个。所谓"三三制",就是中央、省、市的投资加在一起作为国家补助投资,原则上占总建房投资的1/3,学校及住房教职工原则上各筹 1/3,但可以因地、因校制宜,灵活变通。1978 年,全省城市中小学教职工人均住房建筑面积只有 2.8 平方米,人均住房居住面积只有 1.9 平方米,缺房户、困难户占教职工人数的 80%以上。

改革以后，全省城市中小学教师人均建筑面积由 1978 年的 2.8 平方米，提高到 1991 年的 10.8 平方米，增长 2.86 倍，人均居住面积由 1978 年的 1.9 平方米，提高到 1991 年的 6.9 平方米，增长 2.63 倍。

持续十多年的集资办学活动，使河南教育最终结束了徘徊，出现了基础教育、成人教育、职业教育"三教"统筹蓬勃发展的好势头。

在这段时期，特别是 1986 年全国卫星电视教育工作会议后，为加强卫星地面站的建设，河南省还坚持走多渠道筹集资金发展电教事业的道路，采取各级政府拨一点，教育经费挤一点，社会、群众捐一点的办法，有效地缓解了电教经费不足的困难。1986 年，省政府拨款 200 万元，省教委挤出 115 万元，对建站县市特别是老少边穷县进行补助，起到了积极的促进作用。在国家专项补助的积极支持下，极大地激发了各地办电教的积极性，全省动员社会各方面的力量，集资、捐资，兴建电教设施。据统计，全省用于卫星地面站网络建设的总投资为 1600 万元，其中，来自社团和群众的集资达 800 多万元。全省 54 个教育电视台共投资 360 万元，社团和群众集资达 120 多万元。经费问题的解决，大大加快了河南卫星电视教育工作的进程。

加强中小学实验室建设也坚持走人民办教育的路子，并取得了很大的成绩。驻马店市委市政府为了完成实验室建设任务，在两年内从市财政拨专款 75 万元，在教育经费中安排 55 万元，社会各方面集资 15 万元，累计筹集资金 145 万元，相当于该市两年国拨教育经费的 2.54 倍。省教委及时把具体办法归纳为"四个结合""三个一点""一项原则"。"四个结合"：一是制、购、配结合，促配套，达到"四有"（有实验室、仪器室，有实验台、仪器柜，有管理使用制度，有专兼职实验管理队伍）；二是建、管、用结合，促实验，达到"两能"（能进行课堂演示实验，能进行学生分组实验）；三是学校、教研、仪器供应部门结合，促协作，达到三尽力；四是省、地（市）、县结合，促各级领导达到"三支持"。"三个一点"是：在解决经费方面，采取国家支持一点，乡、村群众集资一点，学校自筹一点。"一个原则"是：以购为主，积极自制，完善管理，促进使用。

西华县政府为了巩固普及成果，加快实验室建设充实提高步伐，专门下发了文件，要求县局和各乡（镇）制订近期目标和长远规划，加强对实验室和仪器建设的指导，及时解决两室建设中出现和存在的问题，有力地推动了全县实验室建设和实验教学工作的深入开展。商丘市回民中学由于实验管理人员素质高，队伍稳定，在学校实验室管理上做到了科学化、规范化、系统化、制度化，1987 年被评为全国实验室管理先进单位。清丰县为了提高学生实验操作能力，在每年学生升级升学考试时，增加实验考题的比例，收效显著。在 1983 年以前，该县初、高中招生理科及格率仅为30%，1988 年以来，每年都在 75% 以上。由于领导重视，措施得力，到1989 年底，就有 13 个县（市、区）率先通过了省级验收。据统计，在 1991年底以前完成实验室建设普及任务的 157 个县（市、区），总投资达 12824万元，其中，乡村和群众集资占 56.2%。

在群众集资办学的过程中，河南各地取得了很多生动的经验。驻马店地区坚持奖励制度，发挥投资效益，为了调动群众集资办学的积极性，各县分别规定，拉起围墙奖一副铁大门，建一间教室补助 120～150 元，建一座 18 班教学楼奖 5 万元。尉氏县在指导城乡筹资过程中注意做到"四落实""三统一""两不准""两把关""四到现场"。"四落实"，即乡长、党委书记包片，驻队干部包村，村支书、村长包校，校长、教师配合，严格保证校建质量。"三统一"，即统一规划校园，统一校舍标准，由县计建委和乡政府统一安排施工单位。"两不准"，即不准无图纸施工，不准用人情施工队。"两把关"，即乡、村领导不离施工现场，把好用料质量关，乡、村领导与县计建检测站签订合同书，把好工程质量关。"四到现场"，即各级主要领导定点规划到现场，开工典礼到现场，检查指导到现场，验收总结到现场。

郑州市在十几年的实践中认识到，能否正确处理好"五个结合""四个关系"是牵涉集资办学兴衰的关键问题。"五个结合"，一是校舍修建与教育发展规划相结合。在校舍修建规划中，要依照教育发展规划和规模进行配套建设，并具有一定的超前性。二是校舍建设与中小学布局调整相结合，避免盲目建校造成浪费。三是外地经验与本地实际相结合，既要注意学习外地先进经验，又要从本地实际出发，因地制宜。四是建校与管校相结合。建好学校与管好学校是一个整体，必须做到一手抓建设，一手抓管理。要重视校长、教师的管理意识和管理水平的提高，每年都要开展一次校容、校貌检查评比活动，对于那些管理混乱，脏、乱、差现象严重的学校，作为典型进行批评；对于那些管理水平高的典型进行表扬，要求学校做到管理科学化、制度化、经常化，常抓不懈。五是标准化建设与旧校舍改造相结合。在建设标准化学校的同时，不能忽视对那些具有潜在危险因素的旧校舍进行更新改造，使其更加坚固美观，标准规范。"四个关系"，一是处理好满腔热情与科学态度的关系。既要鼓励、保护群众的办学积极性，又要注意群众的承受能力，以实事求是、量力而行为基本原则，不搞一刀切。二是正确处理好建校数量与建校质量的关系。既要讲求数量，更要保证质量。三是处理好国拨经费与多渠道筹措教育经费的关系。坚持"两条腿走路"的办学方针，不因增加国拨经费而放弃多渠道筹措教育经费，也不能因为开展多渠道筹措教育经费而减少国拨经费。四是处理好个别与一般的关系。既要有原则性，又要有灵活性，既要坚持原则，按标准建校，又要实事求是，因地制宜，不搞绝对化。只有搞好"五个结合"，处理好"四个关系"，才能不挫伤人民群众集资办学的积极性，保证多渠道筹措教育经费、改善办学条件工作的健康发展。

二　"地方负责、分级管理、以县为主、乡镇为辅"时期 (1994~2001 年)

这一时期全省农村义务教育投资体制的最大特点是更加突出强调县级政府的投资责任，同时辅之以其他多渠道筹措教育经费。

1994 年，全国教育工作会议召开，会议提出农村基础教育的办学责任，除少数经济比较发达的地区可以实行县、乡两级管理外，多数地区应该责任主要在县。从此，县级政府成为农村基础教育的主要管理者和责任人，乡镇政府成为学校管理的辅助者，原来"两级管理"的体制在实质上转变成了"以县为主，以乡为辅"的体制。县级政府在组织义务教育的实施方面负有主要责任，包括统筹管理教育经费，调配和管理中小学校长、教师，指导中小学教育教学工作等。乡级政府负责落实义务教育的具体工作，包括保障适龄儿童、少年按时入学。

从 1996 年起，河南省本级废止延续多年的基数法，实行零基预算编制办法，把部门预算划分成个人经费、公用经费、生产和事业发展专项经费 3

类。个人经费按编制内实有人员和国家规定的标准核定；公用经费按单位职责范围和工作性质，划分不同类别分别确定；在保证人员经费和公用经费的基础上，按照全省国民经济和社会发展计划，按项目确定生产和事业发展专项经费。零基预算提高了预算编制的公正性、公开性、科学性，有利于进一步实现政府预算的统一性和完整性，使预算编制向科学决策、民主理财迈出一大步。零基预算的实行，为优化财政支出结构，增强财政调控能力，加强财政支出管理做出了积极探索。省财政厅组织制定并实施1996年省级零基预算编制方案。一是确保人员经费，大幅度提高公用经费。二是逐步调整支出结构，增加对农业、科技和教育事业发展的支出。三是提高预算编制的公开性和透明度，使财政资金的分配更加规范化、程序化。至年末，零基预算改革取得圆满成功。1997年，河南省着手进行综合财政收支计划改革，将事业单位预算内、外资金统筹安排，综合使用。从1998年起，省级预算单位开始编制包括预算内拨款和预算外收入在内的统一的综合财务收支计划，省财政据此编制综合财政收支计划，将预算内、外资金按零基预算编制办法进行统筹安排。

经过调整后的农村义务教育投资体制开始突出强调县级政府的投资主体责任，对农村义务教育的发展带来新的活力，有利于缓解发展中面临的不利局面。但在实际运行中，许多地方县级政府并没有真正对农村义务教育负起责任。不仅如此，20世纪90年代以后乡镇企业开始走向衰弱，县、乡政府的财力增长势头随之减弱。同时，我国于1994年开始了分税制改革，使中央和省级的财政收入在整个国家的财政收入中占有绝对支配地位，超过了60%，而县、乡基层政府的财政收入比重一般为20%左右，县、乡财力规模相对较小，财政自给率明显偏低。分税制改革调整了各级政府的财权，使得财力更加向上集中，但是并没有相应地进行事权调整，而且还出现事权下移现象。这导致县、乡财政压力逐渐加大，对农村义务教育的公共投资变得更加困难，拖欠教师工资、乱收费、乱集资等问题越发突出。

为了缓解义务教育投资的压力，1996年，共青团河南省委和省工商银行联合开展了向"希望工程"献爱心有奖储蓄活动，吸储10亿元，1%捐赠"希望工程"，设立河南省助学基金。1997年5月，郑州市金水区关虎屯村的共产党员、共青团员捐赠特殊党团费2万多元，资助桐柏县50名儿童完成小学学业，开创全省农民为"希望工程"捐款的先例。同年 8 月，省"希望工程"办公室同郑州市绿荫学校合作，由绿荫学校出资百万元开办了全省第一个"希望工程"高中班。安阳、郑州、信阳等地设立了城市下岗职工子女特别助学金，帮助特困下岗职工子女就学。

至 1997 年 6 月底，全省累计筹资近亿元，其中接受海内外捐款 8000 多万元，救助失学儿童 8 万多名，援建"希望小学"296 所，并为 316 所乡村小学配置了希望书库。尤其是 1996 年实现筹资 1395 万元，创历年筹款最高额。同时还开展了"希望小学"教师的培训工作，加速了"希望工程"的规范化进程。

从 2000 年开始，为了减轻农民负担，理顺农村财税体系，我国实行并推广了农村税费改革，取消乡统筹费、农村教育集资等专门面向农民征收的行政事业性收费和政府性基金、集资。税费改革的实施在很大程度上减轻了农民的负担，但由于相关配套改革没有及时到位，给农村义务教育投资体制带来了很大冲击。税费改革后，尽管中央与省级财政加大了转移支付力度，但仍然无法完全弥补税费改革带来的教育经费缺口。农村义务教育发展面临严峻局面：一些地区农村中小学教师工资长期拖欠，教师利益得不到保障；学校必要的办学经费得不到保障，学校正常运转困难；危险校舍不能得到及时修缮，危房面积大幅度增加，师生安全得不到保障；教育负债沉重，严重影响教育的发展。同时，低重心的投资体制导致农村义务教育经费投入存在明显的地区差异，教育发展不均衡。

三　"地方负责、分级管理、以县为主"时期（2001～2005 年）

2001 年国务院发出《关于基础教育改革与发展的决定》，提出实行"进一步完善农村义务教育管理体制，实行在国务院领导下，县级人民政府对本地农村义务教育负有主要责任，要抓好中小学的规划、布局调整、建设和管理，统一发放教职工工资，负责中小学校长、教师的管理，指导学校教育教学工作"，从此开始真正实行"以县为主"的投资体制。这一体制的最大特点是，提升了投资主体的重心，提高了农村义务教育的统筹规划能力。

在经费保障方面，这一时期的相关文件提出了要逐步建立和完善经费保障机制。2001 年《国务院关于基础教育改革与发展的决定》提出，要完善管理体制，保障经费投入，推进农村义务教育持续健康发展。2002 年国务院办公厅《关于完善农村义务教育管理体制的通知》提出，要建立义务教育经费保障机制，保证农村义务教育投入。2003 年国务院《关于进一步加强农村教育工作的决定》提出，落实农村义务教育"以县为主"的管理体制，加大投入，完善经费保障机制。在教师工资保障、危房改造投入、公用经费保障等具体经费保障方面也做出了明确规定，分别对各级政府的投资责任进行了划分。

针对 20 世纪 90 年代初期出现的农村教师工资拖欠问题，省委省政府高度重视，要求教师工资的发放由各级政府负责，由"一把手"负总责，采取切实措施解决拖欠教师工资问题。省政府决定，从 2001 年 1 月 1 日起，实行乡镇教师工资由县（市）代发，乡镇教师工资经费上划县财政专户，县（市）财政部门根据确定的各乡镇教师工资总额，分月拨给县教育主管部门，通过县乡教育系统拨付到中小学校。县（市）代乡镇发放教师工资办法的实行，对逐步缓解拖欠教师工资现象，维持学校正常的教育教学秩序，起到了积极的作用。2001 年，河南省召开全省基础教育工作会议，要求从 2002 年 1 月起，农村中小学教师工资的管理和发放全部上收到县，由县级政府统一发放。县级财政部门设立"工资资金专户"，农村教师工资通过银行直接拨入在编教师在银行开设的个人账户，并将把教师工资能否按时足额发放列入对各省辖市的年度目标考核，加强管理。2002 年上半年，国家拿出 22.4 亿元转移支付资金，用于河南省干部教师的工资发放。下半年国家又给河南增拨 6 亿多元。至 2002 年底，全省 158 个县（市、区）全部按新体制运作，并实行农村中小学教师工资的县级统筹和管理。对历年拖欠的农村中小学教师工资，各地逐步进行了清理补发。落实此项政策，全省农村中小学教师月工资可平均增加 200 元。从 2006 年起，农村中小学教师工资保障机制进一步确立和完善，确保了农村中小学编制内教师工资按照国家现行标准按时足额发放，并积极落实教师津补贴。至此，长期以来困扰河南的拖欠教师工资的问题得到了根本解决，极大地调动了广大教师教书育人的积极性。

2002 年 3 月 29 日，省委省政府印发《河南省农村税费改革试行方案》，改革的主要内容包括：取消乡统筹和农村教育集资等专门面向农民征收的行政事业性收费和政府性基金、集资，取消屠宰税，逐步取消统一规定的劳动积累工和义务工；调整农业税政策，调整农业特产税政策；改革现行的村提留征收使用办法。2003 年，河南省财政厅、民政厅联合制发《河南省城市居民最低生活保障资金发放管理办法》。2004 年，全省开始研究解决城市"低保"对象的就学、就医、就业、住房等方面困难的帮扶措施。

"以县为主"的义务教育投资体制较原有体制体现出明显的优越性：缓解了经费投入不足问题；教育投资效益进一步提高；教师工资保障程序得到提高，教师队伍建设取得进展；政府投入比重加大，农民负担明显减轻，体现了人民教育政府办学的理念。但随着体制的不断运行，许多不完善、不规范的问题逐渐暴露，一些影响义务教育发展的深层次问题并未得到根本解决。"以县为主"的投资体制仍然存在经费投入不足和不均衡的问题，并没有真正建立起稳定、均衡、可持续的经费保障体制。

许多地方特别是经济落后地区的县级政府财力较弱，难以全面支撑农村义务教育的发展，拖欠教师工资问题依然存在，办学条件得不到改善。比如，县级市辉县市 2002 年的财政收入 1.2 亿，仅在职和离退休教师就有9000 多人，除了执行国家的工资标准之外，可供教育发展的经费非常有限，远远不能适应教育硬件设施的发展。辉县市政府积极探索社会融资的办法，逐步形成以政府为主导的多元化融资机制，鼓励社会办学，改善教育条件。一是政府拨一点：政府按照义务教育经费三个增长的要求，适当增加教育经费。二是社会筹一点：2003 年，省重点中学辉县市一中新校，一期工程利用信贷、垫资、捐资等多种形式投资 6500 万元，占地 300 亩，规模为 84个班，集多媒体微机室等现代化教学设施于一体，从 3 月动工到 9 月 1 日交付使用，仅用 6 个月时间建成，被人们称为"超深圳速度"，其他二中、六中、文昌高中等各校教育条件在社会各界的帮助下，也都得到了不同程度的改善。三是民间投一点：2003 年，充分利用社会闲散资金 1.5 亿元，加快学校后勤社会化改革步伐，辉县市已建成 8 处投资在 30 万元以上的后勤社会化改革学校，其中 6 所已交付使用，为师生的工作、学习和生活创造了良好的环境。四是外资引一点：一些辉县市之外的有识之士创办了私立学校，满足了不同层次的教育需求。

不仅在农村,"以县为主"的投资体制在城市也显露了一些弊端。2001年,郑州市发布了关于办理郑州市户籍的7项新的政策,2003年,郑州市又取消了分类户口,实行"一元制"户口管理模式,郑州城区人口短短几年剧增,城区适龄入学儿童数量也急剧增加,教育资源也急剧紧张,2004年秋季开学,郑州市区出现了历史上最大的一次入学高峰,同时出现的是严重的新生"爆棚"现象。郑州市决定从2004年起5年内新建74所中小学,2005年当年郑州市中原区就新建了5所中小学,投入资金达1.49亿元(从买地到建校,一所小学的投入资金约需2000万元,一所中学的投入资金约需3000万元),加上教师工资和其他教育投入,2005年中原区教育投入达2亿元左右,而中原区当年财政收入仅为3.2亿元。按市政府要求,小学建设由各区负责,中学建设由市、区财力各承担50%,实际上,仅靠市、区政府财力完成新设中小学建设是一项非常艰难的工作。为了解决入学难问题,郑州市二七区提出了银行贷款和BOT(建设—经营—移交)建设模式,郑州市管城区则采取了鼓励开发商自行建校,建成后交政府管理的方式。

2005年3月,全国基础教育工作会议召开。会议提出农村义务教育阶段"两免一补"政策,并首先在全国592个国家扶贫开发工作重点县开始实施。"两免",即免除学杂费、课本费;"一补",即对住宿学生补助住宿生活费。"两免一补"的对象是农村义务教育阶段贫困家庭学生,同时还有城市居民享受最低生活保障家庭的接受义务教育的学生,包括人均年收入低于国家贫困线家庭的学生、父母患重大疾病丧失劳动能力的贫困生、单亲家庭经济困难学生、因突发事件导致家庭贫困的子女等。

2005年5月,教育部下发《关于进一步推进义务教育均衡发展的若干意见》,强调把基础教育均衡发展摆上重要位置,不断促进教育的公平公正。要求各级教育行政部门有效遏制城乡之间、地区之间和学校之间教育差距扩大的势头,把推进区域内义务教育的均衡发展作为实现"两基"之后义务教育发展的一项重要任务。根据这一精神,各地相继出台了相关规定,形成了促进义务教育均衡化的全国性气候。为保障义务教育均衡发展,新的义务教育投资体制也呼之欲出。

四　"义务教育经费保障新机制"时期（2006 年至今）

从 2006 年开始，我国开始实行义务教育经费保障新机制，该体制的最大特点是各级财政共同投入，各投资主体责任明确，解决了长期以来投资主体重心偏低的问题，公共财政性质得到充分体现，也体现了人民教育政府办学的教育理念。

2005 年 12 月，国务院颁布了《关于深化农村义务教育经费保障机制改革的通知》，提出要进一步深化农村义务教育经费保障机制改革，制定了"明确各级责任、中央地方共担、加大财政投入、提高保障水平、分步组织实施"的基本原则，逐步将农村义务教育全面纳入公共财政保障范围，建立起"中央和地方分项目、按比例分担"的农村义务教育经费保障机制。并强调"中央重点支持中西部地区，适当兼顾东部部分困难地区"。这次改革把明确中央与地方的责任作为重点，同时提出"经费省级统筹，管理以县为主"的原则，省级人民政府要负责统筹落实省以下各级人民政府应承担的经费，制定本省（区、市）各级政府的具体分担办学项目，完善财政转移支付制度，确保中央和地方各级农村义务教育经费保障机制改革资金落实到位。

构建义务教育经费保障新机制的具体内容包括：在两年内全部免除农村义务教育阶段学生学杂费，免学杂费资金由中央和地方按比例分担，西部地区为 8∶2，中部地区为 6∶4，东部地区除直辖市外，按照财力状况分省确定。对贫困家庭学生免费提供教科书，免费提供教科书资金，中西部地区由中央全额承担，东部地区由地方自行承担。对家庭贫困的寄宿生补助生活费，补助寄宿生生活费资金由地方承担，补助对象、标准及方式由地方人民政府确定。提高农村义务教育阶段中小学公用经费保障水平，2008 年达到省级制定的农村义务教育阶段中小学公用经费基本标准，2010 年达到 2009 年中央制定的农村义务教育阶段中小学公用经费基准定额，并全部落实到位。中央适时对基准定额进行调整，所需资金由中央和地方按免学杂费资金的分担比例共同承担。建立农村义务教育阶段校舍维修改造长效机制，并规定从 2006 年开始全面启动这一新机制。对中西部地区，中央根据农村义务教育阶段中小学在校生人数和校舍生均面积、使用年限、单位造价等因素，分省（区、市）测定每年校舍维修改造所需资金，中央和地方按照 5∶5 的比例共同承担。对东部地区，农村义务教育阶段中小学校舍维修改造所需资金主要由地方自行承担，中央根据其办学状况以及校舍维修改造成效等情况，给予适当奖励。巩固和完善农村中小学教师工资保障机制，中央继续按照现行体制，对中西部及东部部分地区农村中小学教师经费给予支持。省级人民政府要加大对本行政区域内财力薄弱地区的转移支付力度，确保农村中小学教师工资按照国家标准按时足额发放。

农村义务教育经费保障机制改革的进程安排：从 2006 年农村中小学春季学期开学起，分年度、分地区逐步实施。2006 年，西部地区义务教育阶段中小学生全部免除学杂费；中央财政同时对西部地区农村义务教育阶段中小学安排公用经费补助资金，提高公用经费保障水平；启动全国农村义务教育阶段中小学校舍维修改造资金保障新机制。2007 年，中部地区和东部地区农村义务教育阶段中小学生全部免除学杂费；中央财政同时对中部地区和东部部分地区农村义务教育阶段中小学安排公用经费补助资金，提高公用经费保障水平。2008 年，各地农村义务教育阶段中小学生均公用经费全部达到该省（区、市）2005 年秋季学期开学前颁布的生均公用经费基本标准；中央财政安排资金扩大免费教科书覆盖范围。2009 年，中央出台农村义务教育阶段中小学公用经费基准定额。各省（区、市）制定的生均公用经费基本标准低于定额部分，当年安排 50%，所需资金由中央财政和地方财政按照免学杂费的分担比例共同承担。2010 年，农村义务教育阶段中小学公用经费基准定额全部落实到位。

2006 年 9 月 1 日正式实施的新《义务教育法》，确定了促进义务教育均衡发展的方针。它明确规定国务院和各级政府"应当合理配置教育资源，促进义务教育均衡发展"，规定义务教育不得对适龄儿童、少年实行考试入学，在教育教学中不得按照学习成绩等编排设置重点班，不得因学生的个性特征予以歧视等，使我国义务教育的价值追求回到了原点。至此，义务教育均衡从被动的政策应对，走向制度化、法制化的治理阶段，教育均衡成为指导我国义务教育政策制定实施的基本价值，并受到法律的保护。

河南省按照新增教育经费主要用于农村的要求，提高了农村义务教育投入水平，初步实现了"保工资、保运转、保安全"的基本目标，农村义务教育事业发展取得了显著成效。省政府决定，从 2006 年起，分步实施农村义务教育经费保障机制改革。2006 年 1 月，荥阳市政府决定，在国务院和省政府提出的在 2007 年实现农村义务教育阶段学生学杂费全免的基础上，提前实行并扩大免费范围，从当年起，市财政单列专项资金 2000 万元，对全市所有农村初中、小学 60157 名在校学生全部免收学杂费和书作费，并对城区小学、初中和全市高中阶段的贫困家庭学生实行"两免一补"。除此以外，2006 年市财政还将拿出 500 万元，按小学每生每年 21 元，初中每生每年 31 元，高中每生每年 130 元的标准将国拨生均公用经费拨付到位，确保全市各级各类学校正常运转。对比教育部提出的 2010 年在全国农村地区全部实现免费义务教育，2015 年在全国普遍实行免费义务教育，荥阳先行了一大步。巩义更是在 2006 年将在当地接受义务教育的 800 多名外来务工人员子女和民办学校也列入了免费范围。2006 年，河南与其他省份相比，所投入的资金总量和资助总人数居全国首位。

2007 年 11 月 28 日，河南省课桌凳更新工程提前圆满完成任务。这项由省政府全额安排财政资金 6 亿元的德政工程、惠民工程，为农村中小学统一配置和更新课桌凳 374 万套，让 748 万名农村孩子用上了新中国成立以来农村学校最好的课桌凳。全省农村中小学彻底告别了学生自带课桌凳和课桌凳短缺残破的历史，农村中小学办学条件又迈上了一个新的台阶。

2007 年国务院提出进一步加快完善农村义务教育经费保障机制改革，主要内容是扩大免费范围，提高保障水平，健全保障机制。其具体内容，一是将提供免费教科书的范围扩大到全部农村义务教育阶段学生。二是提高农村义务教育阶段家庭经济困难寄宿生生活费补助标准。三是提高农村中小学的生均公用经费补助标准，提前实现国家规定的公用经费基准定额。四是从 2007 年起，对中部 6 省享受西部大开发政策的 243 个县（市、区），其免除农村义务教育阶段学生学杂费和提高公用经费保障水平所需资金，中央与地方分担比例由原方案的中央负担 60%、地方负担 40%，改为中央负担 80%、地方负担 20%。五是提高农村校舍维修改造资金的补助标准，对特别困难地区加大支持力度。2008 年，河南省继免除农村义务教育阶段公办学校学杂费和书作费之后，又免除了城市义务教育阶段公办学校学生的学杂费和书作费，实现了真正意义上的免费义务教育。

2009 年 11 月，全国推进义务教育均衡发展现场经验交流会在河北省邯郸市召开。时任教育部部长袁贵仁在会上指出，要把义务教育作为教育改革与发展的重中之重，把均衡发展作为义务教育的重中之重，把义务教育均衡发展作为国家推动教育发展的奠基工程和贯彻落实《义务教育法》的重要工程，努力实现 2012 年义务教育区域内初步均衡、2020 年区域内基本均衡的新目标。

此后，随着义务教育经费的转移支付制度的不断健全，河南省义务教育阶段的投资体制将更加合理，更加有利于推动全省基础教育的可持续、高质量的快速发展。从 2014 年起，河南省又设立了中小学校舍安全保障长效机制引导资金，2014 年、2015 年均安排省级财政资金 1500 万元。增强各地做好中小学校舍安全保障长效机制工作的积极性，进一步提高全省中小学校舍防震减灾的能力，提升中小学校舍的安全管理水平。严格落实优惠政策，提高资金使用效益。对校舍建设项目设计的行政事业性收费和政府性基金予以免收，不得先交后退；对涉及的经营服务性收费，在服务双方协商的基础上尽量予以减收或免收。原则上校舍建设项目收费总额城市不高于项目建设总投资额的 4%，农村（县城、乡镇）不高于项目建设总投资额的 2%。仅此一项政策，2015 年全省校舍维修改造长效机制项目建设收费就减少资金约 1.5 亿元。

回顾河南义务教育投资体制可以看出，前三个时期，义务教育的投资体制都是和管理体制融合在一起的，在现实中，直接由基层政府承担农村义务教育的管理责任，同时承担相应的投资责任，将管理主体与投入主体完全等同。但实际上，由于义务教育的特殊性，决定了不可能实行管理体制和投资体制完全一致的模式。义务教育涉及面宽、承载量大、任务沉重，在投资上单纯依靠任何一级基层政府都比较困难，按照义务教育的公共产品属性和既有的国家整体财政体制安排，一般实行中央和省级政府等高层次政府担任投资主体的投资模式较为合理。在管理上主要依靠地方政府来实施，因为地方政府最了解当地教育发展的现状和教育事业的发展需求，能比较直接地对教学、教师配置、师资培训、学生入学等进行管理。直到 2005 年义务教育经费保障机制的改革和随后新《义务教育法》等的颁布，才进一步明确了管理体制和投资体制的界限。其中，管理上仍然坚持"以县为主"，投资上实行中央和地方各级政府分项目、按比例共担的体制，实现了管理主体和投资主体的相对分离。这种管理主体和投资主体的相对分离体制，既有利于义务教育入学和教学管理，也有利于保证义务教育投入的来源稳定，避免了因管理主体财政收入的波动导致的经费投入的不稳定，也避免了因管理主体间财力差距造成的义务教育学校办学条件的差异，从而有利于保障义务教育发展的均衡性。

第二节　河南省高中教育投资体制的演变

河南高中教育投资体制自新中国建立后主要经历了两个时期，即 1949~1985 年的单一教育经费筹措时期和 1985 年至今的多元教育经费筹措时期。

一　单一教育经费筹措时期

（1）新中国成立初期（1949~1952 年），中央人民政府力图建立一个免费的教育系统，普通高中教育经费主要依靠中央预算和地方预算安排。1950 年 3 月，政务院通过的《关于统一管理 1950 年财政收支的决定》中提出"县立中学以上之教育事业费，列入大行政区及省（市）预算内开支"。该时期公立学校教育经费基本上由财政支出，私立学校还可以通过收取少量学费、杂费以满足办学经费需求，但也被要求"通过必要和可能的改革，减低学费，多收学生，师生互助，多想办法，自力更生，解决困难。私立学校中，办学成绩较好，经多方设法而仍无法维持者，政府应予以适当的经费补助"。

（2）社会主义改造时期（1952~1956 年），国家学习苏联模式，接办、整顿旧教育。政府在全国范围内承担了所有中学的办学经费。庞大的教育经费国家无力承担，为解决教育经费困难问题，从 1953 年起，有些由其他办学主体、个人以及家庭承担办学经费的通知陆续发出。1953 年 3 月，高等教育部、教育部、财政部在《关于 1953 年度"教育支出"预算的联合通知》中提出"中学教育事业费：各业务部门自办的干部子女中学经费，均由主办单位负责，不包括在本项之内"。1955 年 7 月，教育部、财政部、国务院人事局发出的《关于取消中小学、幼儿园公费待遇的联合通知》决定"原在干部子弟学校或一般中小学、幼儿园享受供给制待遇的公费生，自今年 8 月起一律停止供给，其在校一切费用均由学生家长自行负担"。

（3）"文化大革命"前时期（1956～1966 年），半工半读、勤工俭学、教育与劳动相结合成为该时期教育经费筹措的主要特征。该时期教育经费主要还是由中央财政和地方财政按计划支出，但学校以及在校生数量的剧增，使国家很难完全支付所需教育经费，中央提出了半工半读、勤工俭学、教育与劳动相结合的政策，以缓解教育经费压力。1958 年 2 月，时任财政部部长薄一波在《关于 1958 年度国民经济计划草案的报告》中提出"有步骤地实行半工半读的教育制度……凡有条件附设生产单位的学校，应当力争在一定时期以后使学校经费达到自给、半自给或者部分自给，以便又多、又快、又好、又省地发展我国教育事业"。同年 8 月，陆定一发表了《教育必须与生产劳动结合》的演讲，目的是希望学校内部能够创收，减轻对国家或地方财政的依赖。同年 11 月，教育部、文化部、卫生部、财政部下发《关于全国文教的财务工作经验交流会议的报告》，充分肯定了教育与劳动结合的实践意义。另外，国家为缓解办学经费压力，一些办学经费筹措权限也随之下放。1960 年 1 月，财政部党组、文化部党组、教育部党组、卫生部党组《关于全国文教工作会议的报告》中提出"各级财政、文教部门对机关团体、厂矿企业、人民公社主办的文教事业，应该给予大力支持"，"机关团体、厂矿企业举办各种业余学校或子弟学校，所需经费自行筹措，仍有不足，上级部门酌予补助"，"人民公社举办的文教事业所需经费，由人民公社解决"，同时"山区、少数民族地区、遭受严重灾害地区和经济条件较差地区的公社所举办的文教事业，应当给予临时性的、一定时期的补助（国家过去对群众举办的教育事业也是有补助的，1960 年国家预算列有公社文教事业补助费 6000 万元，比过去有较大增加）"。总之，该段时期内，普通高中教育经费筹措还是以中央和地方财政为主，半工半读、勤工俭学等学校内部创收只是筹措的补充手段，国家对人民公社、群众团体自办的普通高中学校进行力所能及的财政补贴。

（4）"文化大革命"后至改革开放初期（1977～1985 年），教育战略地位得以确立，农村教育附加费增设。1980 年前，我国教育状况还十分落后，由于教育经费增长缓慢，"文化大革命"期间不正常的办学状态，致使中学生人均教育经费不断下降，1965 年每个中学生平均教育经费为 58.59 元，到了 1978 年降为 39.81 元，下降比例高达 47.2%。据联合国教科文组织统计，1975 年，在全世界 150 个国家、地区中，我国人均教育经费仅居第 141 位，教育成为整个国民经济中最薄弱的环节之一，教育经费亟须增加，需要得到中央财政和地方财政的大力支持。

首先，教育战略地位得以确立，财政对教育的扶持力度增加。在邓小平同志复出后，立即提出"教育经费应该增加"。党的十一届三中全会以后，党中央和国务院把发展教育确立为国家经济建设的战略重点，教育经费随之大幅度上涨。以 1980 年为例，中央年拨教育经费 94.18 亿元，是 1975 年的近 2 倍。

其次，开征农村教育费附加，开辟多种渠道筹措教育经费。农村教育费附加开征虽然明确指出是为义务教育而设，但是由于教育管理体制"以县为主"的特点，普通高中教育经费也受益匪浅，特别是在设有普通高中的农村中学。1984 年 12 月，国务院发布《关于筹措农村学校办学经费的通知》，其主要内容有"乡人民政府可以征收教育事业费附加，并鼓励社会各方面和个人自愿在农村办学。所征收经费，要实行专款专用，任何单位和部门不得挪用和平调，该项附加收入要取之于乡，用之于乡"。

最后，勤工俭学依然是教育经费的一个来源。《中国教育年鉴（1982~1984）》中有组数据，1983 年校办农、林场面积由 1979 年的 433 万亩增加到 720 万亩，增长了 66%，农副业纯收入由 1979 年的 7328 万元增加到 13299 万元，增长了 81%。该项收入来源虽然不多，但也在一定程度上缓解了普通高中教育经费匮乏的燃眉之急。

由上述文献记载可见，在 1949~1985 年间，普通高中教育经费来源主要来自中央及地方财政拨款，辅以勤工俭学、收取少量学杂费，在后期则增加了征收农村教育费附加这一来源。总体而言，普通高中教育经费来源比较单一，主要来自中央及地方财政。

二　多元教育经费筹措时期

从 1985 年起，随着改革开放的深入，基于"穷国办大教育"的窘迫、财政体制转变、管理权限下放、人们教育观念转变等因素考虑，多渠道筹措教育经费成为历史必然的选择，党和政府从不自觉到自觉、从局部到整体、从倡导到实施政策及最后制度规范，逐步形成了多渠道筹措教育经费的筹资模式。

1985 年，中共中央颁布了《关于教育体制改革的决定》，做出了"两个增长"的决定。发展教育事业不增加投入是不行的。在今后一定时期内，中央和地方政府的教育拨款的增长要高于财政经常性收入的增长，并使按在校生人数的平均教育经费逐步增长。这表明，中央和地方政府拨出的教育经费仍然是今后整个教育经费的大头，教育经费要成为一个硬性指标。同时，何东昌同志在《关于教育体制改革决定的几点说明》中还提出"中央还给政策，允许地方征收教育费附加，包括城市教育费附加和农村教育费附加。同时，继续按照国家的规定，鼓励企业、社会团体和个人集资办学"。在这一时期，普通高中教育筹资形成了以"财、税、费、产、社、基"为途径的多渠道教育筹资模式，即形成了以财政拨款为主，辅以征收教育税（或附加费）、在普通高中教育阶段还收取学生学杂费，发展校办产业，支持社会团体和个人集资捐资办学，设立教育基金等的筹资格局。新的筹资模式带来了可喜的变化，普通高中教育经费投入总量迅速增加，极大地改善了普通高中教育的物质条件。

多渠道筹措普通高中教育经费的思路确立以后，由于相关政策法规不够完善，各渠道经费来源并不稳定，各地在具体操作中也不尽统一，亟须通过规范的法令将其确定下来。1993 年，中共中央、国务院印发《中国教育改革和发展纲要》，以文件的形式将多渠道筹措教育经费的筹资模式确立下来。此后，1994 年国务院印发的《〈中国教育改革和发展纲要〉实施意见》，1995 年颁布的《中华人民共和国教育法》，均对保证教育经费六个来源渠道的支出、增长与管理做出了明确的规定。至此，我国普通高中教育经费筹措迈向了规范化、法制化的轨道。

第三节　河南省学前教育财政投入体制的演变

新中国成立后河南省的幼儿教育，公办的由政府管理，其经费由国家供给；私立的由经办人负责，业务归属文教部门领导，经费大部分由入园幼儿家长负担。1953 年私立幼儿园被取消。工矿企业创办的幼儿园业务受区文教部门领导，经费由经办单位筹集提供，幼儿伙食费及公杂费由幼儿家长负担。

此后，河南省的幼儿教育政策经历了两个不同的发展阶段，即福利化办园阶段和社会化办园阶段。福利化办园的政策是计划经济时代的产物，其主要目的是方便妇女参加劳动，其组织依托是单位，举办主体是单位，经费来自财政预算。1957 年 12 月，郑州市教育局根据河南省教育厅《关于机关、厂矿、企业自办幼儿园编制的参考意见》，制定了郑州市城区幼儿园的编制，规定每班幼儿配备班主任、教养员、保育员各 1 人。园长在上级党委和教育部门领导下，负责全园工作；教养员负责幼儿的教育；保育员负责幼儿的卫生和生活管理，并配合教养员做好幼儿的教育工作；班主任负责一班的全面工作。1958 年农村出现的托儿所或幼儿园，由人民公社领导，经费、保教人员由人民公社筹措、选派。

自 1983 年起，幼儿教育进入向社会化办园转型的阶段，这一转型的趋势是：办园核心目标由支持妇女就业到提高国民素质；组织依托由单位到单位和社会的多元，且以社会为主；举办主体由单位向个人转移，经费由举办主体负责筹措。1986 年，郑州市中原区教育局规定幼儿园收费标准为学前班学生每月 2 元；幼儿园日托大、中班每月 2.5 元，小班 3 元。伙食费的收费标准，不分大、中、小班每人均收 1.5 元。冬季取暖费每人每月 0.6 元（按 3 个月计算）。伙食费、点心费收费标准，按实际在园 26 天计算。

1989 年的《幼儿园管理条例》正式启动了社会化办园的进程。1994 年的财税改革，则从根本上动摇了原来福利式幼儿教育体制的财政基础，使重构幼儿教育体制成为别无选择的出路。1994 年实行分税制改革，地方财政自给率大幅下滑，自给能力系数一般由 1 下滑至 0.6 左右。地方财政缺口大，直接影响了对学前教育的投入。在重构幼儿教育体制的过程中，1997 年的《全国幼儿教育事业"九五"发展目标实施意见》提出，各级政府应保证教育部门举办的幼儿园的经费开支。在财政问题上，首次提出了多渠道筹款的方针，"拓宽幼儿教育经费渠道，加大投入力度。幼儿教育属非义务教育，发展这项事业应坚持政府拨款、主办单位和个人投入、幼儿家长缴费、社会广泛捐助和幼儿园自筹等多种渠道解决"。

由于还没有法律强调规定将幼儿教育经费专项单列，幼儿教育经费都包含在中小学教育经费中，容易被误解为侵占义务教育经费，导致幼儿教育经费投入带有很强的随意性和不稳定性。国拨幼儿教育经费占全国教育经费比例一直徘徊在 1.3% 左右，这对于庞大的幼儿群体来说，可谓杯水车薪。与幼儿教育财政性经费总量不足相比，幼儿教育财政性经费结构性问题更加严重。政府财政性供给的幼儿教育，其财政投入仍是按照隶属关系而非责任类别加以分配。有限的幼儿教育经费是从现行的政府、事业单位、教育部门预算的渠道拨付，政府办园的经费预算在政府办公经费中列支，企事业单位和教育部门办园的经费也在各自的预算中列支，而不属于这个体系的幼儿教育机构却缺乏纳入经费预算的渠道。真正为一般民众服务的幼儿教育机构，如街道幼儿园、农村幼儿园等无法得到政府的资助。在企事业单位剥离幼儿园后，我国幼儿教育财政投入结构的不合理性更为突出，公共幼儿教育投入几乎全部集中于政府机关所办幼儿园和教育部门所办幼儿园，其他幼儿园投入全由自己负责，由此造成了不同类型、不同地区幼儿教育资源配置的极度不均。

2015 年学前教育阶段，各省辖市和财政直管县均出台了学前教育资助实施方案。资助幼儿数量和资助力度不断加大。中央财政对河南省学前教育资助工作奖补 8300 万元，较上年增长 56.6%。

第四节　河南中等职业教育投入体制的演变

在 1999 年以前，河南中等职业教育投入体制与普通高中投入体制大体相同。1999 年，国家开始大力发展职业教育，2005 年 10 月，国务院颁布了《国务院关于大力发展职业教育的决定》，并在随后出台的国家"十一五"规划纲要提出，"十一五"期间，中央财政将安排 100 亿元资金加强职业教育基础能力建设，支持 1000 所县级职教中心、1000 所中等职业学校和 100 所示范性高等职业学院改善办学条件，形成一批职业教育骨干基地。从 2006 年起，城市教育费附加安排用于职业教育的比例不低于 30%。将农村科学技术开发、技术推广的经费的 10%~20% 用于农村职业教育。把财政扶贫资金的 10% 作为农村劳动力培训经费。

从 2006 年开始，国家实行对中等职业学生进行生活补贴制度，2007 年进一步扩大对中职生资助的金额和覆盖面，年补助金额由 1000 元/生增加到 1500 元/生，范围覆盖全日制中职在校生一、二年级所有农村户籍和县、镇非农户口学生及城市家庭经济困难学生。2009 年 11 月 2 日，时任总理温家宝主持召开国务院常务会议，决定从 2009 年秋季学期起，对中等职业学校全日制在校学生中农村家庭经济困难学生和涉农专业学生逐步免除学费。

在资金投入上，到 2012 年，河南全省拿出 100 亿元，实施职教攻坚计划。县级财政设立并逐年增加职业教育专项经费，重点支持骨干中等职业学校和重点专业建设、职业教育师资培训、农村地区职业教育和成人教育发展。

中职、普通高中教育阶段，从 2015 年春季学期起，中职和普通高中国家助学金标准从每生每年 1500 元提高到 2000 元，中等职业学校三年级学生免学费补助比例由 50% 提高到 100%；从 2015 年秋季学期起，中等职业学校全日制正式学籍在校生全部免除学费。

2015 年，省教育厅全面落实普惠性中等职业教育政策，从秋季起全省全日制中职在校生实现全免学费。10 月，省教育厅印发了《关于进一步加强中等职业学校教师师德师风建设的意见》，建立完善了师德师风评价体系和考核办法，健全了师德师风教育培训、表彰奖励等制度。11 月，省教育厅印发了《关于进一步加强体制机制创新深化职业院校产权制度改革的指导意见（试行）》，激发了职业教育办学的活力；协助省财政厅制定《省属职业院校财政经费核拨机制改革方案（试行）》，完善了省属职业院校预算管理办法，加快构建以绩效为导向的财政经费核拨新机制。

郑州市还积极发挥职教自身优势，走以职养职道路。郑州市绝大多数职业学校都开办了与学校专业相关的产业，仅 1990 年这些产业就创收 280 多万元，在一定程度上弥补了经费的不足。荥阳机电职业中专校办工厂已成为多次填补河南省及我国机电产品空白的高科技企业，固定资产 1000 多万元，年创利上百万元。3 年来，工厂在进一步扩大再生产的同时，先后拿出 500 多万元扩建学校，增添设备，彻底改善了学校的办学条件，使学校成为郑州市一流学校。

仅职校校办产业一项，发展之快就令人刮目相看。密县职高创办的"银狮实业总公司"，年产值逾百万元。唐河县一职高毕业生刘刘，经过多年认真研究，反复试验，写出了《半夏的人工种植》一书，填补了我国野生中草药人工种植的一项空白。滑县三职高学生吕胜战发明的"89-A"型穴播机，荣获全国发明博览会金奖，陈省朝发明的用于供电线路作业的"固线环"，荣膺北京国际展览会银奖。农民兄弟称该校毕业生是"农民致富的好帮手，科学技术的二传手，农业生产的好参谋"。

第五节　河南高等教育投入体制 70 年的演变

70 年来，河南高等教育投入体制在国家政治、经济发展和改革的推动下，大致上经历了三大历史阶段。第一个阶段是从新中国成立初期到 1979 年的计划经济体制时期；第二个阶段是从 1980 年到 1994 年的改革创新时期，民办黄河科技学院成为首批教育部批准的民办高校之一；第三个阶段是 1994 年之后的法治化与制度化建设时期。

一　计划经济体制下的高等教育投入体制

新中国成立到"文化大革命"结束，河南的高等教育投入体制长期属于计划经济体制下的高等教育经费投入体制。与高校领导管理体制相适应，高等教育的经费拨款体制的基本特征是由举办者负责筹措和管理经费（"谁管谁出钱"）。

1950 年政务院做出决定，统一国家财政收支，实行三级管理体制。高等学校的办学经费根据其管理关系由中央财政和地方财政分别安排，即中央直接管理的高校经费列入中央人民政府预算，由财政部掌管；各大行政区、省管理的高校教育事业费分别列入大行政区及省（市）预算内；专科以上的国立学校，由中央政府委托大行政区开支者，暂列入大行政区预算内。

1951 年，政务院进一步明确，教育费列入中央预算者，为中央直属的大学专科以上学校、各高级科学研究所、民族学院或分院；列入大行政区预算者，为大行政区直属大学专科以上学校及民族学院或分院；列入省（市）预算者，为省（市）直属的独立学院、专科学校等，由地方附加开支。新接收的教会学校经费，暂列中央预算。留学生经费属中央财政支出。

　　高等学校和中等学校实行人民助学金制度。新中国成立初期，各地人民政府自行制定了一些临时性的高等学校助学金办法和开支标准。1952 年 7 月，政务院发出《关于调整全国高等学校及中等学校学生人民助学金的通知》，开始实行统一设置的人民助学金制度和标准。根据教育部规定的标准，高等学校学生全部享受人民助学金，标准是非师范院校每人每月 12 元，高等师范学校本科每人每月 14 元，专科每人每月 16 元；干部升入高等学校者，全部实行人民助学金制度，每人每月 32 元。1955 年 2 月，考虑到各地的不同情况，高等教育部、教育部联合发出通知，根据全国各地不同生活费用水平和物价情况，就高等学校一般本科专科学生人民助学金的标准，分十个类区，做了具体的规定。

　　1955 年 8 月，高等教育部制定颁发了《全国高等学校（不包括高等师范学校）一般学生人民助学金实施办法》，决定从 1955 年 10 月起，全国高等学校（高等师范学校除外）学生人民助学金由全体发给改为部分发给。《实施办法》规定，享受人民助学金的对象是"一般学生在学习期间内，因家庭经济困难无力负担伙食费、学习费用的一部分或全部时，均可向学校申请一般学生人民助学金的补助"。助学金的发放方式及补助标准分为定期补助费和临时补助费两种。"定期补助费"又分为伙食补助费和日常学习用品、生活用品补助费两项，"伙食补助费"分为补助全额、补助 2/3 和补助 1/2 三个等级。"临时补助费"包括学习补助费（教科书等）、被服补助费和其他补助费（患病营养补助、住院伙食差额补助、因病休学回家路费补助等）三个方面。该《实施办法》一直实行到 1970 年。

　　1954～1979 年，实行"条块"结合、以"块块"为主的管理体制。这种体制是将国家财政预算分为中央预算和地方预算，按照"统一领导、分级管理"的体制安排和管理预算。具体做法是，财政部根据教育部、计委提供的教育事业的发展计划，按照定员定额的核算方法分别给地方、各部门核定教育经费，即"条块"结合。然后，根据财政部下达的经费指标，各级预算的编制和执行由各级人民政府负责，地方政府有权结合自己的财力对高教经费进行统筹安排，即所谓以"块块"为主。教育部、财政部在 1954 年 9 月发出的《关于解决经费问题程序的通知》中强调："今后各省（市）教育厅（局）如发生经费不足，须先报请省政府统一考虑解决，如省政府解决有困难时，则由省政府转报中央人民政府政务院考虑，不得条条上达。"在这种财政体制下，全国各类院校的经费开支都按其行政隶属关系"纵"向划分，有人将其形象地称为"谁管的学校谁开支"。

在高等学校事业费拨款方法与标准的确定上，新中国成立以后的头几年，由于整个预算体制尚不健全，高等学校预算的核拨方式和标准比较粗放，无成型的方法。从1955年前后起，一直到1986年，高等学校教育事业费的核拨方式基本上按照定额定员的方法进行的，没有太大变化。根据1955年8月文化部、高教部、教育部、卫生部、财政部联合发布的《关于加强文教卫生事业定员定额的制定工作的联合通知》："所谓定员定额，就是按事业机构规模的大小或事业的需要合理地确定其各种人员编制、房屋和设备标准、行政和业务费用开支额度、器材的储备量。"用此方法核拨高等学校经费预算，其公式可概括为：某高校拨款总额等于各项定额标准分别乘以相应的定员数目再加总。具体来说，根据定员定额核定经费可分为"教职工经费开支"和"学生经费开支"两个部分。"教职工经费开支"包括标准工资、补助工资以及职工福利费三项。把根据此三项费用的年终决算实际数求出的教职工平均工资作为标准定额，然后按照"平均工资×教职工人数＝教职工经费开支"的公式，计算出教职工经费开支总额；"学生经费开支"中包括公务费、业务费、设备购置费、修缮费、人民助学金等科目，各科目都有其定额标准，而且各项定额标准因对象学生的性质不同（本科生、研究生、留学生等）而有差别，用各项定额标准分别乘以在校生人数再加总，即可获得学生经费开支总额。根据定员定额法，财政部门对教育主管部门核拨经费，教育主管部门对所属各院校拨付经费。在核定高校拨款时，主要以"基数加发展"方式来分配经费，即当年各校的经费分配额以其前一年所得份额为基础，考虑当年事业发展与变化的情况而确定。

根据定员定额法核拨教育事业费使经费核拨有了标准可依，并保证了人员经费的开支，对完善教育事业费核拨有一定的积极意义。但也存在一些问题，主要是在制定各项经费标准的同时，各项经费专款专用的规定限制了学校统筹使用经费的灵活性，造成学校有限资金的分散与割裂，降低了资金的使用效率。另外，"基数加发展"的方式虽然易于操作，但由于它是以往年的支出结果而不是以合理的成本分析为基础的，所以会导致单位成本越高的学校，获得的经费越多，不利于学校控制成本和提高经费的利用效率。

1958 年教育事业管理权下放后，许多省、自治区、直辖市根据本地情况自行制定了人民助学金办法和开支标准。鉴于各地缺乏统一的原则，差异较大，1960 年，国务院转发了教育部《关于人民助学金的暂行规定》，规定各省、自治区、直辖市可在一定原则范围内，根据本地区情况对工人、农民、干部学生人民助学金标准做出具体规定。该《暂行规定》把工农学生的家庭出身和成分、参加革命工作时间，以及是否是劳动模范或战斗英雄等列入获取助学金的资格标准。此后，国家对助学金发放面和金额标准等进行过数次调整。

"文化大革命"结束后，为了适应恢复高考后新形式的需要，教育部、财政部于 1977 年 12 月制定颁发了《关于普通高等学校、中等专业学校和技工学校学生实行人民助学金制度的办法》。该《办法》规定：（一）国家职工被录取为研究生和工龄满 5 年的国家职工考入普通高等学校的，在校学习期间，工资由原单位照发，一切费用自理。应届大学毕业生工龄不满 5 年的国家职工被录取为研究生的，仍实行人民助学金制度。（二）其他学生一律实行人民助学金制度。享受助学金的比例是：（1）应届大学毕业生和其他人员被录取为研究生的，全部享受人民助学金。（2）高等师范、体育和民族学院的学生，全部享受人民助学金，其他学生的人民助学金享受面按75%计算。

总之，从新中国成立到"文化大革命"结束，这个时期在办学体制上，高等学校全部成为公办院校；高校主要由中央各部门和省、自治区、直辖市两级政府举办，中央各部门举办的高校占有重要地位；办学经费由举办者负责筹措，逐步形成"统一领导、分级管理"的高教领导体制。在资源配置和经费投入上，政府对高等学校实行高度集中的计划管理体制；高等学校经费的全部或绝大部分来自政府预算内拨款；高校学生免交学费并享受普遍的助学金，毕业时作为国家干部分配工作。

这种以"全部公办、分级管理、部门主导、政府投入"为主要特征的高等教育体制的形成，是与这个时期高度集中的社会主义计划经济体制以及我国高等教育的精英教育性质相适应的。一方面，它在高等教育资源筹措上调动了中央和地方两方面的积极性，对不同层次、不同地区、不同科类的高等学校间资源的计划配置也起到了重要的作用，对促进高等教育的发展，培养社会主义建设的干部队伍和专门人才起到了积极的作用；但在另一方面，它也不可避免地存在因"条块分割""重复投资"等带来的投资浪费、高校经费投入渠道单一、各地高等教育发展不平衡等问题。这一时期，河南省没有一所教育部直属高校，仅有郑州工学院、郑州粮食学院、郑州轻工业学院、洛阳工学院等少数几所由化工部等其他部委直接领导的"部属院校"，高校以省直接领导的"地方院校"为主。高校的这种结构，导致河南的高等教育在投入上很难从教育部及其他中央业务部门获得经费来源。高等教育拨款中的主要部分事业费和基本建设费，主要由省里来承担，这就给以农业为主的经济落后的河南造成了很大的压力，导致在高等教育的投入上欠账太多。

二　不断开放的高等教育财政体制改革

1980年起，我国进行了财政体制改革，将原来"统一领导、分级管理"的财政体制改为"划分收支、分级包干"（俗称"分灶吃饭"）的新体制。进入20世纪90年代以后，随着社会主义市场经济体制的逐步确立，1994年，为了进一步强化政府的财政职能，明确中央与地方的财政收支范围，我国开始实行"分税制"。尽管由于国民收入的分配重点向企业和居民个人倾斜，国家财政收入占国民生产总值的比例从1980年的30.9%降到1994年的11.6%，但国家财政对高等教育的投入水平在总体上却保持了较快的增长。从1980年到20世纪90年代中期以前，国家财政预算内的高等教育经费占国民生产总值的比例基本维持在0.6%以上的水平上，90年代中期虽然有所下降，但到2000年又重新回升到较高的水平上。随着市场经济体制的逐步确立，构建公共财政体系步伐的加快，国家逐步调整了财政支出结构，逐步减少财政的经营性投入，强化对公共服务的支持。经济体制的转轨和政府财政职能的调整，要求高等教育投入体制进行相应的变革。

1985年中共中央《关于教育体制改革的决定》颁布以后，高等教育体制改革不断深化。《决定》强调指出，高等教育体制改革的关键，是改变政府对高等学校统得过多的管理体制，并提出了扩大高校的办学自主权、改革大学招生的计划制度和毕业生分配制度、改革人民助学金制度、实行三级办学体制以及高校后勤服务工作的社会化发展等体制改革目标。《决定》还提出，要努力增加对教育事业的投入，要求在今后一定时期内，中央和地方政府的教育拨款的增长要高于财政性收入的增长，并使按在校学生人数平均的教育费用逐步增长（俗称"两个增长"）。在《决定》精神的指引下，此后的十几年间，我国的高等教育体制改革不断深入，部门办学、"条块分割"的状况有了根本性的改变，中央与省级政府两级管理的体制不断完善，民办高等教育取得较快的发展，高等教育的成本分担机制逐步确立，后勤服务社会化改革也取得突破性进展。体制改革上所取得的这些成就，大大推动了高等教育投入体制的改革。

1986 年，国家教委、财政部联合颁发了《高等学校财务管理改革实施办法》，强调高等学校财务管理改革是高等教育管理体制改革的重要组成部分，应按照教育规律和经济规律办事，讲求社会效益和经济效益。并提出对高等学校教育事业费的拨款办法进行改革，在年度预算核定方式上把原来的"基数加发展"的事业费拨款方式改为"综合定额加专项补助"。

所谓"综合定额"，是基于"定员定额"的管理学原理，根据有关政府主管部门制定的不同层次、不同类型、不同地区学生生均经费的定额标准和高校在校生数来核定下达。它包括教职工工资、补助工资、职工福利费、学生奖学金、公务费、业务费、设备购置费、修缮费、差额补助费和其他费用等项开支。"专项补助"作为对"综合定额"的补充，是由财政部门和教育主管部门根据国家的政策导向和学校的特殊需要单独核定下达的。它主要包括新建学科和重点学科、专业和实验室建设经费（设备补助费）、中远期教师队伍培训建设费（如博士、硕士、访问学者等在国外进修与培训经费等）、离退休人员经费、特殊项目补助（如长期外国专家经费、世界银行贷款设备维护费）等。该《办法》还重申，高校有权按照"包干使用，超支不补，节余留用，自求平衡"的原则，自主统筹安排使用主管部门核定的预算经费，并就社会服务收入的分配和管理、学校基金的管理、实行综合平衡的财务计划等做了或具体或原则的规定。

长期以来，省属高校的财政拨款仅仅能够维持学生和教师的工资开支，1990 年，在河南农大的学校包干经费中，70%（420 万元）用于教职工的人头费和奖学金费，30%（180 万元）用于教学和行政的开支，远远满足不了教学和行政开支的需要，因为经费紧张，学校连续 3 年没有安排教学设备费、师资培训费和维修费，给教学和行政工作带来很大困难。为了弥补经费的不足，省内各高校都兴办了校办工厂等经济实体组织。洛阳建筑材料工业专科学校校办工厂，产品打入国际市场。工厂的各项经济指标得到较快增长，职工政治思想和技术素质得到较大提高。"七五"与"六五"相比，产品产量增长 21.28%，产值增长 123.5%，利税增长 130%，全员劳动生产率增长 146.39%。产品品种由原来的单一品种，发展为玻璃、玻纤两大系列上百个品种。玻纤机械发展较快，品种由 1 个发展为 3 个，产量由原计划年产 100 台发展到年产 2000 多台，并和南京玻纤院共同研制开发 3 型积极外退捻线机并通过了省级鉴定。产品在国内 28 个省、自治区、直辖市畅销，不仅先后为昆明、威海、渤海湾、沈阳生产了 4 条 200T~500T 级的浮法玻璃生产线设备，而且制造了我国第一条出口印尼的浮法线主要设备，为我国"洛阳浮法技术"打入国际市场作出了贡献。

预算核定方式的改革提高了高校经费拨款的透明度，明确和细化了拨款的具体依据，有利于克服原来的"基数加发展"分配模式的随意性。明确的综合定额标准的制定对促进高校拨款的公平和公正性有重要的积极意义，而专项补助项目的设立使高校拨款与政府的高等教育政策目标更紧密地结合起来。它还有利于高教经费的合理配置和提高使用效率，增强了高校安排经费的主动性、自主性以及经费管理上的责任。新的拨款方式还使高校拨款从原来的"供给导向型"向"需求导向型"前进了一步。

作为对改革高等学校拨款机制的探索，国家教委按照"统筹规划、合理安排、保证重点、提高效率和公平、透明"的原则，在一些直属高校中试行"基金制"拨款办法。从试点院校的改革情况看，这种拨款制度有利于政府转变职能，把对高校直接管理逐步转向政策引导与宏观调控，有利于促进高等学校的自主办学和自我挖潜，提高规模效益和办学质量。

但是，由于省里财政力量的限制，此期河南高校的经费较为紧张，河南医科大学在 1990 年时，教职工工资占年经费的 72%，水、电、锅炉等必须开支占 20% 左右，仅能剩余 10% 左右用于教学，致使学校办学条件难以改善维持。口腔医学专业最基本的教学用椅也配不齐。

为了改变国家包得过多的状况，同时鼓励学生努力学习，1983 年，高校开始实行对优秀学生评发奖学金和对困难学生发放人民助学金相结合的学生资助制度。在此基础上，1987 年，国家教委、财政部发布了《普通高等院校本、专科学生实行奖学金制度的办法》和《普通高等院校本、专科学生实行贷款制度的办法》，开始实行新的奖学金制度并着手建立贷学金制度。《办法》规定，高等学校应从主管部门核拨的经费中，按原助学金标准计算的总额的 80%～85% 的比例建立学生奖贷基金，用于资助和奖励学生。新办法将奖学金分为优秀学生奖学金、专业奖学金和定向奖学金，并确定了各类奖学金内部的等次及所占比例。新建立的贷学金为无息贷款，《办法》规定发放贷款的比例一般占学生总数的 30% 以内，最高不得超过 35%。学生还贷的方法包括：毕业前还清；学生毕业后由工作单位一次垫付；毕业生见习期满后，在 2～5 年内由所在单位从其工资中按月扣还等。1998 年，为了进一步完善贷学金制度，开始启动由金融机构全面介入的"国家助学贷款制度"。该制度从 1999 年在北京、上海等地区开展试点，2000 年起在全国全面推开。

从 1990 年到 2000 年，用于奖助学生的经费总额逐年提高，其在预算内高等教育经费中所占的比重也由 4.9% 上升到 5.5%。与此同时，勤工助学基金（有偿服务）、特殊困难补助和学费减免等资助措施也得到加强。1999 年，教育部和财政部要求各高校必须从学费收入中划出 10% 的经费，用于提高勤工助学补助，我国高校初步形成了"奖、贷、助、补、减"等多种方式相结合的学生资助体系。这些措施对于高等教育成本分担制度的建立与完善，对于高等教育的大众化和就学机会等起到了积极的促进作用。

2004 年，全国的国家助学贷款几乎陷于停滞状态。当年 6 月底，教育部、财政部、银监会等联合出台了新的国家助学贷款政策（以下简称"助贷新政"）。助贷新政中最关键的一项内容就是通过招标选择贷款经办银行，建立风险补偿金制度：高校和财政各拿出一半的资金，按招标过程中确定的风险补偿金比例给经办银行。但是，各商业银行仍未对助贷新政做出积极反应。2004 年底，国家开发银行介入国家助学贷款工作，经与省教育厅反复磋商，并经银监会批准，最终形成了国家助学贷款"河南模式"：成立河南省教育贷款管理中心，统一管理全省国家助学贷款业务；各高校成立助学贷款管理机构，负责贷款受理、审核、合同签订、贷款本息回收等具体事宜。设定风险补偿金比例为14%，省财政和高校各负担一半。当一所高校贷款违约额高于风险补偿金时，补偿金不足部分由省教育贷款管理中心、高校和开发银行按比例分担；当贷款违约率低于14%时，将风险补偿金差额部分全部返还高校，作为奖励，使高校既有风险压力，又有管理动力。

为完善国家助学贷款的管理，河南省要求在校生2万人以上规模的高校要配备4名以上助学贷款专职管理人员，1万人以下规模的高校要配备2人；督促各高校建立贷款档案和管理台账；组织各高校对借款大学生进行诚信教育和金融知识教育；对毕业生贷款和还款情况通过就业网和毕业证查询网站公布，促进社会诚信建设。2005年，河南高校针对加强大学生诚信工作推出了各种举措，比如，郑州大学旅游管理学院的学生毕业时除了毕业证、学位证等证书外，还将多一本信用等级证书。出台信用评定政策是对证明学生大学四年的信誉情况的一种探索，一方面培养学生讲诚信的习惯，另一方面为用人单位提供参考。

2005年5月17日，在河南农业大学国家助学贷款诚信宣誓仪式上，中国人民银行郑州中心支行负责人宣布河南省将于7月1日起启动银行信用信息系统，并公布了对故意拖欠国家助学贷款行为者的处罚措施：违约不还助学贷款的学生将被记入"黑名单"，所有商业银行今后将拒绝为其提供任何贷款。同时，省教育厅助学贷款中心也将把贷款学生的违约行为载入大学毕业生学历查询系统，并在有关媒体上公布其违约行为。此举不仅加强了贷款学生的诚信意识，而且有利于化解银行的贷款风险，为国家助学贷款的顺利实施奠定了基础。

2015年，河南省继续完善学生资助政策体系。高等教育阶段，全面实施了生源地信用助学贷款政策，将贷款范围由考往省外高校的河南籍学生扩大为考往省内外所有高校的河南籍学生；将国家助学贷款最长期限从14年延长至20年，还款限期从2年延长至3年，贴息政策扩大到还款期内攻读学位的所有学生。

高等教育成本分担机制逐步建立。从新中国成立到20世纪80年代中期，我国高等院校的全部办学经费均由国家财政负担，高校学生不必交纳学费和住宿费，还可享受用于补贴学习和生活费的"人民助学金"。这种国家全额负担办学经费的体制，虽然有利于高等教育就学机会的公平，但是由于政府财力有限，制约了高等教育的发展。

20 世纪 80 年代初期，中州大学、开封大学、洛阳大学等省内高校借鉴北京等地的"收费走读、不包分配"的办学模式，分别在郑州、开封、洛阳等城市招生本地走读生。80 年代中期以后，为了满足社会上不断增大的对高等教育的需求，国家允许公办高等学校在招收国家任务学生的同时，可接受委托培养招生和自费生。对计划外的委托代培生和自费生，允许高校收取一定的学费。如 1984 年，国家规定的委培生经常费用标准为 700～1300 元。由此，高校招生形成了国家任务计划和调节性计划（委培生和自费生）并存的局面。委培生和自费生出现以后，数量不断增大。到 1995 年，全国高校招收的委培生和自费生分别达到 17.5 万人和 12.2 万人，分别占当年普通高校本专科招生总数的 19% 和 13%；在校生中委培生和自费生的比重已接近 30%。

但是，由于"自费生"和"公费生"双重的招生录取与收费标准（俗称招生收费的"双轨制"）的存在，不仅带来就学机会的不公平，而且给高校教学管理造成一定的困难。这种情况在客观上也给"以钱买分"等不正之风提供了可乘之机。针对"双轨制"的弊端，国家教委于 1992 年提出了逐步实行公费、自费"并轨"的思路，即按总的招生计划划定一条录取线，在同一地区实行同一录取标准和大致相同的收费标准。"并轨"工作从 1993 年开始试点，以后逐年扩大范围，到 1997 年全国高校基本完成。

在具体的执行过程中，因为国家教委规定，农业院校学生不收学杂费，学生享受奖学金为 100%（其他院校享受奖学金为 70%），但省教委对农业院校的拨款同其他学校一样，都按每生每年 2050 元，这样使河南农业大学每年较其他院校多支出 62.4 万元左右（外校学杂费每人每年 120 元，河南农大学生 3000 人少收学杂费 36 万元，学生奖学金按每人每月 22 元计，比外校多支 30% 的人数计 26.4 万元），因此，农业院校较其他院校经费更为紧张，产生了一些新的问题。

20 世纪 80 年代末期，我国的普通高校开始对新入学的计划内学生也实行收费制度。最初学费标准虽然只是数百元，但其意义十分重大。普遍性的收费制度的实施，意味着高等教育不再是免费教育，学生及其家庭要负担部分成本。进入 20 世纪 90 年代后，随着经济发展和民众经济承受能力的增强，国家教委按照既积极又稳妥、充分考虑群众承受能力、先试点、后推广等原则，逐步提高高等学校的收费标准，高校学生缴纳学杂费占生均经常性成本的比例也随之提高。从 1990 年到 1995 年，高校学生缴纳学杂费占生均经常性成本的比例从 2.65% 上升到 17.19%。虽然学生及其家庭的就学经济负担也有所增大，但仍在群众可以承受的限度内。从 1993 年至 1995 年，学生实际负担学杂费占城镇与农村家庭收入比例分别从 3.69% 和 6.74% 上升到 5.08% 和 9.04%。

从高等教育经费结构的变化看，从 1990 年到 2000 年的 10 年间，我国高校的学费收入占高校办学经费的比例逐年增大，全国高校的学费收入从 1.87 亿元猛增到 216.69 亿元。2000 年学杂费收入已经占全国高等教育经费总收入的 22.4%。由此可见，高等教育成本分担与补偿机制的建立，对于拓宽高等院校的经费来源渠道，弥补高校办学经费的不足，确实起到了重要的作用。建立高等教育成本分担机制，既是解决高等教育经费短缺的需要，也是伴随高等教育大众化发展，深化高等教育改革，转变高等教育消费观念的要求。

高校科研经费与专项资金的增加及其经费管理办法的改革。从 1979 年至 1985 年，国家在高等教育事业费中恢复了科研事业费拨款，为中央部门 88 所重点大学增设了博士学科点和回国留学人员科研专项基金，为教育部所属院校恢复了"科技三项费用"。1985 年科技体制改革后，中央及地方的一些部门对一部分科研经费实行了基金制管理，对一些重大科技计划和任务实行合同制管理，使高校可以通过竞争性招标、申请与评议，获得更多的科研经费。90 年代以后，国家逐步增大了高等教育的专项资金投入力度，并不断完善专项资金的管理办法。

1979 年，财政部决定在教育事业费中增列"科学事业费"。从 1987 年起，国家教委改变了"科学事业费"简单切块由学校补贴给各课题组科研选题的使用办法，加强了对科研经费的拨款审核。从立项到核定经费，须经学校和国家教委两级把关，以确保科研经费拨款发挥更大的经济与社会效益。同时，对"新产品试制"、"中间试验"和"重大项目补助"这三项经费，改变由国家教委切块给所属院校自行安排的办法，将经费按合同制集中用于支持有重大效益的研究试验课题，对各校不保基数，统一申报，经同行专家评审论证，通过竞争择优支持，签订合同检查验收。

1982 年，作为教育部核批的重点科研补助费，国家对中央部门所属 88 所重点大学增拨 2000 万元科研费，按行业部门切块拨款。从 1985 年起，本着既出成果又出人才的原则，将该项经费确定为"高校博士学科点专项科研基金"，按理、工、农林、医药和文科五大门类分口管理。该项经费逐渐成为高校基础性研究的一项持续稳定的经费来源，有力地促进了各学科骨干研究人员的培养和各博士点学术研究水平的提高。

从 2015 年起，河南省每年安排 1 亿元经费，实施高校基本科研业务费制度，支持 45 岁以下的高校青年教师开展自主选题科研工作；继续实施"重点学科提升计划"，加强战略性新型产业和现代服务业等领域的人才培养。

完善科研奖励制度，加强对专业技术拔尖人才的选拔与扶持。改革开放以后，作为科技体制改革的重要内容，国家逐渐建立起以自然科学奖、发明奖、科技进步奖和星火奖等为主体的中央及省（部委）两级奖励制度。高等学校是我国科学技术发展的一支重要力量。高等学校承担的国家科技攻关项目占 1/4 左右，承担的国家"863 项目"占 1/3 以上，承担"973 国家重大基础研究发展规划项目"占 1/3 以上；高校承担的国家重大基础研究前期研究专项约占总数的 1/3。高校获得的国家自然科学基金面上项目占全国的 70% 以上。20 世纪 90 年代以来，高校累计获得的奖励占国家各大奖项奖励总数的比例为：自然科学奖约占 54%，国家科技进步奖约占 28%；2000 年，高等学校发明专利申请占国内发明专利申请的近 20%。

为了奖励高等学校在推动科技进步中作出重要贡献的集体和个人，教育部于 1985 年设立了"教育部科学技术进步奖"。该奖励先后设立甲、乙、丙三类奖项，评奖由教育部直接组织专家通信评审，然后开专家会复审并报教育部审定。科研奖励制度的确立，极大地激励了高校的科研积极性，促进了研究水平的提高。

为了改变高校学科带头人和专业骨干队伍年龄偏大，尽快培养中青年拔尖人才，国家逐步加强了对专业技术拔尖人才的选拔、扶持与奖励。改革开放后，教育部和国家教委建立了"国家教委优秀年轻教师基金"等奖励性基金制度，通过严格的选拔，对入选者给予荣誉和奖金、加薪、越级提拔等物质奖励，并给予研究经费方面的重点资助。

对教育专项经费实施项目管理。随着中央财政的教育投入的增大，20世纪90年代以后，中央财政增加了对高等教育的专项资金投入。为了切实发挥教育专项资金的宏观调控功能，保证其使用效益，原国家教委和教育部对这些专项资金开始探索实行项目管理。通过项目的选择和立项、论证与评估、执行与监督、总结与评价的全过程跟踪与管理，充分发挥了专项资金的导向作用，有力地促进了资金效益目标的实现。新中国成立以来高等教育领域中规模最大的重点建设工程项目是从"九五"期间开始实施的"211工程"。该工程的目标是面向21世纪，重点建设100所左右的高等学校和一批重点学科。"九五"期间，"211工程"建设资金总量为108.94亿元，其中，中央专项资金27.55亿元，部门配套资金31.72亿元，地方政府配套资金24.89亿元，学校自筹资金23.63亿元，其他渠道建设资金1.15亿元。"211工程"在资金使用上重视投资效益，设立了专门的项目实施管理机构，有关部门多次组织专家进行检查和评估。这些检查评估表明，工程的部署安排周密、资金使用合理、项目控制严格，全面、高质量地完成了"九五"期间的建设任务，实现了预期的建设目标，取得了明显的投资效益。据统计，经过"211工程"建设的学校，"九五"期间，本科生、硕士生、博士生、来华留学生人数分别增长61%、108%、101%和45%，教师中有博士学位的人员的比例增长109%，科研经费、仪器设备值分别增长106%和98%，在SCI等杂志发表论文篇数增长94%，获国家级奖项增长37%。"211工程"学校数量占全国高校的比例虽然不到10%，但其本科生、硕士生和博士生人数占全国的比例分别为32%、69%和84%，科研经费、仪器设备值分别占全国高校的72%、54%。

但是，由于河南没有"211工程"大学，在科研的投入上长期得不到国家投入，各种配套的专项经费依然需要由省里承担，更进一步拉大了与省外高校的差距。2015年7月23日，河南省委省政府召开改革开放以来第二次全省高等教育工作会议。时任省委副书记、省长谢伏瞻到会讲话，时任副省长徐济超主持会议，这次会议是继2004年全省高等教育工作会议以来，省委省政府决定召开的又一次专题研究部署高等教育改革发展工作的重要会议，具有里程碑意义。会议深入贯彻党的十八大和十八届三中、四中全会及习近平总书记系列重要讲话精神，系统总结了全省高等教育改革发展取得的显著成就，指出了亟待解决的重大问题，确立了全省高等教育改革发展方向，全面部署了今后一个时期高教改革发展的重点工作，为有力保障新时期高等教育改革发展提出了明确要求。会前，省政府印发了《河南省人民政府关于深化高等教育综合改革全面提升服务经济社会发展能力的意见》。从 2015 年起，河南启动实施"优势特色学科建设工程"，计划 2015 年至 2017 年投入 10 亿元专项经费，培育建设一批国内一流学科和优势特色学科。

总而言之，改革开放以后，我国在高等教育科研经费和专项经费拨款改革方面，较之过去更加注重集中并有重点地倾斜配置资金，强调资源配置的竞争性、择优性以及效益性原则。

三 高等教育投入法制化和制度化建设取得重大进展

进入 20 世纪 90 年代以后，随着社会主义市场经济体制的逐步确立，国家进一步采取了一些重大举措，深化教育投入体制改革，积极探索建立适应市场经济需求、符合中国国情的，同时又能保证教育经费稳定、持续增长的教育投入体制。

1993 年颁布的《中国教育改革和发展纲要》强调要"改革和完善教育投入体制，增加教育经费"，提出要逐步建立以国家财政拨款为主，其他多种渠道为辅的教育经费筹措体制。同时还明确提出，到 20 世纪末要使国家财政性教育经费支出占国民生产总值的比例逐步提高到 4%，财政支出中教育经费所占比例全国平均数不低于 15%，同时，确保"中央和地方政府财政预算内教育拨款的增长要高于同级财政经常性收入的增长，在校学生人均教育费用要逐步增长，保证教师工资和学生人均公用经费逐年有所增长"。

1998 年颁布的《中华人民共和国高等教育法》，对高等教育经费的保障做了原则性的规定，为高等教育投入体制与政策的完善提供了重要的法律依据。此外，国家还颁布了一系列有关教育经费投入和管理的配套政策和规章。制定了《高等学校财务制度》，加强了高等学校的财务管理，促进了高校合理编制预算和科学调配学校资源，防止国有资产流失；制定了《高等学校收费管理暂行办法》，实行"收支两条线"，规范高校收费行为，制止"乱收费"现象的蔓延，有效地保证了收费工作的有序进行。这些法律法规和政策规章的制定，有力地推动了我国教育经费筹措与管理的规范化、法制化的进程。

自 2015 年起，河南省进一步完善高等教育投入机制，打破按编制核拨经费的办法，实行按学生数量、毕业生质量等反映办学水平和社会贡献度因素拨款的新方式；实行人才培养、科技创新、社会服务和财务管理与预算拨款全面挂钩，增强高校经费管理自主权和预算项目安排的针对性、实效性；建立事业发展与经费投入同步增长动态调整机制，在进一步提高本科生均拨款水平的基础上，2017 年高职高专生均拨款水平达到 1.2 万元。

高校通过服务社会获取办学经费的能力不断提高。河南省高校的科技力量在产学研的实践中，实现了高校科技的省情结合、平台结合、校企结合、人才结合、服务结合，走出了一条推进区域经济稳步发展的成功道路。河南农业大学国家小麦工程技术研究中心推广的新品种增产小麦 40 多亿千克，创社会经济效益 20 多亿元，为育种单位和种子繁育基地实现直接经济效益 17 亿多元。学校与国有大型面粉加工企业联合发起成立的河南金象麦业集团，采用"龙头企业+科研实体+种植基地+农户"和"订单种植、合同收购、优质优价"的运行模式，在国内率先开展优质小麦产业化开发，找到了企业、科技人员与农民对接的最佳形式，解决了用国产小麦替代进口的问题，辐射带动了小麦主产区产业结构的优化升级，实现了政府、农民、企业、科研单位"四个满意"。河南农业大学选育的"豫玉 22"，是我国第一个受保护的玉米新品种，在全国累计推广 800 多万亩，开创了我国玉米大规模推广和种子优质化、标准化的先例。"豫玉 22"通过"产权保护、技术转让，选择伙伴、有限授权，有偿使用、分享股权，联手开发、产研互动，快速推广、多方受益"的操作模式，在全国建立销售网络，短短几年时间成为全国第二、黄淮海地区第一大推广品种。"豫玉 22"使农户、种子企业、经销商、育种者多方获利，产业化效益达 5.56 亿元，并成功打造出"奥瑞金""长城""正大"三大著名品牌。河南农业大学也从技术转让中获利 500 余万元。

郑州大学"国家橡塑模具工程研究中心",依托共有自主知识产权的精密塑料模具及制品设计制造技术,承担了"神舟"七号航天员面罩、宇航员出舱等关键防护装置的研制,该项技术已成功应用于郑州日产等 140 家企业,产生了巨大的经济效益。河南中医学院与河南竹林众生制药股份有限公司合作在卢氏县建立连翘规范化种植基地 30 万亩,与焦作市喜佛铁棍山药制品有限公司合作在焦作温县建立铁棍山药规范化种植基地 1 万亩,与河南君山制药股份有限公司、豫西药业绿宝公司合作在栾川、灵宝分别建立 3000～5000 亩的连翘规范化种植研究示范基地,与河南济世药业有限公司合作在济源建立冬凌草规范化种植研究基地 4 万亩,与邓州市兴农开发公司合作建立了 2 万亩药材种植基地。这些项目的成功开发,每年使农民增收 1 亿元以上。

河南理工大学先后与平顶山、鹤壁、义马、焦作、郑州、邯郸、晋城、潞安、神火、永城、淮南、淮北 12 个煤业集团和河南省煤层气开发利用有限公司建立了产学研三结合的联合体,承担基地攻关项目 600 余项,获取经费超过 18 亿元。在解决生产难题的同时,大量的实用型科技成果得到推广应用,取得了较好的经济效益和社会效益。全国 60% 以上、河南省 90% 以上的煤炭企业集团采用了河南理工大学提供的技术、工艺和培养的人才。

全省高校推出的一大批原创科技成果陆续在省内外推广应用,有力地推动了河南经济结构调整和产业升级,提高了河南高新技术的科技含量和产品竞争力。河南师范大学"系列核苷生产新工艺"荣获国家科技进步二等奖。其与拓新生化科技有限公司联合开发了腺苷、胞苷、尿苷等 30 多种高科技、高附加值的核苷新产品,销往美国、日本、德国、意大利等几十个国家,在国际核苷市场上打出了中国的品牌。河南师范大学完成鉴定的 9 项科技成果,均实现工业生产,技术工艺达到了国际先进水平。其中"化学合成法生产腺苷新工艺"达到了国际领先水平,获得国家发明专利优秀奖。

由河南高校参与的重大科技联合攻关满足了河南支柱产业可持续发展的需要。河南工业大学长期与双汇集团在大豆蛋白、食品安全等领域进行科技合作。大豆蛋白方面,在引进的美国杜邦公司液体大豆蛋白生产线的支持下，成功地在火腿肠中添加 5% 的大豆蛋白，有效改善了火腿肠的品质，降低了生产成本，取得了巨大的经济效益。食品安全方面，河南工业大学协助双汇集团建立了完善的食品安全检测体系和标准体系，目前已有 8 项食品安全生产加工规程与控制技术规范、22 项食源性危害检测技术与现场快速检测技术规范等在双汇集团使用，有力保证了双汇集团各种肉类食品加工的安全，从而使双汇肉类食品一直在全国保有很高的安全信誉度。

一大批高新技术的推广应用，带动了河南产业的升级换代和跨越式发展。河南科技大学积极利用产学研合作和地域优势，结合企业、科研院所技术创新需要，与一拖集团、黎明化工研究院等企业、科研院所在机械工程、控制工程、车辆工程等领域开展广泛合作。学校自主研发的"铸渗表面合金化导卫板"项目已转让河南省 9 家单位，其中洛阳生产的复合金属导卫板占全国市场的 60%，累计产值超 10 亿元。

第四章　河南教育管理体制
70 年的变迁

70 年来，当代河南的教育管理体制经历了一个从一包二统到不断改革的过程。特别是改革开放 40 年来，教育管理体制改革不断深入。基础教育建立了"由地方政府负责、分级管理、以县为主"的管理体制；职业教育建立了在省政府领导下，分级管理、以省辖市为主、政府统筹、社会参与的管理体制；高等教育形成了中央、省和省辖市三级办学，省和省辖市两级管理，以省为主的管理体制。教育管理体制的变革激发了地方政府发展高等教育的积极性，优化了教育资源的配置。

第一节　河南基础教育管理体制的演变

改革开放前，我国的中等教育行政管理体制是在中央指导下地方管理为主的体制。这种体制的主要特点是条块分割，中等教育与社会联系不够紧密，中等教育发展受到一定的束缚。

一　1949～1956 年的基础教育行政管理体制

（一）省、市文教厅、局统一领导的基础教育行政管理体制

1949～1953 年，在接收和改造旧的教育的基础上，新中国的社会主义教育体制得以初步确立。新的教育行政管理体制表现出高度集中统一的特征。在此体制条件下，中等教育行政管理也具有鲜明的集权制的特征。

新中国成立初期，我国对中等教育主要实行省、市文教厅、局统一领

导的行政管理体制。中央、各大行政区、各省市人民政府业务部门设立的中学,其日常事务由各业务部门领导,涉及教育方针、政策等重大事项,则由所在省市文教厅、局领导。

1949 年 11 月 1 日,中央人民政府教育部成立。教育部是管理全国教育事务的核心部门。1952 年成立了高等教育部和扫盲工作委员会。高等教育部主管高等学校和中等专业学校方面的事项。教育部主管普通教育、师范教育和民族教育方面的事项。以南召为例,1949 年 1 月,南召县人民民主政府设教育科。1950 年 12 月,教育科改为文教科,设科长、督学、科员。1956 年,文教科分为文化科与教育科。1958 年 10 月,教育科、文化科、卫生科、新华书店合为文教卫生部,部下设教育科。1959 年 5 月,文卫部撤销,设立文教局,内设人事、教育、工农、文化等股。1969 年 2 月,文教局易名为县毛泽东思想宣传站,至 1971 年 3 月撤销,成立南召县革命委员会文教卫生局。1973 年,撤文教卫生局,分置文教局、卫生局。1981 年 6 月,撤销南召县革命委员会,恢复县政府,下设教育局。1985 年,教育局下设秘书、人事、普通教育、工农教育、计财、信访、老干、纪检、工会、体育 10 股及教研室、生产公司。各乡镇均设教办室。

1952 年,教育部颁发《中学暂行规程(草案)》(以下简称《规程》)。《规程》指出:"中学由省、市文教厅、局遵照中央和大行政区的规定实行统一的领导。其设立、变更和停办,由省、市人民政府决定,报大行政区人民政府(军政委员会)文教部备案,并转报中央人民政府教育部备查(华北各省、市报华北行政委员会和中央人民政府教育部备案)。"

中等教育实行省、市文教厅、局对中学予以统一领导的体制,中等教育行政管理的权力重心集中在省、市这一级政府。

《规程》指出:"省文教厅于必要时得委托专员公署、省属市或县人民政府领导所辖地区的中学。"在实行委托管理的条件下,对中等教育的管理事实上意味着存在两个层级的管理,当然决策权主要集中在省人民政府之手。

《规程》指出:"各省市人民政府各个业务部门所设立的中学,其设立、变更及停办,由主管业务部门提请同级人民政府决定,报同级文教行政部门转报中央教育部备案。"

省文教厅可以授权公署和省属市或县人民政府间接地管理中学，其前提是省人民政府予以适当地下放管理权。如果省人民政府不放权，则下级政府也就不能领导和管理中学。

《规程》还指出："各校除日常行政由各主管业务部门领导外，其有关方针、政策、学制、教育计划、教导工作等事项，应受所在省市文教厅、局的领导。""中学于每一个学期开始与终了时应将工作计划与工作总结分别报告省、市文教厅、局。其日常请示报告制度，由省、市文教厅、局规定之。"

省市文教厅、局对中等教育的大政方针有很大的决定权。到 1953 年末，我国各省市对中学的领导和行政管理的方式存在以下四种情况：①省、直辖市直接领导中学。这种方式是最早形成的，也是最基本的管理方式之一。②省直接领导部分中学，其余中学的日常行政工作委托专区及省直辖市管理，重大事项仍然由省教育厅掌握。这种管理方式是后来形成的一种方式，是前一种方式的自然的延伸。③由省、市或县分别直接领导中学。这种管理方式是一种巨大的变革。在这一管理方式中，事实上存在两个管理层次，它们分别对中学进行管理。④省直接领导少数中学，其余中学分别委托专区、市及县领导。这一体制是改革力度最大的，省政府将大部分中学下放给专区、市、县管理，决策权已经明显地下放。

自 1952 年开始，在国家层面，我国的中等专业学校由中央各业务部门实行集中统一的直接领导，高等教育部负责统一指导。

（二）统一领导、分级管理的中等教育行政管理体制

在 20 世纪 50 年代中期，我国对中等教育实行统一领导、分级管理的行政管理体制。

1954 年 4 月，经过政务院第 212 次政务会议批准，教育部的《全国文化教育工作会议的报告》（以下简称《报告》）正式颁布。《报告》提出："关于各级教育行政部门的分工问题，应实行'统一领导，分工负责'的原则。即除了有关全国性的方针、政策和组织编辑各级学校正式教材以及全国各项教育事业发展计划等由中央教育部统一掌握以外，其余对各级各类学校的行政管理和业务领导，均由大区、省（市）和专署或县（市）分别

负责，因地制宜。"

中央教育部主要负责全国性的方针政策制定、全国统编教材编写、全国教育事业发展规划制定事宜，而省及省以下的政府则主要负责对学校的行政管理和业务领导工作事宜。分工负责的提法是一个较为科学的提法，它将各个相关职能部门的职责予以明确，减少了职责不清、相互推诿的情形的发生。

《报告》指出："对中学，省、市以上教育行政部门应更多地注意掌握政治领导与业务领导。至于日常行政应逐步地交给专署或县（市）管理。其具体实施办法，由各地根据具体条件决定。一般说来，初级中学可以交给县管理；高级中学、完全中学，省应直接领导一部分，并着重办好这些学校，以取得经验，指导一般，其余则应有准备地交给县（市）或专署管理。"

自 1954 年开始，中等教育管理的职责和权限有所变化，中等学校不再完全由省市区文教厅（局）统一领导，日常行政及管理职责和权限已经下放给专署或县级政府。此外，初中和高中的管理有别，初中交由县级政府管理，高中交由省级政府管理为主。

1954 年 4 月 8 日，政务院颁布《关于改进和发展中学教育的指示》（以下简称《指示》）。《指示》指出："各级教育行政机关必须进一步加强对中学的领导。目前省（市）教育厅、局应以主要力量加强对中学的领导。按照统一领导、分级管理的原则，省辖市内的中学由省辖市管理，县（市）内的中学亦应逐步做到由县（市）管理。"自 1954 年始，省政府不直接领导中学，而改由省辖市（区）直接领导中学。此外坐落在县里且处于县管辖范围的中学应由县政府管理。在这种制度安排中，管理的层级进一步明晰化。市和县两级管理的体制便于基层职能部门更好地监管中等教育事业的发展。

《指示》指出："各省（市）都必须切实办好几所中学，总结和积累成功的经验，加以推广，这是目前改进领导工作的一个重要方法。"

《指示》还指出："各级教育行政领导机关对中学教育工作，应重点深入进行检查，总结经验，发现问题，解决问题，给各校以具体指导。对学校领导干部，除在经常工作中通过检查工作、总结工作以及校长会议等方式予以提高外，各地应有计划地采取分批轮训的办法，提高他们的政治与业务水平。"

在我国教育行政的具体实践过程中，在一个县的范围内，中小学一般由县教育行政部门统一领导。中学行政管理重心的下移，大大激发了地方举办中等学校和管理好中等学校的积极性，中等学校与地方经济社会发展的联系也更加紧密了。

二　1957~1963 年基础教育行政管理体制

（一）实行地方分权为主的中等教育行政管理体制

自 1958 年开始，我国开展了教育事业管理权力下放的改革。为了充分发挥各省、自治区、直辖市举办教育事业的主动性和积极性，并且加强各个协作区的工作，实行全党、全民办学，加速实现文化革命和技术革命，中共中央、国务院颁布《关于教育事业管理权力下放问题的规定》（以下简称《规定》）。《规定》提出，今后对教育事业的领导，必须改变过去以条条为主的管理体制，根据中央集权和地方分权相结合的原则，加强地方对教育事业的领导。

就中等学校的设置和发展而言，《规定》指出："小学、普通中学、职业中学、一般的中等专业学校和各级业余学校的设置和发展，无论公办或民办，由地方自行决定。"中学的设置权限分散到地方政府，县级政府拥有设置中学的权限。

就中等学校的思想政治工作而言，《规定》指出："所有学校的思想政治工作及各种社会活动，都归地方党委领导。"就中等学校的教育教学工作而言，《规定》指出："各地方根据因地制宜、因校制宜的原则，可以对教育部和中央各主管部门颁发的各级各类学校的指导性教学计划、教学大纲和通用的教材、教科书，领导学校进行修订补充，也可以自编教材和教科书。"学校在教学事务方面拥有了相当大的自主权。就教师管理而言，《规定》指出："地方学校的干部和教师，全部划归地方管理。"《规定》赋予地方政府和学校较大的自主权。

1958 年 9 月 19 日，中共中央、国务院颁布《关于教育工作的指示》

（以下简称《指示》）。《指示》指出："为了在教育工作中既能发挥中央人民政府各部门的积极性，又能发挥地方的积极性，全部的小学、中学和大部分的高等学校、中等专业学校、技工学校，已经下放给省、市、自治区管理。"

《指示》提倡横向联系和广泛的合作。《指示》指出："各大协作区应该根据自己的实际情况和需要，建立起一个完整的教育体系。各省、市、自治区也应该逐渐建立起这种比较完整的教育体系。然后，每个专区、每个县也应该这样做。"

1958年，教育行政管理权限大幅度下放，但由于"左"倾思想的干扰，许多地方不顾办学经费、设备、师资条件的实际需要，盲目追求高指标，刮起浮夸风，出现了所谓教育事业的"大跃进"。

1959年，在文教财务领导管理体制方面，中共中央和国务院提出了"统一领导、分级管理、条块结合、块块为主"的基本原则，以调动各个方面的积极性。

（二）非专家统治形式的中等教育行政管理取向

《指示》对专家管理教育的可能性、必要性和现实作用提出了质疑，提倡群众运动的首要作用，体现了非专家统治制的中等教育行政管理的取向。

《指示》指出："教育是人民群众的事业。人民群众是为了社会主义革命和社会主义建设而需要教育事业的。办教育需要依靠专门的队伍，没有强大的专门队伍是不行的。但是，教育工作的专门的队伍必须与群众结合，办教育更必须依靠群众。"《指示》认为，群众在办学中起更重要的作用。

《指示》指出："把教育工作神秘化，以为只有专家才能办教育，'外行不能领导内行'，'党委不懂教育'，'群众不懂教育'，'学生不能批评先生'，那就是错误的。这种迷信，只能妨碍教育成为人民群众的事业，妨碍教育工作为我国的社会主义革命和社会主义建设服务，因而也妨碍教育工作的发展和进步。办教育应当在党委领导之下，把专业的教育工作者同群众结合起来，采取从群众中来，到群众中去的群众路线的方法，贯彻全党全民办学。"

《指示》对于办教育这项工作的相关职责不进行具体分析，笼统地谈论

群众和专家的作用，易于使人们产生误解。从办教育的基本出发点和立场
看，为了群众的利益，依靠群众的力量是十分必要的。但群众是一个包容
性很大的概念，在具体的工作中，一个有效的教育机制和管理机制是分工
负责制。教育管理工作是一项专门化的工作，里面大有学问。不依靠专业
知识而能搞好管理工作，从最好的角度去看，它只是天真的、烂漫的看法，
从严格的科学的角度看，它是漠视知识、人才、专长、技能、智慧的作用。
专业知识和专家形式的管理对于提高中等教育的质量和效益具有十分重要
的意义。教育事业的改革和发展必须建立在专业管理和群众参与相互结合
的基础上，决不能抛弃专业管理。在学校管理中，校长负责制和教师负责
制是必要的。在教育行政管理中，行政管理者负责制也是必要的。

（三）　统一领导、分级管理的中等教育行政体制

1963 年至"文化大革命"前的一段时间里，我国开始实行统一领导、
分级管理的中等教育行政体制。

针对 1958 年以后教育行政权力过分下放造成教育工作失控和教育质量
下降的实际情况，1963 年，中共中央颁布了《全日制中学暂行工作条例
（草案）》（以下简称《条例》）。《条例》指出："国家举办的全日制中学
实行分级管理。全日制初级中学一般由县、市教育行政部门管理。全日制
高级中学和完全中学一般由省、市、自治区教育厅、局管理，也可以委托
所在专区（市）或县（市）教育行政部门管理。"《条例》首次从初级中学
和高级中学的角度进行中等教育行政管理体制改革的设计。初中管理的层
级相对较为低一些，而高中管理的层级相对较高一些。

《条例》还指出："全日制中学的设置、停办或者迁移，由省、市、自
治区人民委员会批准。"从全日制中学的设置的角度看，省政府主管中学的
存废事宜。与 1958 年进行的分权的改革相比，此时中等学校的设置权限和
管理权限上收到省级政府。

三　基础教育行政管理体制的初步改革

改革开放前，我国的教育行政管理体制存在一些不足。这些不足包括：
①教育事业全面国家化，国家成为教育事业的唯一举办主体。教育机构的

行政化。②国家包办乃至直接控制学校的人、财、物等一切事务，政府的教育行政职能泛化，政事不分，政校不分。③教育机构职能扩大化。学校及其他教育机构的行政化，导致机关和学校之间的职能边界的模糊，学校办社会现象突出。④教育运行机制的低效率化。学校既无利益激励，又无成本和风险约束，教育机构低效率运行。⑤教育管理的非法律化。教育的地位和作用得不到法律的确认，教育管理也缺乏法律的监督。教育事业的发展取决于领导重视与否。

在新的历史时期，教育行政管理体制必须予以改革。中等教育行政管理体制改革的主要方向和思路是实行分权形式的改革，即扩大地方政府管理中等学校的权限，扩大学校的办学自主权。

（一）统一领导、分级管理的基础教育行政管理体制

1977~1984年，我国中等教育行政管理体制恢复到20世纪60年代初期实行的统一领导、分级管理的体制。

1978年9月22日，教育部重新颁布《全日制小学暂行工作条例（试行草案）》和《全日制中学暂行工作条例（试行草案）》。《全日制中学暂行工作条例（试行草案）》指出："全日制中学原则上由县以上教育行政部门领导和管理；社队办的中学，可以在县的统一领导下，由社队管理。具体办法，由各省、市、自治区制定。"

1978年1月11日，教育部颁发《关于办好一批中小学试行方案》，并为此发出通知，指出要切实办好一批重点中小学，以提高中小学的教育质量，总结经验，这对于推动整个中小学教育革命的发展，具有重要意义。4月4日，为执行教育部关于办好一批重点中小学的意见，经河南省革命委员会批准，省重点中小学暂定22所。28日，省教育局、省财政厅转发教育部、财政部《关于普通高等学校、中等专业学校实行人民助学金制度的通知》。通知规定，人民助学金中的困难补助，可分定期补助和临时补助两种。除定期补助外，临时补助由学校集中掌握。要求做好人民助学金评定工作。同月，教育部颁发《全日制十年制中小学计划试行草案》。经河南省革命委员会批准，省教育局提出贯彻部颁教学计划的意见。试行部颁教学计划的范围是，1974年开始实行中小学十年制的城市学校、重点中学和县

教育局认为有条件的中学，1978 年秋季招收的初中一年级。除上述范围外，中学各年级均实行省教育局颁发的《河南省全日制九年制中小学教学计划草案》。

这一阶段，河南在农村地区普遍以公社（后为乡、镇）为单位设置了学区。学区是文教局设立的管理农村教育的机构。它的行政、业务、人事由文教局管理，党组织和经济由乡党委和乡政府负责。学区的主要职责是，保证党和政府的方针、政策、法令、法规的贯彻执行，制定乡教育规划；根据文教局的年度及学期工作计划制定乡学区年度计划；负责推荐选拔乡辖学校领导和学校的人事调整；处理日常事务等。学区设主任、副主任若干人及财会。根据学区范围的大小，配备专职或兼职分管中小学教学工作、团队工作、成人教育工作和勤工俭学工作等的人员。另外建有党支部或党总支，书记为专职或兼职，支委多为兼职。

（二）地方负责、分级管理的基础教育行政管理体制

1985 年，中共中央颁布《关于教育体制改革的决定》。《决定》指出："实行九年制义务教育，实行基础教育由地方负责、分级管理的原则，是发展我国教育事业、改革我国教育体制的基础一环。"

《决定》还指出："基础教育管理权属于地方。除大政方针和宏观规划由中央决定外，具体政策、制度、计划的制订和实施，以及对学校的领导、管理和检查，责任和权力都交给地方。省、市（地）、县、乡分级管理的职责如何划分，由省、自治区、直辖市决定。"《决定》为我国教育行政管理的改革指明了方向。第一，必须处理好中央和地方、政府主管部门和学校之间的关系，发挥中央和地方两个方面的积极性。在强调集中统一领导时，往往统得过多、管得过死，忽视和削弱地方和学校的积极性。因此，在强调中央集中统一领导时，要适当扩大地方和学校的自主权。第二，政府要着力转变机构职能，加强宏观管理。政府该管的事情要管起来，并使学校有自主权，使学校充满生机和活力。

郑州市金水区于 1985 年把文化路第二小学定为校长负责制试点学校。校长、书记由区教育文化体育局任命或聘任，学校中层领导由校长聘任。1988 年 3 月，在总结成功经验的基础上，扩大试点范围，全区有 50% 的区

属学校实行校长负责制。到 1989 年 3 月，区属中小学（幼儿园）全面实行校长（园长）负责制。实行校长负责制，解决了党政不分、以党代政，职、权、责分离的弊端，有利于发挥学校党政两方面的职能作用。同时，1984 年对区属中小学实行目标管理，1993 年执行目标管理年终考核制。基本程序是：学校领导述职、教师民主评议、考核学校政绩、综合评定名次；对考核成绩突出的学校分别给予金、银、铜"兴教杯"奖励；对考核末位的学校，给予黄牌警告。2002 年，进一步改革干部任用制度，实行校级领导和学校中层干部及普通教师竞争上岗，经过毛遂自荐、竞争演讲、专家考评、政绩考核、党委研究等程序，使一批"革命化、年轻化、专业化、知识化"的 36 名干部走上领导岗位。

为了改革中小学管理机制，调动广大教师教书育人的积极性，1985 年，开封县在调查研究的基础上，首先在西姜寨乡进行了校长、教师招聘试点，1988 年，又将试点扩大到曲兴、农场、万隆、城关、大李庄等乡（镇），逐步形成了一套行之有效的改革措施和管理机制，推行校长选聘制、教职工定编聘任制、乡校工资总额包干制、教育目标责任制。1989 年暑假向全县推行了"四制"改革，1991 年又在九个乡镇试行"四个中心"（即中心中学、中心小学、中心幼儿园、中心成人学校）体制，实行中心校长负责制，强化教学责任制，教学管理逐步走向专业化、科学化。

推行"四制"是教育内部管理机制的一项重大改革，首先是改革人事制度，废除了职务终身制，增加学校工作透明度，增强了校长的责任感和事业心，密切了校长与教师的关系，调动了教职工教书育人的积极性。城关镇黄龙小学推行"四制"后，教师拥护校长，校长关心教师，学校制订了 19 种 113 条规章制度，大家共同遵守，工作很有起色。1991 年 2 月 4 日，《河南日报》以《"四制"改革为开封县教育注入活力》为题，在头版头条位置进行了报道。

1986 年 4 月 12 日，六届全国人大四次会议通过了《中华人民共和国义务教育法》。《义务教育法》对涉及初中义务教育的行政管理体制做了规定。《义务教育法》指出："义务教育事业，在国务院领导下，实行地方负责，分级管理。国务院教育主管部门应当根据社会主义现代化建设的需要和儿童、少年身心发展的状况，确定义务教育的教学制度、教学内容、课程设置，审订教科书。"

《义务教育法》对地方人民政府的职责做了明确的规定。《义务教育法》指出："地方各级人民政府应当合理设置小学、初级中等学校，使儿童、少年就近入学。""实施义务教育所需事业费和基本建设投资，由国务院和地方人民政府负责筹措，予以保证。"由此可见，《义务教育法》对初中义务教育阶段的学校的行政管理职能做了具体的规定。

1987 年，国家教委和财政部颁布《关于农村基础教育管理体制改革若干问题的意见》（以下简称《意见》）。《意见》指出："基础教育实行地方负责以后，省、地（市）、县、乡四级都要明确各自的职责。对农村基础教育，省、地（市）必须加强领导，同时，应把县、乡两级职责权限的划分作为工作重点。"

《意见》指出："县一级政府，长期以来担负着管理农村学校的重要责任。……各县要根据中央的方针政策，从当地实际出发，把教育事业的发展纳入全县的总体规划；制定调动本地区各级政府和社会力量办学积极性的具体办法；抓好干部和师资队伍建设，制定有关民办教师的政策，检查贯彻落实情况，努力改善办学条件；加强对教学业务的指导，不断提高教育质量，在扎扎实实普及小学教育的基础上，有计划、有步骤地普及九年义务教育；规划和调整教育结构，使基础教育、职业技术教育、成人教育更好地结合起来，使教育与经济协调发展，着重为当地的经济和社会发展服务。"

《意见》指出："乡是我国农村的基层政权。扩大乡一级管理农村学校的职责权限，是这次改革的一个重要特点……为了充分发挥乡管教育的作用，乡应成立管理教育的机构。这个机构可由乡政府、企业、学校负责人及财税等有关人员兼职组成。乡管学校的机构要在乡政府直接领导和县教育行政部门的指导下，行使上级赋予自己的职权，做好职责范围之内的各项工作。如：协助县教育行政部门搞好教育规划和教师、教育行政干部队伍建设；筹措并管好、用好本乡教育经费，切实解决民办教师工资福利待遇问题；密切学校与社会的联系，逐步改善办学条件等。乡管教育要充分发挥现有学区和中心中学、小学在教育行政业务方面的作用。"

1987 年秋，清丰县巩营乡党委、政府和教育组大胆地提出了本乡实行民办教师结构工资制的设想：把民办教师原来工资的国补部分、乡统筹部分和出学区补助捆在一起，而后分为基础工资、职务工资、教龄工资和奖励工资四大块。基础工资包括国补部分的 85% 和出学区补助，职务工资包括校长、教导主任、主任教师、班主任津贴，奖励工资包括教学质量奖、全勤奖和改革创新奖。乡教育组每季度组织评定、兑现一次。结构工资制改掉了民办教师分配上的平均主义，增强了民办教师的竞争意识。优化劳动组合的劲风从厂矿企业吹到教育领域。1988 年春，乡政府领导带领教育组的几位同志四处取经之后，拟定出与结构工资制相配套的《巩营乡小学校长、教师选聘制试行方案》，于 7 月付诸实施。

1988 年，河南省首次实行教师职务聘任，启动了教育内部制度改革。在搞好试点的基础上，开始推行全员聘任制、经费包干制、目标责任制、量化考核制的"四制改革"。

1991 年林县教育局提出了"加强学校管理，提高教育质量，提高办学效益"的工作方针。在整理、吸收、消化外地管理经验的基础上，联系本县实际，分别制订了《林县中小学教学常规四十条》和《林县中小学常规管理六十条》，并印制成册，教师人手一本。全县各级教育行政部门和各级各类学校，认真组织学习、贯彻和实施，使学校各项工作有章可循，常规管理落到了实处，取得了显著效果。"向管理要效益"已成为广大教职工的自觉行动。全县各级各类学校建立健全了年级、学科教研组，制订了教学、教研、学科教学计划，明确了备课、上课、作业、辅导、考核等方面的基本要求，不少教师大胆改革，勇于探索，教学、教研方面取得了较好成绩，全县形成了以常规促教学、促教改，以教改、教学完善常规的喜人局面，出现了一批管理有特色的学校，如河顺镇第一初级中学"三线六法一条龙"管理方法、姚村镇初级中学"一法三线四层"管理体系等，使管理系统运转自如，管理效益明显增强。对于林县狠抓学校常规管理的方法、措施和步骤，省教委领导同志多次在会议上作了肯定。

四　基础教育行政管理体制改革的深化

1994 年，全国教育工作会议在北京召开，会上讨论通过了国务院《关于〈中国教育改革和发展纲要〉的实施意见》。《意见》指出，要"深化中等及中等以下教育体制改革，完善分级办学、分级管理体制。基础教育实行在国家宏观指导下主要由地方负责、分级管理体制"。

《意见》对国家、省级政府、地市级政府、县级政府、乡级政府教育行政管理方面的职责做了规定。就教育部的行政管理方面的职责，《意见》指出："国家负责制订有关基础教育的法规、方针、政策及总体发展规划、基本学制、课程设置和课程标准；设立用于贫困地区、民族地区、师范教育的专项补助基金；对省级教育工作进行监督、指导等。"就省级政府的行政管理方面的职责，《意见》指出："省级政府负责本地区基础教育的实施工作，包括制订本地区基础教育发展规划，确定教学计划、选用教材和审定省编教材；组织对本地区基础教育的评估、验收；建立用于补助贫困地区、少数民族地区的专项基金，对县级财政拨付教育事业费有困难的地区给予补助等。"就地、市级政府和县级政府的行政管理方面的职责，《意见》指出："地、市政府根据中央和省级政府制定的法规、方针、政策，对本地区实施义务教育进行统筹和指导。县级政府在组织义务教育的实施方面负有主要责任，包括统筹管理教育经费，调配和管理中小学校长、教师，指导中小学教育教学工作等。"就乡级政府的行政管理方面的职责，《意见》指出："乡级政府负责落实义务教育的具体工作，包括保障适龄儿童、少年按时入学。有条件的经济发展程度较高的地区，义务教育经费可仍由县、乡共管，充分发挥乡财政的作用。"

1995 年 3 月 18 日，八届全国人大三次会议通过了《中华人民共和国教育法》。《教育法》对中等教育管理体制做了明确的规定。《教育法》指出："国务院和地方人民政府根据分级管理、分工负责的原则，领导和管理教育工作。中等及中等以下教育在国务院领导下，由地方人民政府管理。"

《教育法》还对不同层级的政府的职能分工做了规定。《教育法》指出："国务院教育行政部门主管全国教育工作，统筹规划、协调管理全国的教育事业。县级以上地方各级人民政府教育行政部门主管本行政区域内的教育工作，县级以上人民政府其他有关部门在各自的职责范围内，负责有关的教育工作。"分级管理、分工负责的中等教育管理体制走向法制化。

五 以县为主的管理体制下的基础教育行政管理体制

2001 年，国务院颁布《关于基础教育改革和发展的决定》。《决定》指出："加强农村义务教育是涉及农村经济社会发展全局的一项战略任务。农村义务教育量大面广、基础薄弱、任务重、难度大，是实施义务教育的重点和难点。各级人民政府要牢固树立实施科教兴国战略必须首先落实到义务教育上来的思想；牢固树立解决好我国农业、农村和农民问题，要依靠大力发展农村教育，提高劳动者整体素质的思想，切实重视和加强农村义务教育。"

《决定》指出，要"进一步完善农村义务教育管理体制。实行在国务院领导下，由地方政府负责、分级管理、以县为主的体制。国家确定义务教育的教学制度、课程设置、课程标准，审定教科书。中央和省级人民政府要通过转移支付，加大对贫困地区和少数民族地区义务教育的扶持力度。省级和地（市）级人民政府要加强教育统筹规划，搞好组织协调，在安排对下级转移支付资金时要保证农村义务教育发展的需要。县级人民政府对本地农村义务教育负有主要责任，要抓好中小学的规划、布局调整、建设和管理，统一发放教职工工资，负责中小学校长、教师的管理，指导学校教育教学工作。乡（镇）人民政府要承担相应的农村义务教育的办学责任，根据国家规定筹措教育经费，改善办学条件，提高教师待遇。继续发挥村民自治组织在实施义务教育中的作用。乡（镇）、村都有维护学校的治安和安全、动员适龄儿童入学等责任"。

在以县为主的基础教育管理体制条件下，初级中等教育和高级中等教育主要归属县级政府管理。"以县为主"的体制将县、乡、村三个层级的管理权限相对集中到县级政府，以利于在县级政府的统筹下，管理好一个县的基础教育。分级管理仍然是必要的。就中等教育管理而言，普通初中属于义务教育范畴，理应由县政府全面负责管理。普通高中教育属于非义务教育，也应由县政府予以管理。中等职业技术教育由教育部门和其他部门共同管理。在义务教育和高中教育方面，省政府担负较多的管理方面的职责。

南阳市 2001 年制订全市中小学布局调整规划时，提出了"高中城市化"的发展思路。在每年的普通高中工作会议上,将分散在农村的高中撤掉或者迁建在城区,以增加优质普通高中教育资源,进一步加快城市化进程,打破了普通高中教育事业发展缓慢,每年初中毕业生接受高中教育的比例只有 30%,升入普通高中的人数更少,特别是位于农村的高中,由于受交通、资金、校舍、师资等条件的制约,教师不愿去,学生收不来的落后局面。

从 2002 年开始,在试点的基础上,在河南全省范围内推行教职工聘用制,建立能进能出的教师任用新机制,辞退不能履行教师职责的教师和不具备教师资格的人员,清退代课人员,精简压缩非教学人员。农村中小学教师的管理权,必须严格按照国务院《决定》和《河南省人民政府贯彻〈国务院关于基础教育改革与发展的决定〉的实施意见》收归到县。

2003 年,汝南县教育系统按程序公平、公开、公正原则进行了教职工全员聘任制。在教师队伍中实行优化组合,竞争上岗,末位淘汰,增强了广大教师的危机感和竞争意识,提高了广大教师教学的积极性。

南阳市推进"三项转移":力推由终端评估向过程监管转移,建立高中阶段教育以市为主、义务教育以县为主的监管评估机制;力推质量由局部优质向整体提升转移,对整体质量徘徊不前的县区和学校,组织调研剖析;力推由主要依靠拼时间拼消耗,向依靠教改教研提升质量转移,深化课程改革,打造高效课堂,学习推广西峡县"三疑三探"、淅川县"导学互动"等课改经验,形成理念新、方法活、质量高,具有南阳特色的教学新模式。完善"三项评估"机制:完善单科抽检、过程测评、综合评价三项评估办法,完善教育教学视导、教学质量调研、教育质量专题研究会议制度,完善新课改形势下的教学管理制度、教育质量评估和奖惩制度。

郑州市根据高中阶段教育已走到大众化新阶段的实际情况,把突出办学特色作为发展的主要矛盾,引导各普通高中从自身实际出发,找准发展优势和个性特点,合理定位,创新模式,错位发展,克服"千校一面",致力打造学校特色、树立办学品牌。加强对高中生动手能力和职业技能的培养,探索普职渗透及综合高中新机制,培养具有个性特长的合格学生。继 2009 年市教育局命名首批"特色学校"和"特色项目学校"后,2012 年将继续开展特色学校创建工作。完善"学校首席教师—市骨干教师—市名师—市杰出教师—郑州教育名家"梯级培养机制，实现名师培养由"选拔机制"向"培养机制"的转变。

六　近年来基础教育行政管理体制创新的探索

（一）创建九年一贯制学校

九年一贯制学校是根据《义务教育法》有关实施九年义务教育年限的规定组建起来的、贯穿小学教育与初中教育的一体化学校。它是冲破传统办学模式，挑战旧的教学方式，实施素质教育的重要阵地。

2001年，国务院颁布《关于基础教育改革与发展的决定》。《决定》指出："要规范义务教育学制。'十五'期间，国家将整体设置九年义务教育课程。"《决定》从课程设置的角度为九年一贯制学校的设立提供了重要的课程建设方面的平台。

2002年12月20日，教育部颁布的《基础教育工作分类推进与评估指导意见》指出："2005年前，现在义务教育阶段仍实行'五三'学制的地区基本完成向'六三'学制或九年学制过渡，逐步推进九年一贯制，带动中小学建设的整体和均衡发展。"

通过小学和初中的合并办学，九年一贯制学校具有以下四个方面的益处。第一，有利于学校里教职工等人力资源的共用。在小学和初中实行一体化办学后，特别是英语、体育、音乐、美术、计算机、健康等学科的教师，完全可以跨小学和初中的年级任课。第二，有利于小学和初中的场地、设施、设备等物质资源的共享，既避免了重复建设，又大大提高了使用效率。第三，有利于教育教学改革的推进。九年一贯制学校有利于利用好充裕的条件研究和实施中小学教育的各种衔接措施，如六年级和七年级的教师任课尽量交叉，可以大大减少中小学教师教学思路的局限性。有利于一至九年级的语文、数学、英语等贯通始终的教研组的组建。人们可以长期把小学和初中的教学研讨全面融为一体进行，促进中小学课程的整合、教学方法的整合。第四，有利于办学特色的形成和学生特长的培养。对办学特色、办学理念、管理制度、教学风格、学习策略、校园文化建设等重新进行整体设计，从一年级到九年级，人们可以作通盘考虑，统一实施。学校可从一年级至初中三年级（九年级）全部开设英语课程和计算机课程。成立九年一贯制学校后，学校可根据教师的专业及特长，统一调配，使学科教师专业化的问题得到较好的解决。

（二）义务教育阶段重点中学体制的消亡

1994 年 11 月 10 日，国家教委颁布《关于全面贯彻教育方针　减轻中小学生过重课业负担的意见》。《意见》指出："努力办好每一所小学和中学。义务教育阶段不应分重点学校（班）与非重点学校（班）。所有学校都要全面贯彻教育方针，面向全体学生，促进学生全面发展。"

《意见》对重点高中采取引导的做法。《意见》指出："各级教育行政部门要指导重点中学（高、完中）积极进行教育改革实验，发扬优良传统，努力办出特色，发挥示范作用。"此后义务教育阶段重点学校设置在政策上受到禁止。

（三）流动人口子女入学的多样化发展

自 20 世纪 80 年代以来，大量农民流入城镇谋生和发展。与此相关联，大量流动人口的子女进入城镇，他们也需要接受国家法律规定的义务教育。

各地举办了一些农民工子弟学校。教育行政部门积极采取措施，改善它们的办学条件，补充相关的教师，加强管理。政府部门出台了多种措施，特别是通过利用公办学校吸纳流动人口子女，解决他们的入学难问题。

1998 年，国家教委颁布《城镇流动人口中适龄儿童少年就学办法（试行）》。《办法》的颁布表明，政府开始关注进城务工就业农民的子女教育问题。

1998 年，国家教委和公安部联合制定了《流动儿童少年就学暂行办法》。《办法》指出："流动儿童少年就学，以在流入地的全日制公办中小学借读为主。"这在一定程度上打破了儿童少年必须以户籍所在地政府为主接受义务教育的壁垒。它标志着政府开始考虑解决以流入地公办学校为主要形式，解决农民工子女教育问题。

2001 年，国务院颁布《关于基础教育改革和发展的决定》。《决定》指出："要重视解决流动儿童少年接受义务教育问题，以流入地区政府管理为主，以全日制公办中小学为主，采取多种形式，依法保障流动儿童少年接受义务教育的权利。"

2003 年，国务院转发教育部等部委《关于进一步做好进城务工就业农民子女义务教育的意见》。《意见》指出："地方各级政府特别是教育行政部门和全日制公办中小学要建立、完善保障进城务工就业的农民子女接受义务教育的工作制度和机制。"

2006 年 3 月 27 日，国务院颁布《关于解决农民工问题的若干意见》。《意见》指出，"将农民工子女义务教育纳入当地教育发展规划，列入教育经费预算"，"按照实际在校生人数拨付公用经费"，"城市公办学校对农民工子女接受义务教育要与当地在收费、管理等方面同等对待"。

新乡市创新办学模式，建设"联合校"。打破校际、区域界限，组织优质学校与薄弱学校结对联合，先后在市区 10 所中学结成 5 对、14 所小学结成 8 对"联合校"，形成城市辖区学校整体发展、共同提高的新格局，有效缓解了市区学校"择校热"问题。漯河市着力实施义务教育"百校"建设工程。继续实施"名校带动工程"，强校带弱校，实现均衡化，解决"上好学"的问题。启动实施漯河市"百校建设 128 工程"，在"十二五"期间，投资 10 亿元，整合市区现有中小学资源，新建 20 所学校，扩容改建 80 所学校，2015 年实现市区初中、小学学校总共 100 所，新、老城区中小学布局合理，大班额问题得到解决，最大限度地满足人民群众对优质教育的需求。

2009 年，河南省通过实施农村教师特设岗位计划和志愿者计划，在中央财政支持下，河南省招聘教师人数连年增加，公开招聘了数以万计的高校毕业生到河南省贫困地区农村义务教育阶段学校任教；通过实施农村学校教育硕士师资培养计划，采取推荐免试攻读教育硕士和农村支教相结合的办法，为农村贫困地区中学培养和补充了数以千计的骨干教师。特岗教师队伍已成为河南农村义务教育事业发展的重要力量。

2015 年河南省开始启动农村小学全科教师培养工作，10 月 13 日教育厅正式印发了《河南省农村小学全科教师培养工作实施方案（试行）》，决定以建设高素质乡村教师队伍为目标，以培养农村小学全科教师为载体，从2016 年开始招生，在高等学校小学教育专业本专科阶段，启动实施河南省免费师范生政策试点，创新乡村小学师资补充机制和培养模式，为乡村教学点免费定向培养一批热爱教育事业、基础知识深厚、专业技能扎实、德智体美全面发展、综合素质高、具有实施素质教育和一定教育教学研究及管理能力的、胜任多门学科教学和"下得去、留得住、教得好"的农村小学全科教师。优化乡村教师结构，提高乡村教师队伍整体素质。

在中等教育办学体制方面，形成了政府办学和社会力量办学并存，以政府办学为主体的格局，在办学主体的结构上发生了巨大的变化。第一，社会力量办学的范围越来越宽泛，它不仅包括境内具有法人资格的组织和个人，还包括境外的组织和个人。社会力量办学主体范围的不断扩大，是我国中等教育发展的需要，它打破了政府包揽办学的格局。第二，社会力量办学与政府办学的关系越来越明确。社会力量办学是中等教育事业的组成部分。第三，政府办学和社会力量办学的对象有所侧重。初中教育主要由政府举办，高中教育可以更多地由社会力量举办。普通中等教育主要由政府举办，中等职业教育可以更多地由社会力量举办。

在中等教育办学形式方面，形成了灵活多样的办学形式。办学形式的灵活多样主要体现在两个方面：一方面，民办公助和公办民助促进了办学主体之间的联合协作；另一方面，境外机构和个人按照我国法律和教育法规来华捐资办学或合作办学，促进了中外的合作与交流。

2015 年 6 月 1 日，国务院办公厅印发了《乡村教师支持计划（2015~2020 年）》，河南省积极响应与落实该计划，分别从教师补充渠道、生活待遇、编制标准、职称（职务）评聘、荣誉制度、人员流动、能力素质等多方面向农村教师倾斜，为农村教师提供保障，增强职业吸引力，努力造就一支素质优良、甘于奉献、扎根乡村的教师队伍。

教育部先后下发了《中小学教师违反职业道德行为处理办法》《关于建立健全中小学师德建设长效机制的通知》《严禁教师违规收受学生及家长礼品礼金等行为的规定》《关于严禁中小学校和在职中小学教师有偿补课的通知》等加强中小学教师师德师风建设的通知文件，河南省积极响应落实，努力引导教师践行"三严三实"要求，落实立德树人的根本任务，以培养有理想信念、有道德情操、有扎实学识、有仁爱之心的"四有"好老师为标准，以社会主义核心价值体系为引领，颁布了《河南教师誓词》，建立了教师宣誓制度。通过开展河南省"做党和人民满意的好老师"师德主题教育征文和演讲比赛活动、各级各类师德教育培训、师德巡回报告等形式，建立健全师德教育机制；通过开展"河南最美教师"评选活动，宣传"河南最美教师"的先进事迹，联合电视、广播、报纸、网络等多种媒体，打造立体师德宣传格局等多项措施，建立健全师德宣传机制；通过建立教师信用体系和师德档案制度、建立师德师风问责制度等方式，建立健全师德考核机制；通过建立健全省、市、县、校四级师德表彰机制，省教育厅每三年评选表彰一次师德标兵和师德先进个人，将师德表现列为教师评优评先的必要条件等举措，建立健全师德激励机制；通过制定完善的师德年度评议制度、师德问题报告制度、师德状况定期调查分析制度和师德舆情快速反应制度，建立行之有效的师德投诉举报平台等形式，建立健全师德监督机制；通过依据相关法律法规制定各地实施细则、建立责任追究制度等方式，建立健全师德惩处机制等，弘扬高尚师德，践行师德规范，创新师德教育，加大师德宣传力度，强化师德工作管理，优化制度环境，不断提高广大中小学教师的思想政治素质和职业道德水平。

新乡市牧野区出台了《牧野区教师流动管理办法》。2010 年以来，有392 名城区学校教师到农村学校支教，占到城区学校教师总数的 79.5%；校级领导进行了轮岗交流，占全区学校校级领导人数的 74%。新乡市卫滨区注重对校长的业务培训，加快校长由"事务型"向"业务型"转变，由"管家型"向"专家型"转变，致力于打造一支懂管理、有追求、善思考、精业务的学习型、研究型、专家型校长队伍。洛阳市西工区对农村支教的教师每月给予 1000 元生活补贴，调动了农村支教教师的积极性。焦作市山阳区每年安排专项资金 100 万元，用于表彰和奖励成绩突出的学校、校长、教师以及优秀学生团队。许昌市魏都区设立远郊教师补助 100 万元的"区长教育质量奖"，充分调动了广大教师教育教学的积极性。新乡市红旗区将"一师一优课、一课一名师"活动作为全区义务教育均衡发展"软件提升工程"的主要平台，领导带头、全员参与，在全区形成了"人人上优课、课课有名师"的可喜局面。鹤壁市山城区 2013 年起开展大学区建设，把全区中小学划分为 5 个学区，由一所优质学校牵头，发挥其辐射、带动作用，实现了学区内优质资源共享。三门峡市湖滨区着力抓教育改革，积极主动破解制约全市教育发展的热点、难点问题,研究制定了《大力提升教育治理能力,全面提高教育教学质量》等顶层设计的政策文件,稳步推进"三项改革"、"四项工程"和"十项重点工作"。安阳市北关区通过开展轮流试教、专家课堂教学指导、开放性教学研讨等,强化名校、名师引领作用,实现优质教育资源共享,农村学校出现了学生回流现象,多数班级学生人数由不到 20 人增至 40 人以上。南阳市宛城区组建"一个法人代表、一套校领导班子、两个校址,人、财、物一体化"的"学校联合体",打破传统的学校界限,放大优质教育资源共享效应。资源的共享带来的是共同的进步,尤其是对于教育水平相对落后的地区,通过优质教育资源的共享,有效地推进了义务教育均衡发展工作。

第二节　河南省职业教育管理体制的演变

一　中专、中师管理

1949 年 4 月,中原教育工作会议在开封召开,历时 8 天。会议要求,加强职工教育,开展以城市为重点的教育工作,在全区统一教育制度,统一教材。

1949 年 12 月,教育部召开第一次全国教育工作会议。会议提出"学校要为工农子女和工农青年开门",要"创办人民大学、工农速成中学,培养建设人才"。1951 年 6 月,教育部召开第一次全国中等技术教育会议。会议提出要学习苏联中等专业教育的经验,积极发展中等专业教育。

1951 年 10 月 1 日,政务院颁布《关于改革学制的决定》。《决定》明确指出,普通中学分初、高两级,修业年限各为三年,均得单独设立。中等专业学校包括技术学校和师范学校。技术学校分初级技术学校和一般技术学校两种。师范学校的修业年限为三年,招收初级中学毕业生或具有同等学力者。

1952 年 3 月 31 日,政务院颁布《关于整顿和发展中等技术教育的指示》。《指示》规定,中等技术学校的任务是培养初、中级技术人才,在专业设置方面要实行专业化与单一化,在课程设置上注重技术训练、政治教育和文化科学知识教育，在管理体制上由各级政府的教育部门和各有关业务部门分工领导。整顿工作于1953年基本完成。此后中等技术学校纳入中等专业教育系统，学校名称改为中等专业学校。

1953年，高等教育部设立中等专业教育司，以加强对中等专业学校的领导。就此而论，中等专业教育属于初、中级专门人才培养的范畴。1953年，河南省冶金工业学校由开封迁入郑州市文化路。

1954年6月，高等教育部召开全国中等专业教育行政工作会议。会议提出，中等专业教育的任务是培养中等专业干部。1956年5月，高等教育部召开全国中等专业教育工作会议。会议提出"谁用干部谁办学校"的原则，中等专业学校分别由中央业务部门或省、自治区、直辖市政府直接领导。1956年，省文化局在郑州创办河南省戏曲学校。1957年，省邮电管理局、省农业厅在郑州分别创建了河南省邮电学校和郑州畜牧兽医学校，河南粮食学院也由开封迁入郑州。1958年，省机械电子工业厅在郑州创办郑州农业机械学校。同年，郑州畜牧兽医学校升格为郑州畜牧兽医专科学校。1960年，在郑州又新建了河南省外贸学校。1961年贯彻"调整、巩固、充实、提高"的方针，郑州畜牧兽医专科学校恢复为中等专业学校。中等专业学校有的停办，有的放长假，1962年后，中专相继复课。

1977年，邓小平对教育事业做了一系列指示，中等专业教育得到恢复发展。1977年，省邮电学校、省粮食学校、省银行学校、省戏曲学校等校恢复了招生制度。实行"统一考试，德智体全面衡量，择优录取"。1980年4月，教育部在北京召开全国中等专业教育工作会议，会议确定了河南省邮电学校、河南省戏曲学校为重点专业学校。同年8月，河南省召开了中等专业教育工作会议，要求加强中等专业教育，提高教学质量。1980年，郑州市金水区中等专业学校增加到12所。

1985年10月，国家教委颁布了《关于制定和修订全日制普通中等专业（四年制）教学计划的意见（征求意见稿）》，对中等专业学校的培养目标做了新的规定，培养德、智、体、美全面发展，牢固掌握必要的文化科学知识，有较强实践能力的中等专业人才。辖区各中等专业学校遵照国家教委制定的培养目标，调整课程，改革专业设置，以适应新时期的需要。

1986年以后，中等专业学校发展更快，到1990年，仅郑州市金水区就已发展到 29 所, 在校学生 6000 余人。

平顶山职业中专建校初期, 学校就与市供电局、电厂等单位签订了为期五年的联合办学合同。1985 年, 学校与市税务局联办了财税班, 1987 年以来, 学校分别与梨园矿务局、枕轨厂、济源特殊钢厂、鲁山江河机械厂等十多家市内外大中型企业联合办班, 并与鲁山、舞钢区、平顶山市郊区等县区协作, 为其代培学生。联合办学的专业涉及机电、财会、税务、幼儿教育等多种专业。几年来, 学校为外单位代培的学生有数百名。目前, 在校学生的 15% 来自协作单位。学校的探索是成功的, 联合办学给学校带来了许多有利条件。首先是解决了学校的经费不足, 几年来学校共创收 40 多万元, 为学校的进一步发展提供了物质保证。其次, 协作单位为学校提供了良好的专业课师资, 并提供了理想的实习场所, 保证了教学质量的稳步提高。

改革旧的人事、分配制度。要废除教师职业终身制。制定实施 "进得来, 留得住, 出得去" 的用人制度, 建立招聘机制, 使教师队伍不断得到优秀分子的补充。在维护教师合法权益的基础上, 要科学制定用人制度, 确保人力资源得到最大化的开发和利用。用人制度的操作公式应该是人品+才能+务实, 在 "公开、公平、公正" 的基础上, 进一步量化和细化, 列出相应的考核指标, 避免考核的随意性、盲目性和腐败性。用 "无情" 的制度实施 "有情" 的教育, 从而使人们的 "素质" 不断趋于优良化。

机制既要有激励性, 又要有约束性。学校的内部管理要有利于吸引、培养一批批优秀专家型人才, 对于师德差、业务水平低、不适合当教师的人, 要求他们下岗和转岗。要逐步实行双向选择, 学校按建设和发展需要招聘教师, 教师按能力和意愿竞争上岗, 使学校具有生机和活力, 使教师具有责任感和创造性。盘活人才资源, 优化师资配置, 建立真正体现多劳多得、优劳优酬的分配制度, 尽快形成 "岗位能上能下、待遇能高能低、人员能进能出" 的动态管理机制。

1978 年, 河南省各类中等职业学校招生数仅占高中阶段招生数的 7%, 在校生只占 5%。党的十一届三中全会后, 经济的腾飞对教育工作提出了新的更高的要求。1980 年, 全省中等教育结构改革开始起步, 当年试办了 60 所职业中学, 招生 5000 余人。1984 年, 省教育厅等在郑州召开城市职业教育工作座谈会，要求必须提高对中等教育结构改革重要性的认识，明确改革城市中等教育结构、发展职业教育的方向、途径和办学形式，解决好职业学校毕业生的出路问题。1985年，省教委开始试办不包分配的职业中专，当年试办19所，1986年发展到34所，此后逐年发展，到1997年发展到225所，在校生24万多人。1998年，全省各类中等职业学校发展到1100多所，招生和在校生占整个高中阶段的比例分别达到69.7%和66.8%，中等教育结构基本趋于合理。

二　中职管理

1981年，党中央、国务院十分重视中等教育结构改革，要求积极发展职业教育，逐步建立职业教育网。在省、市教育部门领导下，1981年，郑州市第九中学和郑州市回民中学首先附设了高中职业班。

1982年，根据上级指示和城市就业需要，职业教育得到进一步发展，郑州市金水区有5所中学开办职业班。1983年，办有职业班的中学有6所。1984年达到9所，同年郑州电器职业技术学校成立。

1985年，省教育厅批准将郑州市第五十中学改建为市第三职业中等专业学校，至此，仅金水区内有13个普通中学设置了职业班，计有39个班。同年，郑州市第二十三中学成立郑州旅游职业中学（初中班仍然存在）。1986年，经省教委批准，改为郑州旅游中等专业学校，扩大了招生。1987年省旅游局、市"外办"确定郑州市第二十三中学为开放学校，肩负迎接外宾的任务。1988年6月，经省政府批准为正式中等专业学校，命名为郑州旅游学校，招收旅游服务、导游、贸易等班，学制3年（郑州二十三中仍然存在，只招初中班），当年在校生522人，14个班，毕业生162人（3个班）。教职工66人（不包括初中）。

1987年1月3日，国家教委等四部委颁布《关于全国职业技术教育工作会议情况的报告》。《报告》指出："国家教委在国务院领导下，从宏观上统筹管理全国职业技术教育事业，并协同计划、经济、财政、劳动人事各口分工管理有关职业技术教育的各项工作。技工学校、就业培训中心和学徒培训工作，在国家教委的统筹指导下，仍由劳动人事部门管理。在地方，除必须实行垂直管理的行业以外，职业技术教育的规划、计划、布局、学校设置、人才合理使用等，应以地方政府为主进行统筹领导。面向城市的，一般实行省和中心城市两级统筹；面向农村的，在省、自治区、直辖市和地（市）领导下，由县负责统筹。中央和地方各有关部门应当尊重各级政府的统筹，支持地方进行有关的改革试验，同时按照专业对口的原则，从业务上给地方以指导和服务。地方政府在实行统筹时，要尊重学校主管部门的权限，充分考虑主管部门的指导性建议，照顾各部门的需要。"

许昌市政府在中职管理上实行了"五个统筹"。一是统筹制定培训计划，统一安排培训任务。市职业技术教育管理委员会统一组织人事劳动、计委、教育等有关部门进行劳动力需求预测调查，一年一次，一测三年。二是统一学籍管理。由于教育、劳动、企业等部门办职业教育招生考试、学制长短、毕业生质量标准不一，管理混乱，许昌市职教管委把职业培训工作纳入整个中招、高招之中，实行统一报名，统一填报志愿，统一考试，统一录取，统一学制，统一颁发毕业生合格证。三是统筹培训经费。除各办学单位自筹经费外，市政府按照职校生生均经费高于普通高中、低于普通中专的原则，每生每年确定为 500 元。其中，学生交学费 150 元，市财政补助 350 元。1990 年，市财政仅此一项就安排 30 万元。四是统筹安排实习基地。市职教管委明确要求专业对口企业免费承担职校生实习任务，从而解决了实习难的问题。五是统一招工用人标准。市政府规定，从 1990 年起，市区各系统、各单位招工时，报名者必须持有职业技术学校毕业证或职业技术培训合格证，否则，没有报名资格。此事由人劳局、教委把关，违者追究有关人员的责任。对经过职业技术培训的合格生，只要专业对口，招工时不再进行文化统考，只需进行必要的专业技术和体质考核。市政府还决定每年由劳动部门拿出一定数额的招工指标（1991 年以职业技术培训毕业生的 15% 划拨），按比例分到各职业学校（班），对其中的品学兼优者直接分配工作。市职教管委在招工时还实行联席办公制度，有关部门一起研究，共同协商，从而有效地杜绝了招工中的弊端，做到了公开、公平。许昌市由于采取以上措施，使职教工作出现了"三多三少"的可喜局面，即报考职业学校的学生多了，挤高考独木桥的人少了；在校职校生奋发学习的多了，混日子的少了；社会上关心支持职教的单位多了，给职教出难题的人少了。

三　高职管理

1978 年 6 月 2 日，中共河南省委、河南省革命委员会决定建立河南教育学院。之后，部分地、市、县也相继恢复建立了教育学院、教师进修学院或教师进修学校，开展了培训工作。1980~1981 年，省人民政府先后两批批准全省 17 个地、市正式恢复或建立教育学院、教师进修学院。

1998 年 2 月召开的全国职业教育工作座谈会，提出发展高等职业教育要坚持"三个有利于"的指导思想，即有利于高等教育结构调整和已有教育资源的合理利用，有利于中等教育机构的调整和中高等职业教育的相互衔接，有利于培养基层和农村需要的高级实用人才，为区域经济和科教兴业服务。同年，中华人民共和国国家教育委员会更名为中华人民共和国教育部，进行机构改革和调整，将普通高等教育、高职高专教育有关人才培养的宏观管理与质量监控等职能归并高等教育司，高教司下设高职高专处，统一规划和管理全国高等职业教育，从行政管理体制上为统筹管理理顺关系。12 月，教育部发布《面向 21 世纪教育振兴行动计划》，提出跨世纪教育改革和发展蓝图。在发展高等职业教育方面，在重申"三改一补"发展方针的基础上，提出"部分本科院校设立高等职业技术学院"，首次肯定可在本科院校内设立职业技术学院。同时，提出多种形式、多种途径、多种机制，重在教学改革的"三多一改"的高等职业教育发展方针。多种形式是指办学形式多样化，多种途径主要指融资，多种机制指办学机制。

1999 年 1 月，教育部、国家计委印发《试行按新的管理模式和运行机制举办高等职业技术教育的实施意见》，明确提出高等职业教育由以下机构承担：短期职业大学、职业技术学院、具有高等学历教育资格的民办高校、普通高等专科学校、本科院校内设置的高等职业教育机构（二级学院）、经教育部批准的极少数国家级重点中等专业学校、办学条件达到国家规定合格标准的成人高校等。同年，教育部成立高职高专教育人才培养工作委员会，在委员会成立大会上，时任教育部副部长的周远清在讲话中进一步明确了"三教（高等专科教育、高等职业教育和成人高等教育）统筹、协调发展"的方针。至此，职业大学、职业技术学院、高等专科学校、普通本科院校二级职业技术学院，以及部分重点中专、成人高等学校六类高校共同举办高等职业教育的局面基本形成。

这一时期，以全国教育工作会议召开和《职业教育法》颁布为标志，高等职业教育的地位得到了确定：一是发展高等职业教育是高等教育的发展重点之一，二是高等职业教育的法律地位得到确立。2004 年教育部颁发的《以就业为导向，深化高等职业教育改革的若干意见》，标志着高等职业教育的发展逐渐转向更加注重质量提高，更加重视内涵发展，力求在全社会树立高职教育主动服务于社会经济发展的良好形象。

教育部《关于全面提高高等职业教育教学质量的若干意见》是落实《国务院关于大力发展职业教育的决定》精神，以科学发展观为指导，促进高等职业教育健康发展，全面提高高等职业教育教学质量的一个重要的纲领性文件，对新时期高等职业教育发展以及各高职院校各项工作有着重要的指导意义。文件针对当前高等职业教育发展面临的问题，提出八大措施：加强素质教育，强化职业道德，明确培养目标；服务区域经济和社会发展，以就业为导向，加快专业改革与建设；加大课程建设与改革的力度，增强学生的职业能力；大力推行工学结合，突出实践能力培养，改革人才培养模式；校企合作，加强实训、实习基地建设；注重教师队伍的"双师"结构，改革人事分配和管理制度，加强专兼结合的专业教学团队建设；加强教学评估，完善教学质量保障体系；切实加强领导，规范管理，保证高等职业教育持续健康发展。这些政策的出台对全面提高高等职业教育教学质量起到了很大的促进作用。2000 年，教育部《关于加强高职高专教育人才培养工作的意见》规定"高职高专教育是我国高等教育的重要组成部分，培养拥护党的基本路线，适应生产、建设、管理、服务第一线需要的，德、智、体、美等方面全面发展的高等技术应用性专门人才"，首次明确提出了高等职业教育应"以培养高等技术应用性专门人才为根本任务"，并对原有的高等职业学校、高等专科学校和成人高等学校实行"三教统筹"，要求各种不同类型的高职院校按照这一共同的培养目标协作攻关，形成具有中国特色的高职教育人才培养模式。高等职业学校、高等专科学校和成人高等学校调整培养目标，共同发展高等职业教育。

新乡市创新职教体制，于 2010 年 3 月成立了新乡市职业教育局，统筹规划、综合协调和宏观管理全市高等职业教育、中等职业教育、民办职业教育及职业培训等，优化资源配置，提高办学效益。

四　技校与农业中学等的管理

1954 年，河南省技工学校建立，属省劳动人事厅领导。学校设备齐全，设有十几个工种（专业）。招收高中毕业生，学制 2 年；初中毕业生，学制 3 年，培养中级技术人员。"文化大革命"中停办。已为国家培养 4000 余名毕业生。1978 年，随着经济建设的恢复和蓬勃发展，省技工学校恢复建制。

1977~1980 年，省、市先后新建郑州市轻工业技工学校、郑州市交通技工学校、郑州纺织机械厂技工学校、河南省地质技工学校。1983 年，河南省冶金建材技工学校由信阳明港迁入郑州市文化路。

1988 年，经省教委（1988）豫教职字 98 号文件批准建立河南省建筑职业中等专业学校，设城镇建设、建筑经济管理两个专业，3 年制，当年招生 17 人，2 个班，教职工 49 人。

在提倡社会力量办学的精神鼓舞下，清华大学校友会经过筹备，于 1987 年建立私立全日制大学光华联合大学，当年招生 49 人，受郑州市教育中心领导。1988 年，招生 43 人。

1981 年 2 月 20 日，中共中央、国务院《关于加强职工教育工作的决定》下达后，在区文教科领导下，郑州市金水区办起了 100 余人的刊大辅导班。1982 年成立了金水区工农教育委员会，下设办公室和研究室，主要任务是开展职工初中补课工作，对象为 1968~1980 年的在职初中毕业生。全区共有初中职工学文化补习班 10 个，参加补课的职工 1000 余人。经过市教育局组织的数次统一文化考试，1581 人领到补课合格证，986 人领到单科结业证。

1984 年以后，郑州市转入高中文化补课，全区举办高中补习班 5 个，参加补课职工 600 余人，经市教育局高中文化课统一考试，参加考试的 387 人，35 人领到合格证书，327 人拿到单科毕业证。下半年，为贯彻落实市政府、市工农教育委员会和市教育局关于开展社会力量办学的指示精神，先后在金水区范围内备案举办了油漆工艺、裁剪缝纫、照相、修表、家电维修、建筑工程、工商业会计、食用菌生产、钢笔书法、吉他弹奏、美术、健美操等各类学校和学习班。后增加了食品、饮料、沙发制作、提炼胆红素、白银、钢笔书法函授等学习班和学校，学习形式分脱产、业余、函授 3 种。到 1990 年，依靠社会力量共办 30 个学校和学习班，参加学习总人数达 21.7 万人，其中以"中华书法函授中心"办得最好，信誉最高，它面对全国，每期都有数万人参加学习。

1986 年栾川县由县长、副县长以及县人大、县政协领导牵头，有县直局、委领导参加的"职业技术教育委员会"成立，并成立 3 所职业高中、1 所职业中专。围绕栾川"以乡镇企业为主体，林果畜牧为两翼"的飞鸟型经济发展战略，四所职业学校的专业设置各有侧重：一职高以乡镇企业管理为主，二职高以畜牧兽医为主，三职高以林果为主，工科职业中专以采矿、选矿为主。成立以培养回乡知识青年为主的县、乡、村三级成人学校，县委书记、县长、县政协主席和两位副县长分别担任了县成人学校和四所职业学校的校长，各乡的党委书记或乡长出任了乡成人技术学校的校长。领导既"挂帅"又"出征"，亲自为学校的发展运筹帷幄，为学校的建设排忧解难。这样，教育真正成了全县各级领导齐抓共管的"大事"。

2015 年组织认定 17 个省级示范性乡镇成人文化技术学校，组织 400 余名新型农民参与培训试点工作，不断加强和完善县、乡、村三级培训网络建设。对新型职业农民培训培养工作进行了调研、认证、座谈、摸底，有效提高了农民的素质和技能水平，提升了职业教育服务县域经济发展的能力。组织认定济源市、郑州市二七区、平顶山市卫东区、鹤壁市淇滨区、信阳市平桥区、洛阳市洛龙区、固始县、方城县、栾川县为省级社区教育示范区和实验区，并推荐平顶山市卫东区、郑州市金水区为全国社区教育实验区，平顶山市新华区、湛河区为全国社区教育示范区。拓展完善了河南省社区教育网和河南终身学习在线网络云平台，依托各级广播电视大学的远程教育网络，开发了社区教育优质公共数字资源库，拓展了百姓学习的新渠道。开展了"社区教育大家谈"和全省社区教育研讨会活动，广泛动员全省教育工作者为社区教育工作建言献策。

2015 年河南省职业教育工作以习近平新时代中国特色社会主义思想为指导，全面贯彻党的教育方针，面向社会、面向市场、面向企业、面向农村办学，在深入调研、充分论证的基础上，结合河南实际，省委省政府推出了"实施职教攻坚、加快技术技能人才培养"的重大决策，确立了"三改一抓一构建"和"六路并进"的职教改革发展思路。"三改一抓一构建"即改变封闭式办学模式，积极推进校企合作；改变单一的政府投资模式，建立多元投资模式；改变职业院校的管理体制和机制，切实增强办学活力；抓一批有品牌效应的示范院校和特色院校建设项目；探索构建具有河南特色的现代职业教育体系。"六路并进"即教育、人社、民政、农业、扶贫、残联六部门合力实施全民技能振兴工程，共同开展职业技能培训。经过努力，河南省职业教育的规模进一步扩大，改革逐步深化，与社会行业企业的联系更加密切。服务地方经济结构调整、服务区域经济发展、服务改善民生、服务城镇化进程的能力进一步提升。

第三节　河南省高等教育管理体制的演变

新中国成立后，我国政府根据全国高等学校的实际情况，逐步解决我国高等学校的领导权和高等教育体制问题，按照当时政务院颁布的《关于修订高等学校领导关系的决定》，强调对高等学校的管理实行集中统一领导，"1955 年，全国 227 所高等学校全部由高教部和中央其他业务部门直接管理"。这无疑是受苏联高等教育体制的影响，同时也符合我国"一五"计划建设的需要，与当时我国高度集中的经济管理体制是相适应的。但是，这种高等教育体制忽视了高校作为一个独立实体的积极性。这样的情况一直持续到 1957 年下半年，从那时起，在中央"统一计划、分级管理"的总体改革原则下，我国高等教育体制进入了一个调整的时期。

1958~1963 年学校管理权限下放，以地方管理为主，要求"除少数综合大学和某些中等技术学校仍由教育部或者中央有关部门直接领导以外"，其他的高等学校和中等技术学校都可以下放归各省、自治区、直辖市领导，并对中央与地方的管理权限进行了界定。

1977 年 10 月 12 日，国务院批转教育部《关于 1977 年高等学校招生工作的意见》，规定凡是工人、农民、上山下乡和回乡知识青年、复员军人、干部（年龄放宽到 30 周岁）和应届毕业生，只要条件符合，都可报考。办法是自愿报考，统一考试，地市初选，学校录取，省市自治区批准。此前，教育部曾于 6 月 29 日至 7 月 15 日在山西省太原市召开高等学校招生工作座谈会，提出继续采取前几年"群众推荐"的招生办法，并试招高中应届毕业生 4000~10000 人直接上大学，约占全国招生总数的 2%~5%。后来，根据时任中共中央副主席邓小平关于改革高等学校招生制度的指示精神，8 月 13 日至 9 月 25 日，教育部再次召开高等学校招生工作会议，讨论制定了上述文件。根据文件规定，是年招生工作于第四季度进行，新生于 1978 年 2 月前入学。各新闻媒体立即报道了此消息。《人民日报》发表社论《搞好大学招生是全国人民的希望》，《河南日报》发表了《高考制度的改革，完全表达了我们的心愿》一文，高招制度改革的消息在河南全省各行各业、千家万户引起极大震动。广大科学教育工作者、青少年学生、干部、工农兵群众对招生制度的进一步改革热烈拥护。

1977 年 10 月 15 日，中共河南省委召开全省科学会议和教育会议。科学会议于 28 日结束，教育会议于 31 日结束。科学会议研究了如何贯彻落实《中共中央关于召开全国科学大会的通知》以及迎接全国科学大会的筹备工作，要求各级党委迅速行动起来，切实加强领导，采取有力措施，掀起向科学技术现代化进军的新高潮，并提出要抓好以下几项工作。一是大张旗鼓地传达贯彻中央通知，形成讲科学、爱科学、用科学的社会风气。二是深入揭批江青反革命集团的流毒和影响，促进河南科学技术事业的蓬勃发展。三是按照通知要求抓紧搞好整顿。加强科学管理机构，加强地、市、县各级科委。科委主任要由地、市、县委一名常委担任。省直有关局委要尽快把科技处建立起来。加强专业科研机构建设，被砍掉的要迅速恢复，并根据需要逐步建立一些新的科研机构。四是认真落实党的知识分子政策。要组织落实政策的领导班子，解决用非所学和归队问题。恢复技术职称，保证科研人员每周至少必须有 5/6 的业务工作时间。五是抓紧制定科学技术发展规划。层层都要提出 23 年（1977-2000）的长远设想，制定 3 年、8 年的科学规划。六是加强后勤工作。七是切实加强党对科学技术工作的领导。教育会议传达了中央关于教育工作的重要指示和全国高招会议精神，传达了《国务院批转教育部关于 1977 年高等学校招生工作的意见》，研究制定了搞好 1977 年高招工作和整个教育工作的措施。会议还提出了河南教育战线今后的任务是，联系实际把揭批江青反革命集团的斗争进行到底，加强各级党委对教育事业的领导，加强学校领导班子的整顿和建设，认真落实知识分子政策，办好重点学校。

1978 年 11 月 19 日，河南医学院、开封师范学院招收研究生 57 名。这是河南省高校首次招收研究生。12 月 28 日，经国务院批准，增设信阳师范学院、许昌师范专科学校、郑州师范专科学校（1982 年停办）、南阳师范专科学校、安阳师范专科学校、郑州畜牧兽医专科学校、豫西农业专科学校、开封医学专科学校、洛阳医学专科学校、洛阳师范专科学校 10 所普通高等学校。

1978 年 12 月 18~29 日，全省教育工作会议在郑州召开。会议传达了全国教育工作会议精神，部署了学校工作重点转移到教学上来，研究制定了《河南省教育事业发展规划（草案）》等方案。会议认为，河南的高等教育特别落后，这种状况必须迅速改变。1979 年应把加强高等教育放在全省教育建设的首位，力争三五年内赶上全国先进水平。中等专业教育必须迅速恢复和发展。同时大力提高中小学的教育质量，开展业余教育和扫盲工作，努力提高全省人民的科学文化水平。会议提出，要解放思想，把那些忠诚党的教育事业、懂业务的教学人员和专家提到学校领导班子中来，使他们有职有权，大胆领导。落实知识分子政策，当前主要抓学校干部和教师中的冤、假、错案的平反昭雪和解决历史遗留问题。

1979 年 1 月 6 日，经国务院批准，河南省恢复和新建郑州畜牧专科学校、豫西农专、洛阳医专、南阳师专、安阳师专、洛阳师专、许昌师专、郑州师专等 10 所高校。

1979 年 11 月 29 日，中共河南省委决定建立省委文教部，加强对教育、卫生、体育、计划生育等工作的领导，促进文化教育的发展和提高。该部同时又是省政府的文化教育委员会，一个机构，两个牌子。

1980 年 8 月 26 日，河南省人民政府批准郑州大学、河南师范大学、新乡师院等 10 所大专院校同郑州、开封、洛阳等 6 市合作，试办大学分校和大专班，在国家下达的招生计划外，从未被普通高校录取的、总分在 300 分以上的非在职考生中扩大招收 1000 名自费走读生；批准河南省广播电视大学在郑州、开封、洛阳三市试办非在职青年自费学习班，在本年高考未被录取的非在职青年考生中扩大招收 1200 名。

从 1980 年颁布《中华人民共和国学位条例》开始，我国逐步建立和形成了高等教育法律的制度框架和相应的法律规范。这套制度框架由四个层次的法律规范和规则构成：第一个层次是宪法中有关的原则和涉及教育的规定；第二个层次是有关部门法，特别是《高等教育法》等教育法律的规定；第三个层次是国务院颁行的教育法规或相关法规中涉及高等教育的相应规定；第四个层次是政府有关部门颁布的规章以及符合法律规定的规范性文件。我国已经初步建立起从法律、法规、规章到规范性文件的一整套高等教育法律制度的规则框架。

我国的高等教育法律制度从无到有，高等教育法律制度数量初具规模，高等教育法律制度的框架已经基本形成。到目前为止，除了宪法有关教育、教育权和受教育权的规定以外，我国先后颁布了《学位条例》《教师法》《教育法》《职业教育法》《高等教育法》《民办教育促进法》6 个涉及高等教育领域的部门法，初步形成了高等教育法律的框架。6 个法律和 11 个正在施行的涉及高等教育领域的教育法规，共同构成了我国目前的高等教育法律制度。这一法律制度框架是我国高等教育实现法治和司法适用的基础。

1985 年，《中共中央关于教育体制改革的决定》确定了高等教育体制改革的正确方向。广大高等教育工作者以极大的热情投入改革中去，在探索中央、省（自治区、直辖市）、中心城市三级办学体制，扩大高等学校办学自主权，进行联合办学的探索，积极拓宽高等教育投资渠道，建立教学、科研、生产三结合（简称"产学研结合"）的联合体，推进高校内部管理体制改革包括后勤社会化改革，进行高考招生与毕业生分配制度的改革，实行高等教育自学考试制度，支持社会力量举办高等学校等诸多方面做了大量的工作，取得了不小的成绩。

《中共中央关于教育体制改革的决定》发布后，改革力度开始加大，进行了考试科目改革和标准化考试试验；进行了把过去单一的国家计划招生转变为既有国家计划招生，又有委托生、定向生、保送生和自费生的各种计划同时存在的招生体制改革。在《中共中央关于教育体制改革的决定》发布后，部分高校经过批准一度进行了校长负责制的试点。国务院于 1986 年颁布《高等教育管理职责暂行规定》，对扩大高校办学自主权做出八条规定。为实施八条规定，在有关部门的支持下，教育行政部门在 20 世纪 80 年代中期先后发出一系列文件，出台了一系列措施。这些扩大高校办学自主权的政策，对激活高校的办学主动性和提高服务经济社会发展的能力起到一定的作用。同时，也为高校内部管理体制改革注入新的活力。在跨世纪的时期，高校内部管理体制改革全面深化。通过改革建立和完善了党委领导下的校长负责制，高校的内设机构大幅度精简，学校的行政工作人员占教职工人员的比例大幅度下降，学校中层干部竞聘上岗，教职工普遍实行了聘任制和聘用制。按照"优劳优酬"的原则改了学校内部分配制度，较大幅度增加了教职工的薪酬，调动了广大教职工的积极性。

1992 年，我国提出建立社会主义市场经济体制的目标，召开了第四次全国高等教育工作会议，高等教育体制改革进一步全面推进。第四次全国高等教育工作会议后，招生和就业制度的改革进一步深化：高考改革平稳推进，高考内容改革逐渐突出了对考生能力和素质的考察；高考科目改革实现了"3+X"模式；高等学校招生实现了网上录取、网上公示、网上注册，成为一项"阳光工程"。

1998 年，以共建共管、合并学校、合作办学、协作办学、转由地方管理 5 种形式为主的改革探索已经取得显著进展，为形成"共建、调整、合作、合并"高等教育管理体制改革八字方针奠定了基础。

到 2000 年前后，高等教育体制改革取得了突破性、决定性的进展，并在以后不断深化。在管理体制改革中，为了使人文教育与科学教育相融合，使一部分有条件的高校学科更加综合，改变过去基本上是科类单一学校的状况，实现文理交叉、多学科交叉，省内高校进行了一次高校的合并调整。原来由国务院各部门管理的高校都划转给河南省，实行共建，以地方管理为主，从而使这些学校由过去的为行业服务转变为为社会服务、为区域经济和社会发展服务，省级政府也真正拥有了对区域内高校的统筹管理权。

2008 年 10 月底，河南省面向全国公开选拔省直副厅级和高校校级领导干部工作，59 名优秀年轻干部在 2016 名符合条件的报名者中脱颖而出，走马上任。此次公开选拔最后胜出的 59 人中，年纪最轻的只有 34 岁，最大的也不过 44 岁，具有博士研究生学历的 24 人，硕士研究生学历的 11 人，大学学历 24 人，不仅涵盖范围广，还显示出年轻化、高学历、实践经验丰富的特点。这是河南省继 1995 年、1996 年、2003 年之后第四次面向全国公开选拔领导干部。河南省的公选工作始终坚持"公开、公平、公正、公信"

的原则。整个选拔过程报名、笔试、面试、拟任职情况公示等环节，都一一通过报纸、电视、网络向社会公布，实行职位、标准、程序、结果"四公开"，全程接受舆论监督，一切放在阳光下操作。实现了公开公平公正公信选人用人，公选全程严明纪律、严格要求，把资格审查贯穿始终，把差额选拔贯穿始终，把加强监督贯穿始终，把严谨细致贯穿始终，是经得起检验的"阳光公选"，并创造了许多"第一"：一次公选副厅级干部规模全国第一；入选的女干部、非党干部、省外干部创河南公选之最；在全国第一个采用网上阅卷方式，第一个在厅级干部公选面试中引入无领导小组讨论，刷新了面试考官人数；在全国第一个把公选人选提交省委全委会差额票决；等等。公选，树立了河南广纳群贤、开明开放的良好形象。

2015 年 12 月，省教育厅、省财政厅下发了《关于印发河南省优势特色学科建设工程实施方案的通知》，启动实施河南省优势特色学科建设工程，委托教育部学位与研究生教育发展中心对高校申报的 46 个学科（群）进行第三方评价，通过通信评审和会议评审，并报请省政府批准，确定郑州大学的材料科学与工程等 35 个河南省优势特色学科建设工程一期建设学科，其中优势学科 10 个，特色学科（群）25 个。2015 年 5 月，省教育厅委托教育部学位与研究生教育发展中心聘请国内知名专家对郑州大学的物理学等 8 个重点培育学科进行通信评估和现场考察评估，评估方式、评估结果得到各方高度认可。这次评估全面总结了 8 个学科重点建设的成功经验，分析了存在的突出问题，提出了合理化建议，为今后全省重点学科建设提供了重要借鉴，也探索出高水平第三方评价的路径。

第五章　河南教育教学活动 70 年的创造性发展

　　教学活动是施教者在一定教学环境中通过合适的教学内容和恰当的教学方法对受教者进行教学，从而达到教学目的的过程。教育肩负着为谁培养人、怎么培养人、培养什么样的人的重大使命。而这一使命的实现最终是要落实在日常的教育教学活动中，无论是党的教育方针的传播与落实，还是各级教育政策的调整和实现；无论是学科知识的传授和继承，还是劳动生活技能的提高与培养；无论是优秀文化的继承与发扬，还是个人品德的养成与塑造，所有的教育目的、教育任务的实现都离不开教育教学的活动。新中国成立 70 年来，在党的教育方针的指导下，结合河南教育发展的实际，因地制宜，广大教育工作者利用一切可以利用的条件，发挥主动性和创造性，使河南省的教育教学活动在教育目的、教学内容、教学方式、教学手段等方面都取得了长足的发展。

第一节　1949～1956 年的基础教育教学改革

一　教学工作的相关政策及落实

　　教学是学校教育的中心环节。为了更好地贯彻教育方针，提高教学质量，新中国成立以来，教育行政管理部门和中小学校十分重视学校内部的教学改革。

　　1949 年 12 月 31 日，第一次全国教育工作会议在北京召开。时任教育部部长马叙伦在会上致开幕词，提出了新民主主义条件下教学改革的基本任务。他指出："新教育就是新民主主义的，即民族的、科学的、大众的教育。我们中央和各级人民政府的教育工作，就是要推行这种教育，而以提高人民的文化水平，培养国家的建设人才，肃清封建的、买办的、法西斯主义的思想，发展为人民服务的思想为我们的主要的任务。"教学改革涉及课程、教材和教法方面的一系列改革。马叙伦还指出："因此，我们对于旧教育不能不作根本的改革，而这种改革正如《共同纲领》所规定，必须是有计划有步骤地来进行。这样，在我们面前就发生了一系列的问题，如全国教育的制度，各级学校的课程、教材、教学方法、师资等等，都要求有一个彻底的，同时又是有计划有步骤的变革和解决，这就是一个摆在全国教育工作者面前的极其艰巨的任务。"

时任教育部副部长钱俊瑞在会上指出，中学的"教学方法的改革，重点在于反对书本与实际分离的教条主义，同时防止轻视基本理论学习的狭隘实用主义。必须坚决走向理论与实际的结合"。理论联系实际既是我国各项工作的指导思想，也是教学改革方面的一个行之有效的工作方法。

河南各地积极响应，条件艰苦的豫西各县，初等教育也得到了恢复和发展。1949 年，卢氏县人民民主政府在各区设立了初级小学，教师由所在区人民民主政府选拔任命，报县文教科备案，初小均为 4 年制小学，人数少的设复式班，一至四年级为一班称四级复式，两个年级为一班的，如一、三年级为一班，二、四年级为一班，称二级复式。山区初小多为复式班，教师一人一校。较大村镇学生数量多的，则按年级分设单班，初级小学发展较快。1969 年，提倡普及小学教育，初小改为 3 年制。

新中国成立初期，我国中等学校的教学管理制度逐步建立和健全。1951 年 10 月，政务院颁布《关于学制改革的决定》，对中等学校的类型、培养目标、任务、修业年限、入学和毕业的条件做了明确的规定。1952 年 3 月，教育部颁布《中学暂行规程（草案）》。《规程》对中学的教学计划、教材、教导原则、学生的学籍管理制度等做了全面的系统的规定。《规程》规定了全国统一的初中和高中的教学计划，规定了中学所用各种课本须采用中央教育部审定或指定的课本。《规程》明确了学校教导过程中采用教师责任制。

为使我国各级各类学校教育适应计划经济的要求，自 1953 年以后，在教育部、高教部领导下，各类学校普遍实行统一的教学计划、教学要求、教学内容和教学过程，这一重大决策的实施，使我国学校教学工作走向规范化。1953 年 7 月 22 日，教育部颁布了《中学教学计划（修订草案）》，并规定该计划从 1953 年 8 月起施行。

中学教学计划的统一，推动了中等学校教育、教学水平的提高，并为实施基本生产技术教育、加强劳动教育及体育、开展美育奠定了基础，保证了全面发展教育方针的正确贯彻。

二　以教学为主的办学理念的形成

新中国成立初期，我国大中小学逐步确立了以教学为主的办学理念。办学是为了培养人才，而人才培养首先必须建立在有效的教学工作的基础之上。

1951 年 3 月 31 日，第一次全国中等教育工作会议在北京召开。时任教育部部长马叙伦在会上指出："学校的基本工作是教学，搞好教学工作是学校工作的中心一环。学校的一切组织、一切人员、一切活动，都必须围绕着这个中心，服从教学的要求，为完满完成教学计划而努力。目前相当普遍地存在着不利于教学甚至妨碍教学的现象，必须坚决加以克服。"

马叙伦认为，搞好教学工作的关键是实行校长责任制和教师责任制。马叙伦指出："我们明确了要办好学校，做好教学工作，必须正确地执行校长责任制和教师责任制。学校办好办坏，校长应对人民政府、对全体学生负完全的责任。教师是学校的主要工作人员。每一个教师，若能按照分工将课堂教学和课外辅导工作严肃负责地教好做好，学校就基本上办好了。我们明确了课堂教学是教学的主要形式，同时还要辅以课外和校外的活动。"提出并落实校长责任制和教师责任制是尊重和把握学校教育和教学活动规律的实际行动表现。

教育行政部门和学校管理层有必要努力消除妨碍教学工作顺利开展的各种不利因素，限制师生参加过多的社会活动。1951 年 5 月 2 日，中共中央颁布《关于克服目前学校教育工作中偏向的指示》。《指示》指出："若干地区的党、政、军机关和人民团体，往往为了眼前某些需要，不顾国家长期培养人才的计划，不遵照中央的规定，随便抽调学生参加工作，致使学生情绪经常波动，学校无法按照一定计划进行工作。在中等学校，动员全体师生参加社会工作，常常停课数日以至数周，甚至有达两三个月之久者，极大地影响了学校教学计划的完成。"

为了很好地解决社会活动对教学工作的冲击，《指示》指出："各地对于上述妨碍国家教育顺利进行的情形，应立即迅速加以制止和纠正。"确立以教学为中心的办学理念是新中国成立初期教育教学工作顺利进行的重要保证，意义十分重大。

三　建立新型的教学管理制度

1949 年 12 月 23 日，教育部在北京召开第一次全国教育工作会议。会上提出了以老解放区新教育经验为基础，吸收旧教育某些有用的经验，借助苏联经验，建设新民主主义教育的方针。正是在这一方针的指导下，新中国的中等学校教学管理制度迅速建立起来。

20 世纪 50 年代初期，我国以学习苏联教学经验为契机，加强教学管理制度的建立和完善工作。苏珊娜·佩伯指出："最为迅速和最佳的道路是直接从苏联吸取精华。由于教育和工业是运用科学技术必不可少的主要社会部门，它们的组织和管理也都是按照苏联的模式重建的。""一个与苏联一致的做法是在全国范围内使用统一的教学计划、教材和专业教科书。""苏联的教育学和教学法也被广泛地学习和模仿，这些做法为机械的模仿创造了适宜的环境。……类似美国的从 A 到 F 的打分制的苏联的五分制，取代了当时使用的更为准确的百分制。"

新中国成立初期，我国学者大量翻译介绍了凯洛夫、申比廖夫、斯卡特金、加里宁、马卡连柯、波波夫等人的著作。同时，苏联的几十位学者先后来到中国讲学。以凯洛夫主编的《教育学》为代表的相关教育理论书籍成为我国教育工作者的必读书。人们引进了以重视学习系统知识、重视教师的主导作用、严格课堂教学的规范为特点的苏联教学理论和方法，并对我国的传统教育教学思想进行了批判性的改造，致力于创建合理的教学管理制度。

新中国成立初期轰轰烈烈的学习苏联教育教学改革的经验的学习运动，对我国教学理论的发展和教学实践带来了巨大的影响，其主要表现在以下两个方面。

首先，人们澄清了教育教学和管理方面的一些基本概念，明确了一些基本观点。人们对以美国教育学家杜威为代表提出的实用主义和实验主义教学论进行批判，对形式教育论与形式主义教学进行区分，对重视儿童兴趣与儿童中心主义的教育主张予以区分。这些做法具有一定的现实意义。当然，在学习苏联经验的过程中，也产生了一些不当的方式方法。苏联教育理论研究中存在思想方法方面的一些形而上学特征，造成了教学理论和实践研究的片面性和绝对化。以凯洛夫为代表的苏联学者建构的教学论体系，以马克思主义认识论为方法论，以教育心理学为依据，以赫尔巴特传统教育理论为思想渊源，反映的是苏联的教学实践经验。在将国外的经验应用到国内时，人们还需要进行创造性的改造，我国学者对此问题进行了反思。陈桂生指出："作为苏维埃俄国教育的辩护理论与经验概括，本质上属于'实践教育学'范畴；由于它漠视现代国际教育研究成果，教育理论视野较为狭窄，理论概括程度不高，缺乏严格论证，实际上属于'工作手册式'的教科书，算不上现代教育理论基础。"

其次，这一时期人们规范了课堂教学制度，提高了教学质量。人们直接引进了分六个阶段的课堂教学结构，制定和使用统一的教学计划及教学大纲，采用五级记分的考核方法。与此同时，人们对教育性原则、直观性原则、教学过程中的基本环节等问题进行了探讨，在一定程度上克服了长期以来在课堂教学中无计划、无要求、松散低效的现象，保证了教学计划的完成。

但在学习苏联的教学管理制度的过程中，不少学校存在机械模仿的不足之处。当时人们不顾我国"六三三制"的现实情况，机械照搬苏联十年制学校的教学计划和教学内容，一度使我国中小学一些学科的教学水平有所下降。由于降低了中等学校里数学教材的难度，中学毕业生的数学学习程度大体上比以前同年龄的人降低了一年的水平。一些中等学校机械套用苏联学校的俄语和文学分科的教学经验，从1956年起开始实行汉语和文学分科教学的做法，结果把语文课教成了文学课，从而削弱了作文教学。

四 教学内容方面的改革

新中国成立初期，我国中等学校改革的重点之一为教育内容方面的改革。

1951 年 5 月，教育部在《关于 1950 年全国教育工作的总结和 1951 年全国教育工作的方针和任务的报告》中指出："在全国范围内实行旧教育的改革，其步骤为先从改革教育内容着手，开始进行改革课程、改编教材、改进教学方法、改变教学组织等一系列工作。"

1954 年，教育部在《全国普通教育与师范教育工作的基本总结和 1954 年的方针任务的报告》中指出："目前教学改革的重点，应放在教育内容的改革上，即根据社会主义的教育原则，按照辩证唯物论与历史唯物论的观点和理论联系实际的方法，吸取老解放区的优良经验和苏联的先进经验，并结合我国当前的实际情况，修订中、小学和各级师范学校的教学计划，改编教学大纲和教科书。"

偃师县在新中国成立初期，按照党的教育事业要"向工农开门，为工农服务"的方针，动员工农子女入学，实行人民助学金制度，加强对工农子女学习的辅导，工农子女从 1949 年占在校人数的 65.4% 提高到 1959 年的 95.4%，此为新中国成立后教育上的一次重大改革。

随着党的"我们的教育方针应该使受教育者在德育、智育、体育几方面都得到发展，成为有社会主义觉悟的有文化的劳动者"的方针的贯彻，培养目标更加明确。在思想品德教育方面，各级学校采取报告会、座谈会、回忆、对比、参观、访问等多种方式，按照《共同纲领》和宪法的要求，组织学生参加社会和校内各种活动，对学生进行"五爱"（爱祖国、爱人民、爱劳动、爱科学、爱护公共财物）教育。在教学方面，1952 年开始学习苏联教育经验，推广"《红领巾》教学法"，学习《凯洛夫教育学》《普希金教学讲演录》等，实行"五环教学法"（每课时要有复习旧课、导入新课、讲解新课、巩固新课、布置作业五个环节）、"五级记分"制（用 1、2、3、4、5 表示 5 个分数等级）。但由于对 5 个环节扣得过死，产生了生搬硬套、不切实际的形式主义倾向。

各地强调"教学是学校压倒一切的中心任务"，纠正师生参加宣传和劳动等社会活动过多的现象。1954年又经过小学整顿，各校建立学科教研组，推广新教法，领导深入教学，不断举行教学观摩，经常组织教学视导、集体备课、检查质量等各种活动，偃师县还组织教师到北京、郑州、开封、洛阳等地参观学习，举办业务刊物《教育通讯》总结交流经验，反映沟通情况。此阶段出现了新中国成立以来的第二次教育改革高潮。

20世纪50年代后期，全省广大教师学习毛主席的教育思想，使用毛主席的十大教授法，在教学中贯彻直观教学原则，重视使用教具，如实物、图片、挂图、标本等，对提高教学质量起到很大作用。

五 以学以致用为根本准则进行教学方法改革

新中国成立初期，我国提倡在中学各科教学中特别强调理论与实际相结合的方法的学习和使用。

1949年制定的《共同纲领》规定："中华人民共和国的教育方法为理论与实际一致。"这里提到的教育方法是一种广义的教育方面的整体化的方法，它也可以理解为形成和使用教育方法方面的指导思想或基本原则。

我国的教育的基本方针是强调教育与生产劳动的结合。在教学方面，落实教育与生产劳动相结合的原则的做法是强调理论联系实际。1952年颁布的《中学暂行规程（草案）》指出："中学教师应根据理论与实际一致的教育方法，结合革命斗争和国家建设的实际，进行教学，以达到学以致用的目的。自然科学的教学应力求与现代生产技术相结合，采用实验、实习、参观等实物教学法，使学生理解一般生产过程的基本原理与最简单最基本的生产工具的使用方法。"1954年4月，政务院颁布《关于改进和发展中学教育的指示》。《指示》指出："教师要逐步学会运用辩证唯物论和历史唯物论的观点和理论与实际联系的方法来讲课，并在课堂教学中注意贯彻思想政治教育。这就要求教师适当地搜集、采用国家建设的实际材料来充实教学内容，并积极创造条件，制作教具，进行直观教学，使学生能做实验和参观，以巩固和练习运用所学知识。在教学中要注意克服理论脱离实际的教条主义和形式主义的毛病。"由此可见，在使用理论联系实际的方法时，教师要注重充实现实生产和生活方面的教学材料，制作可直接使用的教具，多开展实验和参观活动，多做练习。

1956 年 5 月，教育部颁布《关于 1956 年普通教育和师范教育的工作计划》。《计划》指出，要"改进中学的物理、化学、生物、数学、制图和地理等六科的教学，使教学内容密切结合实际"。

新中国成立初期，我国教育管理职能部门和学校较为注重提倡和应用激发学生学习的自觉性和积极性的教学方法。1952 年颁发的《中学暂行规程（草案）》指出："中学教学方法，应当注意启发学生学习的自觉性、积极性和创造性，培养其良好的学习习惯与分析、批判、独立思考的能力，务使学生对所学的各科知识能深切领会、具体运用，并在实践活动中获得验证和发展。"

六　教学手段的更新

1952 年 3 月 18 日，教育部颁布的《中学暂行规程（草案）》指出："中学对于图书、仪器、体育、卫生等设备，应尽先充实。各项设备标准另定之。"

1952 年 7 月 16 日，教育部颁布《师范学校暂行规程（草案）》。《规程》指出："师范学校对于图书、仪器、体育、卫生、音乐、美术等教学设备，尤其应先充实。"

1952 年 8 月 9 日，教育部颁布《中等技术学校暂行实施办法》。《办法》规定："中等技术学校应重视实验与实习设备。"

1953 年，教育部有重点地充实了部分中等及以上学校的教学设备。

1956 年，教育部对中等学校的实验教学提出了具体的要求。教育部颁布的《师范学校规程》指出："师范学校除了普通教室外，还应设立物理实验室、化学实验室和生物实验室。"

七　教学组织形式的变化

1952 年 3 月 18 日，教育部颁布的《中学暂行规程（草案）》指出："中学以课堂教学为教学的基本形式，教师必须根据教学计划、课程标准的规定和学生身心发展的规律，充分掌握教材内容，运用正确的方法，按照一定的进度循序渐进地进行教学。"

1955 年 2 月，张凌光在《人民教育》上发表《实行全面发展教育中若干问题的商榷》一文。他指出，当前教育工作中存在的重大矛盾有五个：提高教学质量和加重学生负担的矛盾（从而引发学生学习好与身体好的矛盾），普通教育和高等教育对中学生要求的矛盾，各科知识教学与思想政治教育的矛盾，灌输知识和培养学生自动钻研精神、独立思考能力的矛盾，全面和重点的矛盾（全面发展还是重点发展）。这些问题主要涉及教学方面的问题。张凌光提出，人们应该在统一的基础上重视差异，才能适应个性发展和生活的需要。人们有必要明确全面发展和因材施教的关系的复杂性，提出一些处理好全面发展和因材施教的关系的好的方式方法。

第二节　1956~1965 年的中等学校教学改革

一　教学工作的相关政策分析

1963 年 3 月，中共中央颁布《全日制中学暂行工作条例（草案）》。《条例》对中学教学工作做了重要的规定。

《条例》对全日制中学教学工作应当遵照的基本做法做了规定。《条例》指出："全日制中学必须根据中华人民共和国教育部统一规定的教学计划、教学大纲和教科书进行教学。全日制中学的教学计划、教学大纲和教科书要保持必要的稳定，以便教师积累经验，提高教学的质量。"

《条例》强调学校工作以教学为主的做法。《条例》指出："全日制中学必须以教学为主，加强基础知识的教学和基本技能的训练，为学生毕业后就业和升学打好必要的文化基础。"

《条例》对学校学生教育工作的开展提出了指导性意见。《条例》指出："对中学生进行教育应该注意适合少年和青年的特点，研究和改进教育方法，注意培养他们的学习的自觉性和积极性。"

《条例》强调双基教学的重要性。《条例》指出："全日制中学必须切实加强基础知识的教学和基本技能的训练。"

《条例》对教学的原则和方法做了阐述。《条例》指出："教学应该遵循理论和实际相结合的原则。必须重视书本知识的教学，也要适当地通过实验、实习、生产劳动、参观等活动，使学生得到一定的直接知识。教师讲课，必须把课文内容讲解清楚。一般不要把语文、历史、地理等课程讲成政治课，也不要把语文课讲成文学课。教学必须根据学生的特点和接受能力，注意启发学生的学习的自觉性和积极性。不要把学生的接受能力估计过低，不适当地放慢教学进度，降低教学要求，也不要把学生的接受能力估计得过高，使学生的学习负担过重。要注意使学生切实掌握所学的知识和技能。"《条例》指出："对学生的学习应该有统一的要求，又要承认差别，因材施教。在加强班级教学的同时，要认真加强个别辅导，要因材施教。在加强班级教学的同时，要认真加强个别辅导，要注意发挥有特长的学生的才能，要耐心帮助学习较差的学生。"

二　以生产劳动带动教学的理念的形成

1958 年 9 月 19 日，中共中央、国务院颁布《关于教育工作的指示》。《指示》对中学教学工作做了一些规定。这些规定主要包括加强生产劳动和走群众路线的做法。就加强生产劳动而言，《指示》指出："在一些学校中，必须把生产劳动列为正式课程。每个学生必须依照规定参加一定时间的劳动。"

《指示》指出："学校办工厂和农场，可以自己办，也可以协助工厂和农业合作社办。学生可以在学校自己办的工厂和农场中劳动，也可以到校外的工厂和农业合作社去参加劳动。学校也要协助工厂和农业合作社开办学校。"

由此可见，学校的职能发生了一些变化，即学校不单纯是一个教育教学组织和单位，同时学校还具有经济职能，最好每一个学校都办起工厂和农场。

1958 年，河南各地为纠正教学中的"三脱离"（脱离政治、生产、实际），实行"三结合"。但由于执行中学生过多地参加政治活动和生产劳动，如大办钢铁、挖河修渠等，使正常的教学受到很大影响。

三　教学管理制度的变迁

20 世纪 50 年代末期，由于学生参加生产劳动的时间和参加社会活动的时间过多，使学生学习时间减少，影响了正常的教育教学工作的开展。当时不少中学生缺乏充分的睡眠时间和必要的休息，缺乏一定的自由阅读时间和必要的文化娱乐时间。学校里比较普遍的现象是临时安排的突击任务过多，学生中活动积极分子兼职过多，各种会议过多，教学方法不当，不适当地增多作业和考试测验，加重了学生的学业负担，使学生的学习和生活过于紧张，身体过于疲劳，甚至严重地影响他们的学习。国务院和教育部关注这一问题，并提出了相关的对策。

1959 年，国务院颁布《关于全日制学校的教学、劳动和生活安排的规定》。《规定》指出，每年教学时间（包括复习、考试的时间），"普通中学为三十七到四十周"。《规定》对中学的劳动时间做了限定。《规定》指出："中学生每周的劳动时间，高中一般规定为八小时，最多不超过十小时；初中学生一般规定为六小时，最多不超过八小时；中学生参加社会公益劳动时间每年不超过半个月。"

1960 年 5 月 24 日，国务院颁布《关于保证学生、教师身体健康和劳逸结合问题的指示》。《指示》规定，学生每天学习时间（包括自习和劳动时间在内），"中等学校不超过八小时"。学生每天的睡眠时间，"中等学校学生必须保障八小时至九小时"。中等学校学生除学习、劳动和睡眠外，"每天应有七至八小时用于社会活动、吃饭、娱乐和处理自己的事情"。《指示》指出："教学质量的提高，主要地应该依靠改进教学的内容和方法。要是仅仅依靠增加学生和教师的工作强度和时间，实际上不仅达不到提高教学质量的目的，甚至会起到相反的效果。"为此，"学校党组织和学校行政领导应当深入研究教学工作，有领导地帮助教师做好革新课程内容和教学方法的工作。作业的分量应留得适当，测验考试应当减少"。

为了进一步建设良好的教学秩序，提高教学质量，有必要从整体上确立学校的正常的工作制度，根据邓小平同志于 1961 年提出的"要搞个章程"的指示，教育部于 1961 年着手组织力量草拟大、中、小学工作条例。1963 年 3 月，中共中央颁布《全日制中学暂行工作条例》，对中学教育教学管理工作进行了规范。

四 教学内容方面的改革

当时不少人认为，我国中小学同许多国家相比，教学内容陈腐落后，循环过多，落后于青少年学生的智力发展，于是他们提出要增加教学内容。1959 年 11 月，教育部召开中小学数学教学座谈会，提出初中算术改到小学，在小学学完算术，初中学完平面几何、代数二次方程，高中增加导数、行列式、近似计算等知识，增设分析几何。此外，物理、化学等学科也增加了某些基础知识，并在教学中补充联系生产实际的知识，增加反映科学新成果的内容。有人还提出，要把全日制中学的教学程度提高到相当于大学一年级的水平，把大部分课程逐级下放，合并次要科目，提高主要学科的知识水平。这样的改革，固然提高了程度但要求过高，且教师教不了，一般学生也学不了，负担过重。

五　教学方法的改革

随着教学内容的改革的展开，教学方法的改革也提了出来。这一时期教学方法改革的重点是实行精讲多练的方法，以提高教学的效果、效率和效益。精讲要求重点讲清关键，即教材中的特点、重点、难点。多练是要和精讲结合，学生要有明确目的地练。

20 世纪 60 年代，贯彻执行《关于中小学教学工作的通知》和《小学教育工作暂行条例》，在各科教学中，强调在传授知识的同时，要结合进行思想教育，强调教育与教养的统一开始重视基础知识教学和基本技能训练，贯彻教学以课堂教学为主，教材以课本为主，师生以老师为主的"三主"原则。并且强调建立正常的教学秩序，规定教师要有 5/6 的时间用于教学。这些规定和要求，为提高教学质量打下了良好的基础。

六　教学手段的更新

1962 年，教育部颁布《关于有重点地办好一批全日制中小学校的通知》。《通知》指出："中学应当有够用的物理、化学、生物实验室等。"

1963 年 3 月 18 日，中共中央颁布《全日制中学暂行工作条例（草案）》。《条例》指出："教育行政部门和学校应该根据需要和可能，充实图书、仪器、标本、挂图等设备，加强实验室、图书馆和阅览室的管理工作。对现有的图书、仪器、体育、卫生等设备应该充分利用和妥善保管。"

在"大跃进"时期，针对当时教学设备陈旧落后的特点，出现了群众性的革新教学设备的运动。人们积极开展中小学电化教育活动。

七　教学组织形式的变化

1958 年，中共中央、国务院颁布的《关于教育工作的指示》对群众的地位和作用予以充分的肯定，但存在忽视专家的作用的倾向。《指示》指出："办教育需要依靠专门的队伍，没有强大的专门队伍是不行的。但是教育工作的专门队伍必须与群众结合，办教育更必须依靠群众。把教育工作神秘化，以为'只有专家才能办教育'、'外行不能领导内行'、'党委不懂教育'、'群众不懂教育'、'学生不能批评教师'，那是错误的。"

《指示》指出："在学校内部，在政治工作、管理工作、教学工作、研究工作等方面，也应该贯彻党委领导下的群众路线的工作方法。大鸣大放和大字报，应当成为一切高等学校和中等专业学校提高师生政治觉悟、改进教学方法和教育管理工作、提高教学质量、加强师生团结的普遍和经常采用的方法。在制订学校教育计划、制订教学大纲的时候，应当采取在党委领导之下，师生结合的方法。对学生进行鉴定、评定学生助学金的时候，也应该在党委领导下，采取师生结合的方法。教授课程必须贯彻执行理论与实际联系的原则，应当在党委领导之下，尽可能采取聘请有实际经验的人（干部、模范工作者、劳动英雄、'土专家'）同专业教师共同授课的方法。学校领导人员要尽可能在生活和劳动中同学生打成一片。党和团的工作者、政治课教师，应当同学生同吃、同住、同劳动。学校的财政、建设计划等，应该向全体师生员工公开，使师生员工能参加管理工作。应当在教师和学生之间建立民主平等的关系。教师应当接近学生，经常了解学生的情况，针对实际情况施行教育，要把'全面发展'与'因材施教'结合起来。"

在以上提到的走群众路线的方法中，学生在提出意见、参与教育计划和教学大纲的制定、进行学生鉴定、形成民主平等的师生关系等方面都享有较大的权利。

1960 年，中央宣传部对中小学教育事业提出了克服"少慢差费"的现象，适当缩短学习年限，改革教学内容和方法，提高教学质量等要求。为此，各地进行了一些教学改革实验。

1960 年 4 月，时任教育部部长杨秀峰在全国人大二届二次会议上发言。

他指出，1958 年以来的教学改革的一般做法和设想可以概括为：①将大、中学的部分课程，适当逐级下放；②适当合并学科，精简内容，减少循环；③改革教材，提高水平，去掉陈旧和烦琐的东西，增加或加深现代科学技术和生产方面的知识；④改进教学方法。

1959 年后，我国一些地区和学校在教学中搞突击竞赛。学校各个班级订立德智体方面的指标，争取全班消灭不及格，增加获得 4 分和 5 分的比例。教育行政部门和学校领导推波助澜，频繁地用统考来检查学生的学习成绩，排名次、定优劣。但一段时间的教学实践表明，订立分数指标的学习竞赛并没有提高学生的实际成绩，反倒使学生在德智体方面的生动、活泼、主动的发展受到损害。有些教师在进行学习竞赛时提出"大战三个月，消灭三分"的口号。结果三分没有消灭，反而消灭了五分。因为优等生天天帮助成绩差的学生，他们自己的学习成绩也下降了。当时，在教育理论上展开了热烈的争论。有人提出了一种正确的观点，即学习应该循序渐进，日积月累，学习主要靠个人的独立钻研。人为地搞学习上的竞赛，容易造成死记硬背，只展示虚假的成绩。毫无疑问，明确提出循序渐进的规律是一个很大的进步。但当时也有人反对这种正确的观点，甚至说什么循序渐进就是慢慢来，是资产阶级的规律。

值得一提的是，否定学习上的突击竞赛，并不否定在循序渐进地开展教学的基础上，适当地进行数学竞赛、物理竞赛、作文竞赛、朗读竞赛等学习竞赛。这些竞赛主要是学习成果的比较，有助于发现和选拔人才的苗子。适当的和合理的学习竞赛有利于激发人们学习的上进心。

第三节 改革开放以来中等学校教学改革

一 1978~1991 年的中等学校教学改革

（一）教学工作的相关政策分析

党的十一届三中全会以来，我国各级各类学校以实践为检验真理的唯一标准作为指导，开始纠正过去"左"的做法，总结我国长期以来的教学经验教训，使教学回到健康发展的轨道。

在教学过程中，人们加强基础知识教学和基本技能的训练，教学秩序开始稳定。教学秩序的稳定，一方面使人们能够从正反两个方面总结新中国成立以来的教学经验，另一方面也利于人们矫正以往教学实践中发生的一系列偏差。

1978年4月，全国教育工作会议提出新时期教育战线的"中心环节是提高教育质量"，要求人们"认真从中小学抓起，切实打好基础"。邓小平同志提出："为了加速造就人才和带动整个教育水平的提高，必须集中力量加强重点大学和重点中小学的建设，尽快提高它们的教学水平和教学质量。"

1980年10月，教育部颁布《关于分期分批办好重点中学的决定》。《决定》提出，要把认真进行教学改革作为办好重点中学的一项主要工作。重点中学要改革课程设置，增设职业技术教育课，设立选修课。重点中学要努力提高课堂教学质量，加强基础知识的教学和基本技能的训练，注意培养能力。重点学校要积极开展各种课外活动，开阔学生的视野，发展他们的爱好和特长。教育部门要加强对教学改革的规划和指导，有条件的学校可以进行教学改革的试验。

1985年，中共中央颁布《关于教育体制改革的决定》。《决定》指出，我国教育事业还较为落后，现在的主要问题不少。《决定》指出"在教育思想、教育内容、教育方法上，从小培养学生独立生活和思考的能力还很不够，发扬立志为祖国富强而献身的精神很不够，生动活泼地用马克思主义思想教育学生不够，不少课程内容陈旧，教学方法死板，实践环节不被重视，专业设置过于狭窄，不同程度地脱离了经济和社会发展的需要，落后于当代科学文化发展的需要"。《决定》颁布后，人们积极进行较为全面综合的教学改革。

这一时期，河南省小学教育领域的教学改革和教学实验尤为活跃。在"教育要面向现代化，面向世界，面向未来"的方针指引下，广大小学教育工作者更新教育观念，大胆探索，勇于开拓，改革教学方法，改革课程结构，改革教学内容，从单项改革向着整体改革发展，从单一化改革向多层次、多样化改革发展。一批成熟的或比较成熟的教改经验已经或正在得到推广。如小学语文"注音识字，提前读写"教学实验；"集中识字，大量阅读，分步习作"和作文教学的"分项计划训练"的实验；安阳市人民大道小学坚持德育为首，进行小学德育的社会化、网络化、系统化的实验；开封市县街小学内容丰富、形式活泼的少先队工作；该校音乐教师张兆瑞进行的音乐教学改革；新乡市育才小学的思想品德教育"五个一"活动；开封二师附小的整体改革、和谐发展实验；许昌实验小学的作文教学改革……这一朵朵教改奇葩，使河南小学教改园地繁花似锦，异彩纷呈。有些改革成果，不仅在省内，甚至在全国也有一定影响。一大批教改积极分子正在茁壮成长，他们在教学改革中取得的优异成绩，得到了政府和人民的高度赞誉。

（二）教学理念的形成

改革开放以来，我国确立了以人为本和以智能为核心的教学理念。

第一，以人为本的教学理念。

长期以来，我国多是从视教育为促进社会发展的手段这一工具论的视角，来研究教育教学问题，更多的是考虑社会政治的、经济的需求和教育的政治功能，很少从人的发展这一教育具有的本体属性的角度考虑教育问题，对人的价值、尊严和人自身的价值探讨较少，一定程度上忽视了人的主体地位和主体性。

"文化大革命"结束后，人们开始反思"以阶级斗争为纲"的学说。我国教育学术界开展了有关人的价值、教育的主体性、主体性教育等方面问题的大讨论。在教学中，人们注意发挥学生的主体性和能动性。在师生关系上，提倡民主、自由、平等的精神。在实际教学中，人们提出了以学生为本位的理念。

1982 年开始，根据《全日制小学暂行工作条例》和省、市教育行政部门指示精神，实行就近入学原则，由区文教局给各校划分招生范围，凡年满 7 周岁（最低 6 岁半）的儿童均可就近报名入学，纠正了 1982 年以前曾要求对新生进行口试、辨色、数数、体检，合格者方准入学的要求。除痴、呆、傻、丧失学习能力者外，一律免试，就近入学。小学的课程设置有语文、算术、珠算、体育、音乐、美术、政治，高年级增设自然、地理、历史。

第二，以发展智能为核心的理念。

在改革开放前，我国教学实际工作受传统教学观的影响。传统教学观存在重教师的教、轻学生的学的倾向，教学中"老师讲、学生听""老师抱着走、嚼着喂、满堂灌"的现象普遍存在。教师往往将学生视为知识的容器，将教学看作把知识灌输给学生的过程。这种陈旧的教学观和教学行为，不仅影响教学质量的提高，而且与时代发展对人才的要求、世界教育改革发展的要求不相适应。

随着拨乱反正工作的进行，教育工作在调整和整顿中逐步发展。这一时期，广大教育工作者深刻地感受到教育工作与四化建设的要求不相适应，要求进行教学改革。

当时，我国的教育研究者介绍西方国家的一些先进的教育学说，如皮亚杰的发生认识论、布鲁纳的学科结构论、赞科夫的教学与发展关系论等。这些教育学说的介绍，给人们带来了新异的思想观点，大大活跃了人们的思想。我国的教育理论研究者和实际工作者吸取了他们注重智能开发的先进思想，并进行探索和实践。

在教育界，人们开展了一场关于教学过程中传授知识、发展智力和培养能力关系的争论。20世纪80年代初期，人们逐渐形成了一些共识，即掌握知识和发展智力的关系是相互依存和相互促进的关系。二者之间存在差别，但并不相互排斥。人们形成了"掌握知识、培养能力、发展智力"为主旨的教育改革任务方面的提法。

（三）教学管理制度的变化

20世纪70年代末，我国中等学校致力于确立以教学为中心的运行机制，注重形成良好的教学秩序。

粉碎"四人帮"后，广大师生揭批"四人帮"在教育战线上的滔天罪行。党的十一届三中全会以前的一段时间里，教育事业处于恢复、整顿和调整的阶段。在教学工作方面，逐步恢复"文化大革命"以前的一些行之有效的经验和做法。主要的做法包括5条：①党和政府部门全面恢复学校中党和行政的正常领导，确立了对教学工作的有效领导机制；②1978年，中共中央颁布了《全日制中学暂行工作条例（试行草案）》，确立规章制度，明确管理工作；③1978 年，教育部发文恢复重点中学体制；④1978 年，中等学校开始使用新编全国通用教材；⑤教育部门整顿教师队伍，提高教师的地位和待遇，加强教师培训。

1978 年 12 月，党的十一届三中全会在北京召开。全会重新确立了马克思主义的思想路线、政治路线和组织路线，果断地停止执行"以阶级斗争为纲"的政治路线，批判了"两个凡是"的错误方针，并确定将全党工作的重点转移到社会主义现代化建设上来。

在学校工作中，确定教学的核心地位和作用具有十分重要的意义。在社会急剧转变的过程中，学校有必要迅速把主要精力集中到教学上来，建立正常的教学秩序，以教学为中心，开展学校的各项工作。

1979 年 1 月 20 日，《光明日报》刊登了《中小学教育工作重点转移的几个问题》。1979 年 2 月 12 日，《文汇报》刊登了《把学校工作重点迅速转移到教学上来》的文章。其他报纸杂志也发表了不少类似的文章。通过讨论，人们对将学校工作的重点转移到教学上来有了明确的认识。

在实践中，许多学校做了大量的工作，以实现建立正常的教学秩序的目标。学校领导深入教学一线，了解情况，帮助教师改进教学。一些"文化大革命"以前有丰富办学经验的学校，努力恢复优良的传统，并在新时期发扬光大。

1979 年，当一些做思想政治工作的同志叹息"老办法不能用，新办法不会用，硬办法不敢用，软办法不顶用"的时候，姚文俊和他的同事们就在安阳市人民大道小学开始了如何加强小学生德育教育的探讨和尝试。1979 年，他主持编写的《少年儿童思想品德教育提纲》，被教育部和团中央称为"全国第一家"。20 世纪 80 年代初，当社会上片面追求升学率之风越刮越盛的时候，他主持制定了《全面贯彻教育方针的 13 项规定》，受到了上级有关部门的充分肯定。其后，他总结推行的"分年级、按学期、有层次、有坡度"的小学生德育教育方法，曾在全国教育系统推广。他根据新的形势系统地回顾总结了本校多年来德育工作的实践，推出了"教师为主，全员负责；教学为主，全面渗透；学校为主，协调一致"的新做法，使小学德育教育更加系列化、整体化、科学化，再次受到了同行们的瞩目。姚文俊创造性的德育工作实践取得了显著效果。他所在的学校先后被国家教委、团中央和省委省政府授予"全国少年儿童工作先进集体"、"全国五讲四美、为人师表先进集体"和省"文明学校"、"先进教育单位"等光荣称号。1989 年，该校又被国家教委确定为德育整体改革实验的试点学校。1989 年 9 月 19 日，由《半月谈》杂志发起主办的"思想政治工作创新奖"在北京揭晓。在全国各界的 10 名获奖者中，安阳市人民大道小学校长姚文俊是普教战线唯一的当选者。

在认识有所提高后，注重改革的实践在多个层面展开。人们关注建立教学常规，使课堂教学有章可循。人们注重改革教学目标，努力把学科知识本身的内在逻辑性、系统性与学生的认识能力、年龄特征结合起来，使学生在学到知识的同时，智力得到更好的开发。人们根据知识的更新、知识的程序化、知识的合理量和学生的可接受能力的潜在性等原则，采取调整、借用、自编、引进等办法，使教学内容有了较大的改变。人们也注重改革教学方法，提高教学效率。

郑铁六中过去以生源差、教学质量低闻名，曾经长期为挤高考"独木桥"成绩不佳面临困扰。从 1985 年起他们遵循"为社会主义建设服务，为铁路建设服务"的办学方向，在大抓初中基础教育的同时，使高中教育多层次化，1987 年又把普通高中转为职业高中，陆续开设了理科、文科、体育、美术、管乐、电器、书法、摄影、英文打字等专业，同时使课程设置和教材选用紧密结合社会需要，并采用因材施教、分段把关、抓好讲评等一系列科学有效的办法，学校因而由死变活，社会效益大大提高。该校工艺美术班当初是由高中二年级的 49 名"双差生"凑成的，校领导的本意是让威信较高的模范教师李志伟把这些"调皮捣蛋"的学生管起来，以防干扰学校的正常秩序。谁知两年过后，这个班参加 1987 年全国艺术高校招考时，竟一鸣惊人，49 名考生有 43 名被录取。从那时起，这个工艺美术班越办越红火，使一批又一批基础较差的学生变成了优秀生，参加高考的录取率也随之逐年提高。1991 年的 171 名毕业生有 103 名被美术院校录取，在郑州全市占艺术类（含音乐）高校录取总数的 55.5%，1992 年他们又上新台阶，230 名毕业生有 162 名被美术院校录取。

（四）教学内容方面的改革

1976 年后，全省逐步恢复使用全国统编教材，个别校、班使用实验教材。1981 年，政治课改为思想品德课，高年级又恢复自然、地理、历史课，并增设劳动课。自 1983 年开始，高中部分学科实行两种教学要求。1983年，教育部决定对高中的教学改革分两步走：第一步，对现行的高中数学、物理、化学、生物、外语等学科的教学，先适当调整教学内容，实行基本的和较高的两种教学要求；第二步，争取用三至五年的时间，对现行的学制、教学计划、课程设置、教学内容等提出全面的、系统的改革方案，并予以落实。

1983 年 11 月，教育部颁布了高中数学、物理、化学三个学科的两种要求的教学纲要，一种是基本要求的教学纲要，一种是较高要求的教学纲要。

就高中数学的基本要求而言，删除了函数的极限、导数和微分及应用、不定积分、定积分及应用等内容，将行列式和线性方程组、概率等内容改为选学内容，同时适当控制内容的深度和广度，习题的难度也有所降低。高中数学的较高要求体现在现有的教科书的要求方面。

就高中物理的基本要求而言，主要的变化包括以下五点：一是降低了概念的抽象严谨程度，如即时速度的概念不用极限来讲；二是降低了公式、规律的推导论证水平，如向心力公式、万有引力定律等，直接给出公式，不做推导；三是降低计算要求，如力学部分不要求用矢量式进行计算；四是一部分内容只要求学生有初步了解，不要求做书面作业，也不考查，诸如运动的图像、光的衍射；五是增加使用基本仪器的实验方面的练习，简化一些复杂的实验。

就高中化学的基本要求而言，主要的调整涉及以下几个方面：一是化学的理论知识水平适当降低，二是元素化合物知识稍做精简，三是学生实验内容删去了一些操作较难的实验和有定量要求的实验，四是化学计算要求适当降低。

教育部在印发教学纲要的时候规定："学校采用哪种教学纲要，要从实际出发，根据学生基础和学校条件确定。一般说来，两年制高中，由于课时较少，可以按照基本要求的教学纲要进行教学；首批办好的重点中学，学生的学习基础、学校的条件较好，可以按照较高要求的教学纲要进行教学。"

就教材改革而言，逐步形成了一个大纲、多种教材的格局。1984 年，北京师范大学课题组编写出了各种实验教材，包括四年制初中语文、数学、物理学科的实验教材，以及"六三制""五四制"中小学语文、数学、自然、思想品德、人口教育、生产技术教育等多种教材。其他地方也编写了多种教材。这些教材大部分都是与学科教学方法改革或学科教学目标改革的实验联系在一起的，是在明确的指导思想引导下进行的。

（五）教学方法的改革

20 世纪 70 年代末，经过拨乱反正，学校恢复了正常的教学秩序，教学工作走上正轨。但是我国中学教育由于受传统教育观念的影响，在教育工作上出现了偏差，一些地方和学校盲目追求升学率，忽视学生素质的全面培养。在教学中，采取机械的、呆板的教学方法，学生处于被动学习的地位。这种状况亟须改变。

改革开放初期，我国广大中等学校的教师积极开展教学方法方面的改革和创新，其主要做法有四个。第一，以启发式教学思想与方法为纲，探索和完善常规教学方法，诸如讲授法、讨论法、练习法、实验法等。第二，系统总结和归纳体现课堂教学艺术的教学方法，诸如各种提问方法、板书设计法等。第三，针对教学环节开展教学方法的经验概括，诸如提出备课法、课外辅导法、作业指导法等。第四，按照学科特点开展教学方法改革，诸如提出理科实验教学方法、数学习题授课方法、概念教学方法、古诗教学法等。

鹤壁市进行教学方法改革，在小学开展了"注音识字，提前读写"，在中学开展了"目标教学与异步教学的相互渗透法"等项改革，初步取得良好效果。进行学法改革，在部分年级开设学法指导课，帮助学生掌握科学的学习方法。

全国教育系统劳动模范、许昌市实验小学教师白中兴深知，语文是小学的基础工具课，作文教学是语文教学中的难点，突破难点，就能带动全面。基于这样的认识，白老师从儿童的生理、心理特点和学习及认识规律出发，进行了"激发兴趣—传授知识—训练能力"的作文三步教学法实验。1984 年，白中兴老师从"完善作文教学任务的认识、设计作文教学的训练序列、确定连续性的实验项目、改进一次作文训练的各个环节、开展作文教学的第二课堂活动"5 个方面入手，主持进行了全校作文整体改革。从 1985 年开始，白老师又进行了"小学生想象作文训练"的实践和探索，并总结出了"情节扩充法、续写补写法、故事延伸法、诗歌改写法、描绘词义法、词语连缀法、画面写意法、观察联想法、音响诱导法、情景假设法、理想设计法、科学幻想法、童话创作法"13 种对小学生进行想象作文训练的方法。

桐柏县地处偏僻，是一个重方言区。当时还是一名民办教师的汪贵海同志，为了练就一口流利、标准的普通话，虚心向几位老教师请教，坚持听新闻广播；利用出差到外地学习的机会，坚持说普通话，逛大街、转商店，坚持用普通话与售货员对话。为了发准一个音，他在办公桌前挂一面镜子，对着镜子练口型，纠正自己的发音错误，从住室里也常常传出他练习普通话的声音，终于练就了一口流利、标准的普通话。1982 年，汪贵海担任北杨庄小学校长后，摒弃世俗观念，在偏僻的山村学校率先使用普通话进行教学，要求全校教师学会普通话，用普通话教学。在他的带动、鼓励、帮助下，北杨庄小学的全体教师都能坚持用普通话进行教学，创造了良好的推普环境。1985 年，处在山沟里的北杨庄小学被南阳地区树为推广普通话先进单位。

为了提高语文教师的业务素质，大面积推广普通话，汪贵海"独出心裁"，于 1983 年和 1984 年暑假在城郊乡举办了两期中小学语文教师汉语拼音培训班。当时，这在全省尚属首例，作为教学动态，当年的第一期《河南教育》刊登了这则消息。

在语文教学中，汪贵海大胆地进行了打破"五步式"（时代背景、作者介绍、段落大意、中心思想、写作特点）课文教学的传统模式，采用"六课型"单元教学（即自学—答疑—复习—作业—改错—小结）的新框架，摒弃"老师当主演讲得天花乱坠，学生当观众听得昏昏欲睡"的那种单向信息传递的死板模式，真正建立"以学生为主体，教师为导演"的多渠道、全方位、发散型、求异型、活泼型的课堂机制，活跃了课堂教学的气氛，调动了学生学习的积极性。1989 年，汪贵海被国家教委、劳动人事部、全国教育工会授予"全国优秀教师"光荣称号。

（六）教学手段的更新

我国中等学校的教学手段的更新主要体现在仪器设备的添置和更新、实验室的建设、电化教育设施的添置等方面。

就仪器设备的添置和更新而言，1978 年 12 月 25 日，教育部颁布《全日制十年制学校中学理科教学仪器配备目录（试行草案）》。1986 年 6 月，国家教委颁布《中学理科教学仪器和电教设备器材配备目录》。两个目录均列出了中学配备理科各类教学仪器的品种和数量，其配备的数量是按照每年级 4 个平行班，每一个班级为 50 人的需要计算的。

就实验室的建设而言，1983 年 12 月教育部颁布《关于加强中小学实验教学和实验室建设的意见》。《意见》指出："重点中学和规模较大的城市一般中学，至少应设置物理、化学实验室各两个，生物实验室一个；一般中学至少应设置物理、化学、生物实验室各一个；农村中学可根据实际情况，两个以上学校共建实验中心或各校自建实验室，至少应暂时设立综合实验室。"

就电化教育设施的添置而言，1979 年教育部成立了电化教育局和中央电教馆，负责全国的电教管理和业务工作，电教事业走上了快速发展的道路。到 1985 年底，全国已经有 2253 个县区建立了电教机构，占全国县区的 95％左右，许多中小学先后建立了电教中心和电教室。我国中小学的电教教材也从 20 世纪 80 年代初的投影、幻灯发展到 80 年代后期和 90 年代初期的录音和录像。

20 世纪 80 年代，幼儿教育逐渐走向正规，现代化教具已逐渐进入教学领域。投影器、电唱机、电视机、盒式磁带、活动性图片、磁铁、木偶表演，以及教养员自制多种复合性图片等，已广泛应用于教学之中，在教学的各个环节，更重视运用故事化、趣味化、游戏化、形象化的"四化"原则，并且强调运用、推广、普及普通话。现代化教学手段的使用和推广，促进了教学改革，教学质量明显提高。

20 世纪 80 年代初期，我国一些中等学校有了自己的计算机辅助教学系统和辅助管理系统。1984 年以后，计算机辅助教学系统发展迅速，并在中等学校得到应用。1987 年，作为国家"七五"重点攻关项目，我国有计划有组织地开发了一批中华学习机教育软件，为教育软件的开发奠定了基础，积累了一定的经验。到了 20 世纪 80 年代后期，我国中小学计算机装机容量达到数十万台，已经有上千个面向中学的教学软件开发出来。

（七）教学组织形式的变化

为了使中等教育更好地适应"三个面向"的要求，高中阶段开设选修课的做法有利于学生的兴趣爱好和特长的形成和发展，也有利于学校的课程结构的多样化和教学的灵活性。1982 年 3 月，教育部发出通知，决定在高中阶段进行开设计算机选修课程的试点。首批进行试点的中学包括北大、清华、北师大等五所高校的附属中学。1983 年 8 月，教育部召开了专门会议，确定中学计算机教学的主要内容为最基本、最易学习和使用的 BASIC 语言。教育部还对选修课程提出了要求。中学的选修课内容可以有所侧重。职业选修课可以侧重程序操作，而作为提高性的选修课可以侧重思维能力的训练，同时，教育部提倡在有条件的学校，开展计算机课外活动，为学生接触计算机创造条件。此后，不少中学还开设了一些其他的选修课程，如文学史、古代汉语、文艺理论，关于海洋、激光等方面的基础知识，电工技术等。

辉县市校舍建设与教育改革相结合。作为全国农村教育综合改革实验市，在三教统筹、农科教结合实践中，辉县市提出了自己的"两种教育渗透，两类人才齐飞"的改革指导思想，并形成了有特色的"四个一"办学模式，即小学一校多功能，初中三加一，普通高中一校两制，职业高中一专多能。几年来的改革实践证明，这些办学模式有利于教育的转轨定向，有利于全面贯彻教育方针，有利于教育更好为当地经济建设服务。因此，辉县市要求市、乡、村各级建校工作，都要根据自己办学模式的需要，考虑校舍的设计、基地的规划，力求实用教学，服务改革。

二 1992~2009 年的中等学校的教学改革

（一）教学工作的相关政策分析

1993 年，中共中央、国务院颁布《中国教育改革和发展纲要》。《纲要》指出："发展基础教育，必须继续改善办学条件，逐步实现标准化。中小学要由'应试教育'转向全面提高国民素质的轨道，面向全体学生，全面提高学生的思想道德、文化科学、劳动技能和身体心理素质，促进学生生动活泼地发展，办出各自的特色。"

1997 年 10 月 29 日，国家教委颁布《关于当前积极推进中小学实施素质教育的若干意见》。《意见》指出："中小学校要认真执行课程计划，加强对教学过程的管理，要建立相应的制度。广大教师要更新观念，在新的教学观指导下，进行教学方法、学习指导方法和考试方法的改革，提高教学质量和效益。充分发挥学生的积极性、主动性，指导学生学会学习，使学生真正成为学习的主体。"

1999 年，国务院批转教育部制定的《面向 21 世纪教育振兴行动计划》。《行动计划》指出："实施'跨世纪素质教育工程'，整体推进素质教育，全面提高国民素质和民族创新能力。改革课程体系和评价制度，2000 年初步形成现代化基础教育课程框架和课程标准，改革教育内容和教学方法，推行新的评价制度，开展教师培训，启动新课程的实验。争取经过 10 年左右的实验，在全国推行 21 世纪基础教育课程教材体系。"

2002 年，教育部颁布《基础教育课程改革纲要》。《纲要》指出："教师在教学过程中应与学生积极互动、共同发展，要处理好传授知识与培养能力的关系，注重培养学生的独立性和自主性，引导学生质疑、调查、探究，在实践中学习，促进学生在教师指导下主动地、富有个性地学习。教师应尊重学生的人格，关注个体差异，满足不同学生的学习需要，创设能引导学生主动参与的教育环境，激发学生的学习积极性，培养学生掌握和运用知识的态度和能力，使每个学生都能得到充分的发展。"

（二）教学理念的形成

20 世纪 90 年代中后期以来，我国中等学校逐步形成了素质教育的新理念。素质教育是面向全体学生的教育。素质教育是一种使全体学生都得到发展的教育，每一个学生都在原有的基础上有所发展，都在其天赋允许的范围内充分发展。素质教育旨在促进学生的全面发展。素质教育要求全面发展和整体发展。要求德、智、体、美等各个方面并重，要求全面发展学

生的思想道德素质、科学文化素质、劳动技术素质、身体心理素质和审美
素质。素质教育注重学生的创新精神和实践能力的培养。在基础教育阶段，
首先要面向全体学生，因材施教，培养每一个人的创造性，另一方面要为
培养能够攀登世界科学高峰的高层次创造性人才奠定基础。素质教育注重
发展学生的主动精神，注重发展学生的个性。素质教育强调教育要尊重和
发展学生的主体意识和主动精神，培养和形成学生的健全个性和精神力量，
使学生生动活泼地成长。素质教育着眼于学生的终身可持续发展。素质教
育不仅注重学生现在的一般发展对于未来的发展价值和迁移价值，而且重
视直接培养学生自我发展的能力。

在素质教育中，辉县市教育局确立了德育先行的方针。2003 年，辉县
市成为中央教科所确定的河南唯一一家德育实验区，33 所学校参与了"整
体构建学校德育体系"的科研实验课题。按照"课题带动、分层推进"的
原则，在实验校的示范辐射下，全市德育工作确立了小学生开展行为习惯
养成教育，初中生开展法制教育，高中生开展理想信念教育，德育工作的
针对性、实效性和主动性进一步增强，初步形成了具有辉县特色的德育基
本模式，力争打造出新辉县人的精神品质，在德育教育的带动下，涌现出
一批素质教育典型。

（三）教学管理制度的变迁

中等学校的考试制度得到改进。自 20 世纪 90 年代始，国家教委对中小
学的毕业考试、升学考试制度进行了较大的改革。在已经普及初中教育的
地方，逐步取消小学升初中的入学考试，采取分区就近入学的办法。高中
毕业考试和大学招生考试分开进行。高中毕业会考是合格考试，由省级教
育行政部门命题和组织实施。会考科目分考试科目和考查科目，学完一门
考一门。高中毕业会考成绩合格，思想品德表现、社会实践活动、体育成
绩都达到毕业标准后，学生即可以取得高中毕业证书。

中等教育领域的教学质量监控机制初步形成。对中等学校的教学质量
进行评价工作是政府促使中等学校提高教学质量的重要途径和方法，也是
教学行政管理的职能内容之一。中等学校内部监控是中等学校教学管理系
统中的一个重要环节。中等学校教学监控体系包括中等学校教学管理体制

的构建、行政机制的构建及体系的运行等环节。一个体系能否适时建立和有效运行，关系教学质量监控能否真正发挥作用，从而影响教学质量的高低。建立和完善科学、有效的内部教学质量监控体系，对于学校教学管理工作的科学开展、教学质量的提高具有重要意义。

中等教育管理部门加强教学管理机构的建设工作。教育行政部门的宏观管理要落到实处，离不开微观的教学活动组织管理机构充分发挥作用。因此，制定规范并检查督促教学活动管理机构的建设，是政府教育行政机构的职能内容。

郑州市上街区教育文体局为全面推进素质教育，全面进行小学评价制度改革，根据区政府实施素质教育的总体规划，自 1997 年 9 月以来在考试制度改革实验中大胆地、创造性地进行了实践与探索。课题启动后历时五年，全区各小学全面推开了学生学业成绩的等级评价，逐步形成了全新的等级评定模式，即分散时间、分项考查、随堂进行、等级评价、四级调控、分层管理。五年来，对学生的学业成绩评价，在社会上引起了很大的反响，得到了 95% 以上的学生、家长和社会的支持。

通过制定实施《上街区小学教学质量四级监控方案》，上街区形成了教师—教研组—学校—教研室四级质量监控网络。监控方案特别强调，要变考试过程为训练过程，把学生从被动应考的地位转向主动参与。提出考查方法要做到灵活多样，从根本上推进了等级评价的实施，光大了等级评价的积极成果。

几年的考试改革，一年比一年深入，每一年度都在原有的基础上不断总结，力求有新的突破，从 1998 年的《上街区小学考试制度改革方案》、1999 年的《分项考查、等级评价》、2000 年的《上街区教文体委小学教学质量监控方案》，到 2001 年度《随堂监控、堂堂达标》，一次比一次规范，一次比一次科学。所有这些，都是力图从根本上为等级评价实施创设全方位、多层面的大环境和总策略。

通过几年来的考试制度改革，上街区小学呈现出"八大优势"和"八大转变"。八大优势是，学生的发展全面了，学生的主体意志鲜明了，学生的学习愿望增强了，学生的创新能力提高了，教师的教学观念先进了，教师的教学方式转变了，教师的教科研能力增强了，教学质量提高了。八大转变是，观念上把重结果变为重过程，内容上把重知识变为更重能力，评价上把教师一人说了算变为学生自评互评、师生共评，形式上把学生的地位由被动变为主动，时间上把集中一次变为集中与分散相结合，效果上把学生由"要我考"变为"我要考"，教学上把"考什么"教什么变为未来人才"需要什么"教什么，管理上把"单一"的形式变为"四级"管理体系。

（四）教学内容方面的改革

1993 年 2 月 13 日，中共中央、国务院颁布《中国教育改革和发展纲要》。《纲要》指出："要按照现代科学技术文化发展的新成果和社会主义现代化建设的实际需要，更新教学内容，调整课程结构，加强基础知识、基本理论和基本技能的培养和训练，重视培养学生分析问题和解决问题的能力。"

1999 年 6 月 13 日，中共中央、国务院颁布《关于深化教育改革、全面推进素质教育的决定》。《决定》指出："调整和改革课程体系、结构、内容，建立基础教育课程体系，试行国家课程、地方课程和学校课程。改变课程过分强调学科体系，脱离时代和社会发展以及学生实际的状况。加紧建立更新教学内容的机制，加强课程的综合性和实践性，重视实验教学，培养学生的实际操作能力。"

20 世纪 90 年代以来，鹤壁市教育局在全市倡导教学改革，实现"知识课堂"向"生命课堂"的升华和转变。该局立足鹤壁教学实际，适应课程改革要求，把课堂教学作为构建学生健康成长教育体系的突破口、着力点，全力推进，抓实抓好"生命课堂"的构建。通过推进课堂教学的五项创新，即创新课堂理念、创新课堂模式、创新教学方法、创新教学手段、创新教学形式，进一步促进教师把握课堂教学的五个基本，即尊重学生、激发学生学习兴趣、合理整合教材、改进教学方法、科学调控课堂，进而实现课堂理念的五个转变，即从"重教"向"重学"转变，从"传授"向"体验"转变，从"课本"向"生活"转变，从"他律"向"自律"转变，从"适应教"向"适应学"转变，建立课堂运行的五项机制，即多向交流机制、诱思探究机制、自我发展机制、科学评价机制、反馈调控机制。坚持课堂评价的五项原则，即发展性原则、可行性原则、科学性与灵活性相结合原则、定性定量相结合原则、多元评价相结合原则。

河南各地教师还因地制宜地开发了具有地方特色的地方课程。例如，济源市东沟小学坐落在一条河谷岸边，那里景色秀美，到处是大大小小的石板，平时小学生们在上面写写画画，学校领导和教师突发奇想，干脆把一部分美术课搬到河边去上。每逢晴朗的天气，孩子们就在老师的带领下，拿着彩色粉、颜料和雕刻工具，来到河边，在石板上写诗作画，内容和形式逐步丰富，形成科幻、安全、环保、人文等系列，一幅幅惟妙惟肖、生动有趣的诗画分布在1000多米长的河谷岩石上，形成特色鲜明的"石板文化艺术长廊"。这项颇受师生欢迎的活动，后来就整合为一门校本课程，定名为"石板文化艺术"。

（五）教学方法的改革

20世纪90年代以来，我国中等学校积极开展教学改革实验。一些理论工作者和实际工作者广泛借鉴国外先进的教学理论，有选择地将国外的教学模式、教学方法移植过来，并结合我国国情加以修改，在教学的实践中，一些本土化的教学模式和方法先后形成。这些教学模式可以分为三类。

第一类为注重自学和指导的教学方法。这类方法包括五种产生较大影响的方法。一是卢仲衡提出的自学辅导教学方法。在教学程序方面，它包括一堂课最初五分钟的启发、其后的阅读、学生在作业本上做练习、学生当堂知道结果、学生进行小结等五个步骤。

二是魏书生提出的六步教学法。这是以培养学生自学能力为中心，重视科学与民主精神的新的教学方法。六步教学法的基本内容包括以下六点：①定向。教师要明确学习要求，使学生明确本节课的学习的重点和难点。②自学。学生根据学习重点、难点自学教材，独立思考，解决问题。学生把课文通读一遍。不懂的地方，留待下一步解决。③讨论。对自学中不能解决的问题，学生进行讨论。学生每四人为一组，把自学中不懂的地方提出来，互相讨论；讨论也不能解决的问题，留待答题环节去解决。④答题。这一阶段也是立足于由学生自己去解答疑难问题。由每个学习小组承担回答一部分问题的任务，如第一组回答第一段中的疑难问题，第二组回答第二段中的疑难问题。这样，疑难之处越来越少。然后由教师回答及解决剩下的疑难问题。⑤自测。根据定向指出的重点、难点，以及学习后的自我理解，由学生拟出一组十分钟的自测题，由全班学生回答，自己拿出红笔来评分，自己检查学习效果。⑥小结。下课前，每个学生在自己座位上口头总结一下这节课的学习过程和主要收获，再从不同类型的学生中选一两名单独总结，使学生接受的信息得到及时的反馈。

三是黎世法提出的六课型单元教学法。六课型为自学课、启发课、复习课、作业课、改错课、小结课。在每一个课型中，学生的学习都经过制订计划、课前自学、专心上课、及时复习、独立作业、解决疑难、系统小结、课外学习等环节，对学生的课前、课中、课后的学习提出了系统要求。

四是钱梦龙提出的语文导读法。这种方法注重以学生为主体，以教师为主导，以训练为主线。课程类型包括自读课、教读课、练习课、复读课。教学的关键是练习，它包括教前独立练、教中重点练、教后反复练。

第二类是注重引导和探究的教学方法。它主要包括三种产生重要社会影响的方法。一是华东师范大学教科所研究人员提出的引导探究法。引导探究法的教学程序包括提出问题、分析问题、创造性解决问题。

二是邱学华提出的尝试教学法。尝试教学法形成六段式课堂结构。六段式课堂结构包括：①基本训练（5 分钟左右）。包括口算基本训练、应用题基本训练、公式应用基本训练等。②导入新课（2 分钟左右）。以旧知识引出新知识，揭示新课题。③进行新课（15 分钟左右）。这是新授课的主要部分。可以运用各种教学方法来进行新课，如教师讲解、学生自学、演示实验等。④探究性练习（第二次尝试练习，6 分钟左右）。一般采用几个学生板演，全班学生同时练的方式进行。教师检查学生对新知识的掌握情况，特别要了解差生的情况。⑤课堂作业（10 分钟左右）。为使学生进一步理解和巩固新知识，提高练习效率，应该使学生有充裕的时间，安静地在课堂里完成作业，这是一堂课不可缺少的组成部分。⑥课堂小结（2 分钟左右）。学生做完课堂作业并不是课的结束，因为学生通过亲自练习，发现了困难，需要得到解决。同时还有一个迫切的心情，自己做的作业，到底哪几题对了，哪几题错了。所以，应该安排这一步，做好一堂课的结束工作。该方法包括的教学程序包括六个步骤：①诱导，即启发诱导，创设问题情境；

②尝试，即探究知识，获得知识，发展能力；③归纳，即将所学内容纳入知识体系；④变式，即开展变式练习；⑤回授，即回授尝试效果，组织质疑讲解；⑥调节，即单元教学效果的回授调节。

第三类方法是整体优化的教学方法。这一类方法包括两种产生较大影响的方法。一是冯忠良提出的结构定向教学法。此方法强调确立教学目标必须系统化和明确化，教学方法的使用方面讲求师生主动、程序优化、方法多样，教学程序包括确定教学目标、了解学生的已有水平、设立二级教学程序、评定学习成就。二是张孝纯提出的大语文教育的方法。所谓大语文教育，即联系社会生活，着眼于整体教育，坚持完整结构，重视训练效率。该方法的教学流程包括预习见疑、质询研讨、巩固深化。

为提高教师素质，河南省实验小学多年来坚持开展"三课一带"活动。一是面向青年教师，上好"达标课"。要求35岁以下的青年教师每学期末面对本班学生和10名评委上一次汇报课。评委根据其教学方法、效果、板书、组织教学、渗透思想教育情况及是否达到教学目的等几方面当场打分，合格三次者，方为"达标"。二是面向全体教师，每学年开展一次"优质课"评比。对优胜者，颁发证书，装入业务档案，作为评定职称和晋级的依据。三是每学年开展一次以教研组为单位的"汇报课"。届时让各个教研组集思广益，推出代表，然后面向全体教师公开讲课。此外，他们还发动老教师与青年教师"结对子"，让教学经验丰富的老教师对教学经验不足的青年教师传、帮、带。创造"三课八步作文教学法"的语文教师傅幼琴、创造"激情导读法"的语文教师曹丽娅和青年数学教师王晓丽、常识课教师王荣芳等分别捧回了全国和全省教学大奖赛的一等奖。该校的体、音、美教学成果也多次在全国和省、市竞赛中获奖。

延津一中转变教育理念，实行课堂教学改革。2001年学校提出"苦战三年，二次创业，实现'三个转变'（由经验管理向科学管理转变、由传统教育向现代教育转变、由应试教育向素质教育转变），再创学校辉煌"的目标。学校积极探索素质教育之路，提出"以人为本，以人的发展为本，以人有更大的发展空间为本"的教育理念，向社会庄重承诺：让每一个学生考上大学。学校北上（河北）衡水（一中），南下（江苏）洋思（初中）取经，掀起课堂教学改革热潮，制定《课堂教学改革教案基本模式》《课堂教学评价表》，启动"名师工程"。结合本校经验，规范各项管理、评价、奖励体系，取消对学生的纪律处分。市县领导和教育教研部门均给予好评。

（六）教学手段的更新

20 世纪 90 年代以来，我国中等学校的教学手段不断更新，它主要表现在制订和实施"教学手段更新战略"和计划、实施电化教育、使用教育信息技术、开展实验教学等方面。

就制定和实施教学手段更新战略和计划而言，1993 年 2 月 13 日颁布的《中国教育改革和发展纲要》指出："积极发展广播电视教育和学校电化教育，推广运用现代化教学手段。要抓好教育卫星电视接收和播放网点的建设。""要重视解决各级各类学校，特别是中小学、职业技术学校的仪器设备、教科书和图书资料的短缺，增加用于购置仪器设备和图书资料的资金。"

1999 年 1 月，国务院批转教育部制定的《面向 21 世纪教育振兴行动计划》。《计划》提出实施"现代远程教育工程"，形成开放式教育网络，构建终身学习体系。在中等教育方面，主要的措施包括到 2000 年使 1000 所以上中等学校入网，使全国农村绝大多数中学都能收看教育电视节目，重点建设全国远程教育资源库和若干个教育软件开发生产基地。

就实施电化教育而言，1991 年 4 月 24 日，国家教委颁布《全国电化教育"九五"计划》。《计划》制定的目标和任务是大力发展学校电化教育，提高电化教育水平，切实推进教学改革。电化教育实施策略包括对电化教育设备配置进行分类指导，抓好教师电化教育知识和技能的培训，使电化教育硬件和软件经费投入形成合理的比例，在中学建立不同类型的电化教育实验学校。1997 年 7 月 14 日，国家教委颁布《中小学电化教育规程》，为中小学电化教育的有效开展提供制度保障。

郑州市金水区电化教育起步于 1978 年。从 20 世纪 80 年代开始，金水区不断加大对电化教学的投入，尤其是实行电教教材代办费统一管理后，每学期投入 35 万元用于购置电教教材，服务于教学、教师的继续教育和基础教育课程改革。1987 年，开封市电教馆制作的专题片《不可缺少的一课》被中国教育电视台收购并两次播出；教改经验片《运用音乐手段开发儿童智力》，由中央教育音像出版社出版，并向全国发行；《采茶灯》和《衣、食、住来之不易》两部教学录像片，获得河南省首届电教教材评比一等奖。1991年，河南省教育委员会在开封市召开了"全省电化教育工作现场会"，介绍并推广了开封市的电化教育工作经验。

1996年，在全省率先实现"普九"的焦作市，及时调整工作重点，在全市强力推行、全面实施"教育现代化工程"，有力地推动了电化教育的普及。1996年，开封市电教馆指导市第一师范附属小学完成了"运用电教媒体，优化音乐教学结构，提高学生素质"的课题研究，获得国家级成果奖。1998年9月1日，郑州市金水区属小学建成闭路电视教学系统，班班都配置了29寸的彩色电视机。2000年10月，郑州市纬五路第一小学被教育部评为全国中小学创造教育先进集体。到2002年，电教实验学校实现一室一机（一个教室一部投影仪），普通学校实现一级一部（一个年级一部书写教学仪）。

1999年，开封市教委成立"电化教育委员会"，明确了市电教馆在学校电教设备购置、使用、管理以及计算机上网、教育信息提供等方面的地位和作用；成立了"开封市电教教材管理委员会"，组建了全市电教教材发行网络，出台了管理办法；深入县区学校，对电教音像教材和制品进行审核，颁发了统一制作的"电教教材认定"标签。2000年开封市电教馆制定了《开封市农村中小学电化教育示范学校条件》，认定了一批农村电教师范学校。开封市教育电视台结合地域文化特点，与中国教育电视台联合录制了专题片《从天上到人间——〈清明上河图〉赏析》，并4次在该台播出；独立制作的专题片《北宋官瓷》荣获全省德育爱国主义教育电视片一等奖，并参加全国展评，获优秀奖。

就使用教育信息技术而言，至1995年，我国的教育软件市场已经开始形成。1996年9月，国家教委基础教育司颁布《中小学计算机软件规划（1990~2000年）》。《规划》明确提出了我国今后一段时期计算机软件开发和利用的目标和战略。1997年10月，郑州市金水区教育文化体育委员会在优胜路小学、黄河路第二小学、文化路第二小学、农科路小学等7所经济条件相对较好的学校建立计算机教室，每个教室配备30台电脑。2000年，金水区在全区学校广泛开展多媒体计算机辅助课堂教学活动。2000年4月，举办首次计算机辅助教学大奖赛。从 1996 年到 2000 年，金水区累计共投资 1200 多万元用于信息技术教育，推动区属中小学信息技术教育的快速发展。

2000 年 12 月 20 日，教育部召开教育工作会议。会议提出要大力推进教育信息化，努力实现跨越式发展。2001 年 5 月 29 日，国务院颁布的《关于基础教育改革与发展纲要》提出，要大力普及信息技术教育，以信息化带动教育现代化。从 2001 年开始，河南省已启动实施了中小学"校校通"工程，郑州市金水区在开展计算机辅助教学，建设计算机教室、多功能电教室取得阶段性成果的基础上，开始筹划"校校通"工程。2001 年 4 月，为承办郑州市信息化现场会，金水区在纬五路第一小学、纬三路小学、黄河路第二小学、文化路第二小学进行建设数字校园网的尝试。同年 6 月，教育部确定金水区为全国 38 个基础教育课程改革实验区之一。金水区人民政府投资 500 万元开始建设教育信息化的基础工程——金水教育信息网，其中 200 万元用于金水教育信息网络中心软硬件建设，300 万元用于校园网建设和租用光纤电路。同年 12 月，金水教育信息网正式开通。与北师大校校通公司和香港博文公司分别建立包括信息发布系统、资源库系统、视频点播系统、OA 办公系统、网上教学系统的金水区信息网软件平台和校园网教学平台，为师生运用计算机网络技术提供功能强大的互动空间。2002 年，金水区校园网络建设全面推开。2002 年 7 月底，市区学校和 4 个乡镇中心校的校园网络全部建成，并和区教育信息网络中心高速相连。2002 年 10 月，金水区又被确定为教育部重大课题"现代教育技术在教育中的应用"——"新世纪曙光工程" 8 个国家级实验区之一。到 2002 年底，全区建有微机室 67 个，多媒体教室 61 个，区教育信息网络中心优质教学资源库 100 多个，教学影片 200 多部。河南省从 2004 年开始按照国家的规划实施农村中小学现代远程教育工程。2005 年，河南省建立了河南教育科研计算机高速主干网，建成 18 个省辖市网络中心。特别是农村现代远程教育工程的实施，有效缓解了河南广大农村地区教育资源匮乏、师资短缺等问题，为提高农村教育质量、缩小城乡教育差距起到了重要作用。2007 年，农村中小学现代远程教育工程完成后，形成了覆盖全省农村中小学校的现代远程教育网络。从全省远程教育工程的建设和应用总体情况看，农村中小学现代远程教育工程初步改变了长期以来农村学校中单一教学模式的现状，改进了农村学校的教学手段，提高了课堂和教学质量；初步解决了农村学校教师的结构性短缺和水平不高的问题，通过视听技术、卫星传播技术、计算机技术、网络技术等多种手段开展教学，把英语、语文、音乐、美术、科学等课程的优质资源在课堂教学中普遍应用起来，使孩子们感受到了现代文明的气息，共同分享了现代信息技术带来的成果。

就中等学校的实验教学开展而言，1999 年，教育部颁布了《中学理科教学仪器配备目录调整意见》。调整后的配备目录在品种、规格、数量等方面做了增减，对加强和改进实验教学起到了积极的作用。实验教学在现代化学校教育中占有重要的地位和作用。中等学校实验教学的普及和提高是深化课程和教学改革、培养学生科学素质的重要途径。

济源市王屋乡第三初中利用学校周边丰富的植被和动物资源，引导学生制作动植物标本，开发了一门校本课程，名为"野生动物标本"。学校并不要求学生制作出多么正规的成品从事专门研究，而是为了增加学生对生命奥秘的探求感悟，对自然之美的认识体验，培养其审美意识和创造美的精神。他们制出了鱼类系列、蛇类系列、植物的根叶花系列标本。在采制过程中，学生们还写出了大量的观察、操作日记和研究报告。乡第七小学开设一门别具特色的校本课程"巧手妙饰"，让学生收集奇石、根枝、废料等物品，通过创意设计和动手操作，制作成精美的手工艺术品。学校专设陈列室，经常举办展评活动，作品千姿百态，琳琅满目。学生在制作过程中，提高了艺术鉴赏能力和美的创造能力。

（七）教学组织形式的变化

20 世纪 90 年代以来，我国中等学校的教学组织形式方面的变化主要体现在小班教育的开展、教室空间结构的变化和小组教学的开展三个方面。就班级规模的小型化而言，一些地区和中等学校积极开展小班化教学实验，重点是减少班级人数，增加师生交往的机会，贯彻因材施教原则，营造和谐的课堂气氛，进而提高课堂教学的效率。

河南省的小班化教育最早在郑州市二七区试水。2000 年秋季，经郑州市教育局批准，郑州市二七区永安街小学和郑州市二七区解放路小学最先开展此项实验。2004 年 5 月，郑州市教育局批准在郑州市第 49 中学实施初中的小班化教育实验，郑州市第 49 中学成为河南省最早开展此项实验的公立初中。

通过几年的实践，小班化教育实验由省会郑州迅速扩大到河南其他省辖市，开封、洛阳、平顶山、新乡、安阳、驻马店、三门峡、济源等省辖市和南阳油田、中原油田等地相继开展了此项实验，引起了社会的广泛关注。实验研究表明，不但小班化实验班中的学生学业成绩有了明显的提高，个性得到充分的发展，交往能力、合作意识明显加强，品德行为方面的问题日益减少，而且教师的素质得到明显的提高，多才多能的教师不断涌现，同时，学校的社会声誉也不断提升。

2005 年 4 月，在河南省教育科学研究所的大力支持下，河南省小班化教育现场会在郑州市二七区召开，全省 5 个省辖市的 12 所学校参会，其间成立了河南省小班化教育研究会理事会。2006 年 5 月，河南省小班化教育研究会第二次年会在济源市召开，全省 11 个省辖市以及南阳油田、中原油田等共 52 所中小学的领导和代表参会，小班化教育实验的影响进一步扩大。2007 年 9 月，河南省小班化教育研究会在郑州市召开第三次年会，全省共 16 个省辖市及南阳油田、中原油田等 116 个单位的领导和教师参会，小班化教育实验在全省遍地开花，已经取得了阶段性成果。

小班化教学实验班的班额，小学 24～36 人，中学 30～40 人，男女生几乎各占一半，根据家长的意愿，不搞任何形式的测试，随机编班，不做挑选，面向全体。小班化教学实现了教育机会均等，改变了过去所谓的"抓两头、带中间"实质上只抓尖子生，其他学生陪读的弊端，使每个学生都有均等的受教育、受关注的机会。在小班化教学中，学校采取分层施教，逐步达标的办法，强调面向全体学生。

小班化教学实验促进了教师正确认识学生的差异性。首先，在小班教学中，教师面对每一个孩子的机会更多，对每个孩子的个性特点、各方面的发展差异也有了更深入的了解，教师必须在差异性的基础上为学生的主体性创造发展的条件，为每一个学生参与教学、发表见解创造机会。其次，切实落实素质教育的全面性和平等性原则。班级人数的减少，使教师给予每一个学生充分的关爱成为可能。教师必须改变过去只抓尖子生而放弃大多数学生的不平等做法，在面向全体学生、平等地对待每一个学生方面比大班教师做得更好。最后，教学过程本身在促进学生全面发展中的重要地位日益突出。由于小班教学中师生交流的密度和融洽度明显高于大班，如何使学生在生理和心理、情感与认知、知识能力与潜能的发展在教学过程中得到更好的综合，从而更好地促进学生的发展，就成为小班教师教学观中的一个重要方面。

就教室空间安排的形式的多样化而言，教师经常性地变动学生的座位位置，对全班学生座位进行轮换，同时适当考虑学生的性别、学业成绩、性格特征等进行不同的座位搭配，教师考虑学生的社会性发展和交往的全面性，进而营造活跃的课堂气氛，使课堂教学充满生机和活力。

随着改革开放的深入发展，辖区人口连年迅猛增长。为满足广大居民和流动人口对教育的要求，解决适龄儿童入学难问题，1995年，郑州市金水区在文化路一小、文化路二小、纬五路一小、黄河路三小实行"二部制"教学。

就个别化形式的采用而言，教师在吸收课堂教学的合理性的基础上，利用现代化教学手段的先进性，尊重学生在知识、智能、兴趣、个性等方面的差异，实现个别化教学。中等学校的教学组织形式是教学活动的外显的方式。目前中等学校的教学组织形式也发生了巨大的变化，基本形成了以班级授课制为主，其他形式为辅的格局。其他教学组织形式主要包括四种。第一种是分组教学形式。部分高中阶段的学校采取校外分组的形式。一些初中和高中采取校内分组的形式，即分成实验班（重点班或尖子班）和普通班。一些中学采取学科教学内部的分组教学或分层递进教学方式。第二种是小队教学形式，其操作方式是由两名或两名以上教师组成协同教学小队，分工负责教学事宜。第三种是个别化教学形式，即教师重点关照个别的学生，对学生进行一对一的指导。第四种形式是合作学习方式，即使用学生的同伴互学互教的方式。在学习过程中，有组织的协同合作活动有助于调动学生的学习积极性，提高学习水平，改善学习者之间的人际关系。

2001年，教育部启动了基础教育课程改革，金水区当年成为全国38个、省内唯一一个课改实验区。按照课改要求，每名学生在校期间都要掌握两项体育技能和一项艺术技能，各校课余纷纷开设了科学小组、收藏小组、管弦乐小组等。课改直接促进了教育的均衡发展,农村学生跟城市学生的差距在不断缩小。

2002 年 10 月,中央教育电视台在《关注》栏目播放专题节目《山区美育开新花》,介绍的是河南省济源市大峪镇的艺术教育经验。位于该镇东北山村的第三小学,研究群众喜爱的小品、豫剧、民间舞蹈等艺术形式,改造加工,结合校园文化的特点和农村精神文明建设的需要,把崇尚科学、树立新风、科技兴农、建设小康社会、道德规范进万家等内容,融入生动活泼的艺术形式向村民宣传,所到之处,村民踊跃观看,场面异常热烈。该镇二中的艺术教育最初从引导学生编演课本剧开始,后来借鉴当地民间艺术特色,建立了管弦乐队,学生们操起了二胡、板胡、笛子和唢呐,演奏水平在坚持不懈中逐渐提高,每逢村、镇重大活动,常常被邀请演出。此事感动了政府,市里拨专款扶持,学校根据艺术教育的发展前景,购置了一批小提琴、萨克斯、长号等西洋乐器,向更高的目标奋进。

在农村中小学布局调整、合点并校的大背景下,以前在不少学校采取的复式教学,还有存在的必要吗?在灵宝市川口乡红土地中心校,复式教学仍然是最普遍的教学模式。该乡红土地小学是周围 3 个行政村的唯一一所学校,学生上学要走七八里的山路,如果撤掉,就意味着大多数学生将失学。该校 6 个年级共有 25 名学生,只有两名教师。全市 17 个乡镇都不同程度地存在着复式教学。2005 年 2 月 4 日,《教育时报》刊发了《复式教学:顽强撑起一片绿阴》的报道。记者通过采访了解到,复式教学有利于发挥学生的自学能力、动手能力和创新能力,在很多农村山区学校,对降低辍学率、巩固"普九"成果,起着不可替代的作用。

近年来,我国中等学校的教学评价取得进展。教学评价的内容逐步趋于多元化。人们既重视学生的学习成绩的测评,也重视学生的思想品德以及多方面潜能的发展的测评,重视学生的创新能力和实践能力的测评。教学评价的方法逐步多样化。除考试或测验外,人们还研究制定便于评价者普遍使用的科学、简便易行的评价办法,探索有利于引导学生进行积极的自评与他评的评价方法。教学评价的维度逐步多样化。人们不仅注重结果,而且注重发展和变化过程,即把形成性评价与终结性评价结合起来,使发展变化的过程成为教学评价的组成部分。

2004 年，郑州市二七区永安街小学以小班化教育实验为背景，在河南大学相关研究人员的指导下，承担了全国教育科学"十五"规划课题"城市小学全息化评价模式研究"，对"全息化学生评价"从理论上积极探索，并在全校范围内进行改革实验，经过近两年的探索，全息化学生评价初见成效：更新了教师的观念，提高了教师的素质。在全息化学生评价的探索过程中，教师进一步树立了正确的人生观、教学观；通过课题研究，更新了教师的评价理念，提高了教师科学评价的能力，促进了教师教学能力的提高。同时，教师的科研意识进一步增强，科研能力得到提高。学生的综合素质得到了提高。评价具有引领、助推、促进作用，学生的道德素质、学习能力、交流与合作能力、艺术欣赏水平、心理承受能力、自我评价反思能力得到了全面提高，使素质教育真正落到了实处。家长参与到学生的评价过程中，增进了教师与家长、学生与家长、家长与家长间的感情交流，增进了学校与社会的沟通和交流，对学生素质的提高及学校的工作都是一个极大的促进。

全息化学生评价模式丰富和完善了学生评价的理论体系。学校的改革实验使得理性的思考不再飞翔在高空俯视，而将理论浸润到实践中，使理论得到了实践的滋养而生长。师生之间、生生之间的交往能力明显提高。班级规模的大小影响成员间的情感联系，班内人数少，学生之间、师生之间接触的机会就多，了解就深刻。对教师的调查显示，课余时间学生经常找教师谈心，师生交流机会多，相互帮助，师生之间平等相处，使彼此之间建立起朋友关系，师生之间友好相处，促进了师生间、生生间交往能力的提高。小组围坐形式以及组织间的讨论交流，培养了学生之间的合作精神，增强了集体的凝聚力。

三　近十年来的基础教育教学改革

近十年来，教育的内涵化、生态化发展方式受到全社会的重视，教育教学的政策重点开始转移到教育公平和教育均衡发展上来。城乡居民在满足了有学上以后，进而追求优质教育，也要求在政策上加强对师资培养质量提升的引导。

河南省 2009 年开始实施"特岗计划"（"农村义务教育阶段学校教师特

设岗位计划"的简称），各级政府给予高度重视，各省辖市也都制定了配套计划，要求把"特岗计划"打造成加强农村教师队伍建设的示范工程，打造成引导高校毕业生树立正确就业观、吸引优秀人才从事农村教育的导向工程，打造成培养造就德才兼备教师队伍的人才工程，打造成办好让人民群众满意教育的民心工程。濮阳市还制定实施了《濮阳市教师教育行动计划》，实施"国培"、"省培"以及"市培"和专项的梯级教师培训计划，培训教师 2.9 万人次，培养出河南省"中原名师" 2 人，省级名师 18 人，省级骨干教师 219 人，其中，"中原名师"人数占全省总数的 1/10。

2010 年 7 月，《国家中长期教育改革和发展规划纲要（2010～2020年）》颁布，对城乡教育协调发展、教师资格、校长专业化发展提出了新的要求。

2011 年 12 月，教育部公布了《幼儿园教师专业标准（试行）》、《小学教师专业标准（试行）》和《中学教师专业标准（试行）》，在全国范围内公开征求意见。2012 年 9 月，《国务院关于加强教师队伍建设的意见》发布。《意见》提出要严格教师资格制度，并全面实施教师资格考试和定期注册制度。

2012 年，河南省教育厅正式启动实施教师教育改革创新实验区引导发展计划。

为发展乡村教育，进一步优化农村学校教师资源配置，缓解农村小学教师的结构性缺编问题，建立农村小学教师培养与补充的长效机制，教育部颁发了《关于实施卓越教师培养计划的意见》（教师〔2014〕5 号），明确提出"坚持需求导向、分类指导、协同创新、深度融合的基本原则，针对教师培养的薄弱环节和深层次问题，深化教师培养模式改革，建立高校与地方政府、中小学（幼儿园、中等职业学校、特殊教育学校）协同培养新机制，培养一大批师德高尚、专业基础扎实、教育教学能力和自我发展能力突出的高素质专业化中小学教师"。

2014 年，省政府有关部门在濮阳召开义务教育均衡发展工作现场会。

2014 年，《国务院关于深化考试招生制度改革的实施意见》颁发，开始了新一轮高考制度的改革。2016 年 8 月，《河南省深化考试招生制度改革实施方案》发布，要求河南省从 2018 年秋季入学的普通高中一年级学生开始启动高考综合改革，考生总成绩由统一高考的语、数、外 3 科成绩和高中学业水平 3 个选考科目成绩组成，至 2021 年，高考将不分文理科，高考模式将会采用"语文、数学、外语"＋"三科高中学业水平考试"。这就要求全省高中必须改革现有的课程结构、教育管理方法以及考核评价体制。

2015 年 10 月，《河南省农村小学全科教师培养工作实施方案》要求，农村小学全科教师的培养目标应为：着力为乡村教学点免费培养一批适应时代要求和农村小学教育改革需要，热爱农村小学教育事业、德智体美劳全面发展，职业道德和文化素质、学科素养和教师专业素养高度整合，具有社会责任感、创新精神和实践能力，能够胜任小学多门学科教学和教育管理工作，"下得去，留得住，教得好"的高素质农村小学教育全科教师。

第六章　河南省教育教研活动 70 年及主要影响

　　教学研究和指导、教学业务管理是教育事业健康发展的重要保证。一个地区教育的发展受政治、经济、文化、自然环境等客观因素的影响，而教育质量往往与教研工作息息相关。河南地处中原，是人口大省、农业大省，教育发展很不平衡，教育资源相对短缺。如何把沉重的人口负担转化为促进社会全面发展的人力资源，是教育工作肩负的责任，而教学研究在其中发挥了不可替代的作用。

　　新中国成立之初，百废待兴。旧的教育体制如何改造，旧的教育思想如何在教学中加以转变，旧的教学方法如何改革以适应新中国培养人才的需要，新的教材如何使用，苏联的教学经验如何结合河南实际等教学第一线存在的许多实际问题亟待解决，而解决这些问题不能单靠行政措施。省教育厅决定抽调政治可靠、精通业务的教学人员专职研究和开展指导。经省政府批准，1952 年从全省选调 10 名教学骨干，成立了"教研组"，教研组深入学校调查研究，与校长、教师面谈，并通过《教学业务通讯》等内部刊物指导全省教学工作，对稳定教学秩序，提高教学质量起了积极作用。

　　20 世纪八九十年代是河南省教育事业大步前进、迅速发展的时期，但片面追求升学率的倾向一度愈演愈烈。在基本普及九年义务教育、基本扫除青少年文盲的前提下，为了全面贯彻党和国家的教育方针，全面提高公民素质，从 1987 年起，实行高中招生全省统一命题，从 1990 年起，实行高中毕业会考全省统一命题。这两项考试为稳定全省初、高中教学秩序，推进素质教育，提高教学质量起到了积极的作用。两项命题工作在省教育厅领导下，省教研室精心组织，严格管理，参与命题的各科人员认真负责，精益求精，严格保密，命题质量不断提高，赢得了领导、师生、家长和全社会的充分肯定，确保了教学秩序和社会的稳定。1986 年以后，国家教委加大课程教材改革力度，号召"一纲多本"，河南省积极响应，从 1989 年开始组织编写适应河南省"五三制"中小学的多科教材，后经国家教委审查通过的省编教材有 10 套 103 册。同一时期，教学研究大大加强，省教研室开展了"防止初中生学习成绩分化"等多项专题研究，有效地大面积提高了河南中小学教学质量。省教育规划"九五"重点课题"中学语文素质教育研究"，历时 4 年多，遍及全省各市地 55 个实验单位，2000 年通过教育部和省教育厅两级规划办验收，受到省内外专家好评，荣获全国中学语文教学实验综合成果一等奖（12 项之一），为全省中小学开展课题研究带了好头。

世纪之交，基础教育课程改革进展迅猛。2000 年，河南继山西、江西、天津之后，在全省范围内开展高中课程改革。为保证课程改革顺利进行，省教育厅决定对全省高中一年级教师进行全员培训，先培训后上讲台。省教研室承担了这一艰巨任务。暑假期间，在全省各地精心组织了多场培训。省教研室教研员登台讲课，为第一线教师解惑答疑，不仅使广大教师坚定了参加课改的信心，转变了教学思想，而且基本把握了新教材的理念和特点，提高了教学水平，为推进新课程改革铺平了道路。2002 年，河南省 20 个实验区的 32 个县区的近 50 万中小学生进入新一轮课改实验，省教研室积极参与师资培训、调查研究、编写地方教材等项工作，再立新功。

2015 年，河南省教育科学重大招标课题工作开始实施。根据省教育厅的工作安排，广泛征集教育厅各处室及专家学者意见，科学确定招标课题选题内容，组织省内外专家学者严格评选，经过初评、答辩等环节，共评出 2015 年河南省教育科学规划重大招标课题 21 项，每项资助经费 10 万元。为了加强对教育科学规划课题的管理，省教科院还在洛阳师范学院组织召开了 2015 年河南省教育科学重大招标课题启动实施暨开题示范观摩会议，推动了重大招标课题的顺利进行。2015 年分别在 9 个省辖市、6 个省直管县（市）进行"送教科研下乡"活动，培训教师 12000 多人，有效地促进了试点地区一线农村教师的教育科研水平。

70 年来，河南省教研工作的历程是艰苦的、曲折的，也是光荣的、辉煌的。70 年来，河南省建立了完善的省、市、县、乡四级教研机构和教研指导网络，形成了一支具有丰富教学实践经验的教研工作队伍，取得了一批有影响的教研成果，推动了河南省教育教学活动的科学发展。

第一节　各级教研组织的建设和发展

1952 年的后半年，河南省教育厅从学校抽调有教学经验的教导主任、教师 10 名，成立了教研组，由教育厅直接领导。主要工作是指导中小学教学、教师在职学习和对学校进行某些调查统计等。1952 年 12 月，河南省教育厅向人事厅写报告并希转呈省政府主席核批，称："本厅事业范围逐渐扩大，提高教学质量，培养合格的建设人才，以适应国家建设的需要，已成为中心之一。欲达到此目的，必须加强教学领导，以改进提高教学工作。为此，拟在本厅编制内设立一个教学研究室，需十人左右。但是全数占行政编制，困难很大。是否可以把其中一部分人从事业费内开支。希转呈主席核批为荷！"

此后，各专、市也都在教育局或教育科设立了教研室，开展教学研究，组织教学活动。

1958 年，在教学指导室的基础上成立了教学指导委员会，编制 35 人。1960 年，全省各地通过县、公社、学校分级分片建立中心教研组和教学教研组，定期开展教学教研活动，有计划地举行中、小、幼观摩教学、作业和教具展览、教育质量检查、业务专题讲座等活动。1963 年，各县教研室设中、小学教研组，教研员深入重点学校帮助教师制订教学计划，开展"千节万时"优质课活动。1977 年以后，各专、县教研室以抓小学、初中教学为主，设置高中组每年开展高、中招试卷综合分析。

1979 年，为筹备全省第一次教研工作会议，加强对全省教研工作的组织和指导，省教研室组织人员到省内外了解教研室的建设及工作情况。在调查的基础上，起草了《河南省各级中小学教研室工作条例（试行草案）》。1979 年，省教材教研室指定开封市省府西街小学为作文教学试验学校；1982 年，指定开封市开师附小为数学应用题教学试验学校。

1980 年 4 月，"文化大革命"后全省第一次教研工作会议召开，会议的中心议题是，各级教研室工作在"文化大革命"期间长期中断，在逐步得到恢复和发展的新形势下，应该如何加强教学研究。会上交流了各市、地教研室近年来的工作情况，并对《河南省各级中小学教研室工作条例（试行草案）》进行了讨论、修改。

1980 年 6 月，省教育厅颁发了《河南省中小学教学研究室工作条例（试行草案）》，要求各地、市、县试行。此后，不仅各市、县、区建立和完善了相应的教研组织，公社学区（教育办）也设置了专门的中、小学教研员。省、市、县、乡四级教研组织和教学教研指导组织开始形成和完善。1981 年，郑州市二七区教育文化体育局成立附属机构教研室，在职人员 16 人，设置中学教研组、小学教研组、后勤组。1987 年，在三个乡中心校设立 3 个教研协作区，在市区学校设立市内协作区、学校教研组。全区基本形成了以"区、乡、校"为一体的城市、农村教研网的上下协调、层层衔接、人人参与的教研格局。

1985 年，新中国成立以来全省第一次教育科学规划会议召开。1987 年，河南省教育科学规划领导小组成立。1988 年召开了第二次规划会议，确定了全省"七五"教育科学规划重点课题 42 项，其中国家教委级 1 项，省社科级 6 项，并制定了科研课题管理暂行办法。此后科研重心由微观转向宏观，并使二者结合起来，先后制定了河南省普通教育发展规划和高教发展战略及河南省教育发展十年规划和"八五"计划。研究方向由思辨转向理论联系实际，先后开展了关于教育本质、关于人的全面发展、关于社会主义初级阶段教育理论、关于端正办学思想等问题的讨论。研究领域由窄变宽，由单一的教育学研究，发展到教育管理学、教育评价学、教育统计学、教育测量学、教育心理学、教育规划学、教育经济学、教育史学等。教育实验由单项转向整体，教育改革实验既有宏观的，也有微观的，既有局部单项的，也有整体综合的，既有以市地县乡为单位的区域性改革，也有以校班为单位的点的试验，农村教育综合改革实验，已由开始时的一个县发展到 14 个县和一个南阳地区。研究方法由单一定性转向定性与定量结合起来，引入了系统论、控制论、信息论、统计学、模糊数学等领域的研究成果。科研活动由封闭型转向开放型，1985 年，省教科所被联合国教科文组织亚太地区办事处 APEID 联系中心接纳为中国 16 个联系中心之一，先后举办了亚太地区优秀中小学生科技才能发挥研究组会议和国家妇女扫盲干部培训班，并派人参加了在澳大利亚和日本举办的学术活动。

1985 年，开封市教育科学研究所成立，开展教育科学研究和科研成果评奖活动。广大教师以饱满的工作热情和积极的创造精神，努力投入工作，鉴于基础教育在社会主义现代化建设中的地位，深感责任重大。他们大胆进行教育改革实践，教书育人，为人师表，以切实提高教育质量。为此，进行的主要工作有，第一，提高本身素质，大练基本功，各校纷纷制订教师职业道德守则及其措施，涌现出大批优秀教师，仅全国优秀班主任开封市就有 10 名。第二，围绕培养目标，进行教学改革，主要是试行教学岗位责任制，建立教学档案，强调教学原则，狠抓常规教学，以身作则，从学生实际出发，改进教学方法，以调动学生学习的积极性，务期做到课堂解决问题既能减轻学生负担，又能提高教育质量。市区小学有 88 名教师被推荐进行全国范围的观摩教学，其中 4 位教师的课堂录像在全省播放。第三，科研讲求实效，即认真搞好教育实验，不断总结经验教训。

1989 年，河南省确定开封市第一师范学校为"河南省小学教师培训中心"，受省、市双重领导和管理，担负着培养和培训的双重任务：为开封市小学、幼儿园培养合格的新师资，为全省示范性地培训小学骨干教师；在培训小学师资业务方面，对全省发挥指导作用；并负责全省电视中等师范的教学研究、教学质量检查、评估及业务指导。开封市第一师范学校于1989 年创办了《小学教师培训》双月刊，坚持为小学教师，特别是农村小学教师服务的办刊宗旨，1992 年发行量已达 33 万份。学校还组织编写了《小学教师〈专业合格证书〉辅导丛书》，共 7 个分册，发行量达 20 余万册。

郑州市上街区教文体局在 2001 年对上街区的教育科研、教学研究指导工作进行新的认识和新的定位，对教育科研和教育教学研究工作进行新的整合，组成郑州市上街区教育科学研究中心，建立组织，制订《上街区教育科研管理办法》及《上街区教育科研研究规划》，使教研工作从一般经验型的教材教法研究向科研型的课题试验研究转移，形成"校校搞科研、人人有课题"的区、校、组三级教科研网络，启动上街区科研兴教、科研兴校工程。截至 2003 年底，教科研中心共有教科研人员 10 人。设有教育科学研究中心课题规划室、小学语文、小学数学、小学思想品德、小学劳动、小学自然、小学美术、小学英语、小学音乐、幼儿教育、现代教育技术运用等教科研指导小组。这些举措有效地促进了上街区的教育教学改革和教育事业的发展。

2007年，河南省教育厅为加强教师队伍建设，促进教师专业成长和发展，确定郑州市第二十六中学、郑州市汝河新区小学、安阳市第五中学、南阳市十三中、河南省实验中学、河南省第二实验中学、河南省实验小学、河南省实验幼儿园作为河南省首批试点学校，举办教师发展学校。引导各类中小学校切实加强教师队伍建设，引导各类中小学校和广大教师把教师专业化成长和发展摆到更加重要的位置，促进教师业务素质和水平的不断提高。这是一项新的尝试和探索，也是一项重要的制度创新。

在河南省教育学会、河南省教育科学研究所的大力支持下，经省教育厅同意，2007年11月13日，河南省第一个专门研究小班化教育的民间学术机构"河南省教育学会小班化教育专业委员会"经省民政厅民间组织管理局批准正式成立（豫民社分证字第01720660686）。

2017年6月，经河南省机构编制委员会研究同意，省教育科学研究所更名为省教育科学研究院。2018年1月，郭国侠任河南省教育科学研究院院长。省教科院下设办公室、规划办、教育发展研究室、教育实验研究室、教育科研信息中心、教育史志编辑部、省教育学会秘书处、教育科研培训中心。河南省教育科学规划领导小组办公室、河南省教育学会秘书处、河南省陶行知研究会秘书处、联合国教科文组织河南联系中心设在河南省教育科学研究院。

第二节　各级教研活动的开展及成果

1953年，省教育厅教研组开始编写、印发《教学业务通讯》（包括小学、初中、高中各科），解答教师教学中遇到的问题和对教材的分析，指导教学。编写印发《学校工作通讯》。

1953~1954年，省教育厅教研组与河南广播电台合作，设立教育广播讲座，介绍优秀教师的教学经验，交流学校领导教学的方法，指导教师对教育学的学习。从 1953 年元月起，讲座每周播讲一次，播讲内容大致分为：贯彻教育方针、政策，指导全面工作的行政广播，指导教师学习教育学的教育学讲座，学校行政领导经验的介绍，教师教学经验的介绍，有关教学大纲的讲解及学习教学大纲的体会等。此外还做了两次教学实况录音。全省有半数以上的学校可以经常收听，特别是小城市和乡村的学校教师，非常重视广播的收听。1954 年下半年，由于省广播电台迁郑，联系上增加了困难，特别是因为广播电台不能给讲座一个固定的播讲时间，因而停止了。教育学的学习对教学改革的帮助是很大的。由于学习了苏联先进的课堂教学制度、教学原则和教学方法，全省中等学校大部分教师自 1953 年起都采用了新的教学法。为了贯彻教学原则，很多教师创制教具，出现了教学工作的新气象，发挥了教师的积极性和创造性，在认真备课、系统掌握教材方面，也有显著的提高。

为学习苏联、改革教学、开展教学中的批评与自我批评，1953 年初，省教育厅教研组在开封市举行了语文、数学、历史等科公开教学评议。在初步取得教学评议的经验后，当年 4 月，召开了全省第一次公开教学评议会。通过这次会议，贯彻了教学改革的精神，并指导各专市分别举行校际公开教学。公开教学评议工作，无论行政或学校都非常重视，它不仅推动了教学改革，同时也推动了教师学习，发扬了教学的集体主义精神。通过教学评议，不仅对教师是个深刻实际的教育，而且对学校领导、行政干部熟悉教学工作也是一个有效的提高办法。

1955 年，开封、陈留两县教育科分别设立教研室，开展教学研究，组织教学活动，1957 年前，以研究小学语文、数学教学为主，总结推广教学方法和教学经验，语文课开展"精讲多练""文道结合""识字教学""作文讲评教学""讲读教学"活动。数学教学推广算理、算法并重的教学方法，培养学生举一反三的逻辑思维能力。

1958 年，在"大跃进"的影响下，提出了教育革命。郑州市二七区发动教师自制教具，采取直观教学、电化教学。在教学方法上，突破"五环教学法"的束缚，号召大胆革新、创造，搞单课独进、单课结业，提倡教学"放卫星""大跃进"，让学生背千首诗，作文过万字关，课堂讲授"满堂红"。在这种学校教育服务政治的思想指导下，出现了很多违背教育规律的做法，教学上出现了贪速度、求数量，追求形式上的轰轰烈烈的现象，给教改工作带来一定影响。

1962年，省教研室与郑州市教研室联合召开语文教学座谈会，会后在《河南日报》上发表了《座谈纪要》。1963年省教研室在开封师院召开了规模较大的语文教学座谈会，着重解决基础知识教学和基本技能训练以及不同类型、不同体裁课文的教学方法问题。会后在《光明日报》上做了具体报道，读者反映较好。刘世明、于佑民、刘彬荣、高耀墀等同志写了不少文章，在《文汇报》《河南日报》上发表。

1969年，省教研室工业基础知识（化工）编写组在10个月中先后到达12个县、市，约50个单位，到工厂、农村、部队访问，召开座谈会，举办学习班，听取广大工农兵的意见。1974年教材进行第三次修改前，全室累计开调查会100多次，被调查人数达1057人。到学校调研，一般都采取听课、看作业、召开各种形式的座谈会等方式进行。全省多数地（市）、县几乎都有教材编辑室人员的脚印，去得较多的是当时农民自编教材好的郸城县、县委书记的好榜样——焦裕禄同志工作过的兰考县、模范人物杨水才同志所在的许昌县、闻名中外的红旗渠所在的林县、艰苦奋斗改造自然的辉县、革命老区新县，以及郑州市、开封市、洛阳市等。

1973年开始进行"汉语拼音基本式"教学试验。首先在开封市县街小学、郑州市互助路小学、省实验小学开展试验，取得了良好效果。一般四周左右学生就可以基本学会汉语拼音，开封市县街小学的张玉洁老师只用三周就完成了教学任务。与此同时还充分发挥汉语拼音的作用，不只帮助识字、学习普通话，而且还让学生用到造句、写话当中，在造句、写话时，遇到不会写的汉字，可以用拼音代替，同时引导学生阅读带注音的儿童读物。这样一来，即使在学生识字不多的情况下，也可以读书、作文了。省教研室把这一试验的成果吸收到教材当中，1974年在编写小学语文教材时，拼音部分采用了"基本式"，并且在课文里采用了汉字夹拼音的方法。在一、二年级的课文中，凡是比较繁难的、学生当时学起来难度大的汉字都暂时用拼音代替。这样学生学语文一改以往先从学一个一个最简单的汉字开始的办法，可以一开始就读短文，有利于学生思维和智力的发展。教材的这种编法和教学的这种变革，可以说是为后来的"注音识字，提前读写"

教学试验开辟了道路。汉语拼音基本式教学 1973 年开始试验，1975 年全省一年级全面推广，到 1978 年开始用全国通用教材后，大体结束。

1977 年恢复高考，当年考试命题工作由各省自行负责。省教育局安排教材编辑室承办。该项工作由李惠民和于佑民同志负责，语文、政治、数学、物理、化学、外语等学科的人员参加了命题，并圆满地完成了任务。

从 1977 年开始，郑州市金水区有计划、有重点地组织在职教师进修语文、数学两门课程。1980 年，区成立教师进修学校，统一按教育部的规定和要求进行，使师资培训逐步趋于正规。从 1981 年开始，由教师进修学校和教研室共同负责，组织各学校副教导主任、幼儿园保教主任及以上干部系统地学习哲学、教育学、心理学、学校行政管理学及教材教法等课程。至 1984 年，举办 5 期学习班，参加学习干部 160 名。1985 年全区共培训教师 376 人，27 名优秀中、青年教师离职到郑州师范深造，1986 年区教师进修学校举办卫星中师进修班，招收未达到中师毕业程度的在职教师 92 人，系统学习全部中师课程。1989 年基本上完成全区小学教师的学历培训。

1980 年以后，省教研室先后组织了三种中学语文单科教材的实验，有初中语文《阅读》、《写作》（人民教育出版社），重点高中语文教材（人民教育出版社），张志公主编的九年义务教育初中语文教材（北京大学出版社）。《阅读》《写作》教材的试点学校是郑州市四中、洛阳市五中、开封市原河南师大附中。重点高中语文教材试点学校是省实验中学、郑州市四中、巩县二中、洛阳市一高、洛阳市二中、开封市二十五中。张志公主编的初中语文教材试点是原阳县各初中和开封市的部分初中。对这几套教材进行实验的意图是打破教材品种单一，全省不同条件的地区和学校都只能使用同样教材的状况，以利于河南提高语文教学质量。

通过实验证明，这几套教材都各具特色，有利于提高教学质量。《阅读》《写作》教材改变了作文教学没有教材的状况，使作文教学从无序变为有序，丰富了学生的写作知识，加强了对学生作文的指导。重点高中语文教材分编为《文言读本》《文学读本》《文化读本》，内容丰富，文体相对集中，立足点较高，适用于重点高中和师资水平较好的高中。张志公主编的语文教材"以知识为先导，以实践为主体，并以实践能力的养成为依归"，对于加强语文实践活动，对学生进行实用语文能力的训练及文学作品欣赏能力的培养都有独特的作用。这几套教材经过试用以后，分别推荐给全省各地选用，丰富了教材的品种，促进了教材的多样化。

中学思想政治课自 1980 年至 2000 年间先后有五次较大变动。每次更换新课程、新教材，省教研室政治学科组都要先行实验，并根据国家教委"先培训，再上岗"的要求，对参加改革实验的教师和市地思想政治课骨干教师进行新教材培训，然后再由市地教研室培训到每位思想政治课教师。

1980 年，罗山县教育局决定调在中学当语文教师的吕志道到县教研室，专门从事小学语文教学研究。当时全县小学语文教师 1900 余人，公办教师只有 100 多人，中师以上文化程度的仅有 37 人。全县小学语文教学质量很低，小学语文教学方面的研究更是一个空白，既无人员，又缺资料。吕志道深入教学第一线，采取举办讲座、编印资料、现场指导、巡回辅导等措施，进一步宣传发动，帮助教师明确教改的重大意义，端正思想，把教学改革变为自觉行动，从而推动了全县小学作文教学改革的发展。吕志道把作文教改与整个语文教改放在一起考虑。循着这条思路，他决定进行小学语文"整体教学改革"，把小学阶段的语文教学看作一个不可分割的整体，实行小学作文一年级说话训练，二年级写话训练，三年级片段训练，四、五年级综合训练的"四步训练"教学改革实验，并于 1981 年在试点学校展开。通过教改实验，小学语文教学达到均衡发展，全县的小学语文教学改革又进入新的天地。吕志道也被评为全国教育系统劳动模范。

20 世纪 80 年代，偃师各个学科开始了专题教改实验，先后自创教改项目 62 个。偃师缑氏一中高级教师薛书德自创的"一小时作文教学法"，市直中学王进川自创的"情景作文"教学等实验项目在全省有一定影响。三高黄保欣的"作文训练、三步一法"和四高高洪海的数学"问题—研讨—诱导—探查"等教改实验，取得了较好成绩，二人均获高中教改"科研杯"奖。卢氏县学习研究钱梦龙的教育思想，教学中贯彻"三主方针"，即"教师为主导，学生为主体，练习为主线"的方针。学习研究了黎世法的"六课型单元教学法"理论（小学称"六因素单元教学"法）。"六课型单元教学法"是根据学生学习书本知识的六个主体环节，即"课前自学—专心上课—及时复习—独立作业—解决疑难—系统小结"，而分别提出相应的 6 种课型，即自学课、启发课、复习课、作业课、改错课、小结课。"六课型单元教学法"要求教师指导学生学习中坚持 10 条原则，即热爱学生原则、学习环境原则、发展智能原则、因材施教原则、精学精练原则、运用资料原则、系统钻研原则、学用结合原则、教学育人原则和有效劳动原则。

1982 年，随着学校整顿、调整的完成，卢氏县教育局要求全县教师在学习古今中外教法的基础上，结合自己的教学实际，逐步改进教法，形成自己的教学风格，并组织教师参加教材教法过关考试。县教研室组织全县教师学习县实验中学数学教师侯西照的"培养学生创造性思维能力"教学法，学习县实验中学教师孙同福的"质疑"教学法和"自学辅导"教学法，以及实验小学的"语文五步阅读法"和"数学五步尝试法"，学习文峪中学李实干的"三主四式导读法"，还推广了英语教学的"三位一体教学法"和"课文整体教学法"等。其中实验中学语文教师孙同福用 1 年时间教完初中 3 年语文教材，完成 3 年教学任务的实验，在洛阳地区影响较大，被誉为"豫西教改的闪光点"。

1984 年上半年，开封县教研室在 4 所重点小学开展语文、数学教材分析比赛活动，下半年在 21 所中心小学开展语文教学教材分析比赛，并在 22 个教学班进行小学语文教法改革实验，开展"课前预习""阅读能力训练""复述训练""扩大阅读量训练"等专题实验。1985 年高中以县为单位，初中以五个乡为单位，小学以乡为单位建立中心教研组，开展教学研究活动，仅 1985~1986 年，就举行县、乡级大型教学观摩活动 30 余次，举行中、小学学科研讨会 151 科次，开展学科讲座 43 科次，听课 464 节，开座谈会 82 次，抽查教案 108 本，抽查作业 2682 本，请外地领导、教师传递信息、介绍经验十余人次，组织外出听课观摩 935 人次，组织外出考察 150 人次。1986 年，为加强教学活动的竞争性、趣味性和科学性，开封县在教师中举行小学语文和数学青年教师基本功比赛、百名青年教师课堂教学竞赛、教学计划和考察评比等活动，在学校中举行富有情趣的口头作文竞赛、演讲比赛、物理实验操作竞赛、外语对话赛、钢笔书法比赛等活动，同时，部分中学还开设了作文分格教学实验班，小学开设了语音识字、提前读写实验班和电化教学实验班，中心小学普遍开设了说话课，并在全县范围内推广小学语文第三代讲读法教学。

从 1984 年 9 月 1 日起，在郑州（含巩县）、开封、洛阳、新乡四市和省实验小学共 6 所小学 12 个教学班，进行小学语文"注音识字，提前读写"教学实验。至 1991 年，全省有 60 多个县的 400 多所学校参与了实验，实验班达 1512 个，学生 6 万多人。这项实验取得了良好的教学效果，较好地解决了小学低年级学生识字难的问题，一、二年级的学生利用汉语拼音，边读书边识字，分散了难点，降低了难度，较轻松地完成了大纲规定的识字任务；学生的阅读量大大增加，平均每学年大都能阅读儿童读物 60 万字；作文训练得以提前，以往小学三年级才开始作文，而实验班一、二年级学生就普遍会写日记、作小作文。由于读写提前，学生的视野比较开阔，思维比较活跃，智力发展较快。1991 年 4 月，省教委在孟津县召开全省小学语文教学改革经验交流会，着重总结和交流了这项实验的经验。

1985 年秋季，省教研室报省教育厅批准，在省属重点中学等部分学校开设了电子计算机选修课。这是河南首次有组织、有计划地在学校开展计算机教学。

1986 年 12 月，郑州市金水区召开"金水区第三届小学语文教学研讨会"，以阅读写作为中心，听取了时任北京市西城区语文教师培训中心主任史建中的专题讲座。金水区第四届小学数学研讨会召开，以研究应用题教学规律为中心，听取省教研室张泰山所做的《小学数学教学教研中几个值得注意的问题》的报告，通过观摩教学、论文交流，与会的百余名教师增长了知识，提高了业务素质。

1987 年，中学思想政治课实行教材改革，使用新教材。根据国家教委部署，省教委决定河南思想政治课首批改革实验在 21 所高中和 24 所初中一年级进行。这些学校分布在郑州、洛阳、新乡、焦作、信阳等地，分别开设《科学人生观》、《政治常识》和《公民》课。一年后，又进一步扩大实验。通过实验，提高了大家对政治课改革的认识，取得了经验，培养了骨干，为全面使用新教材打下了基础。

1987 年，新乡市红旗区教研室针对教学活动中出现的中、小学教研组"教""研"脱节，只"教"不"研"的状况，就如何促进二者有机结合、如何在实践中提高教师素质等现实问题，发起并坚持了"说课"活动。在教师备课的基础上，让授课教师面对评委、教师或其他听众，系统地谈自己的教学设想及其理论根据，然后由听者对其进行评说。具体内容是：一、说教材。"说课"者要说出本节课的教学目的、重点、难点、编者意图及其理论根据。二、说教法。"说课"者要讲出自己教本节课时选择的教学方法、教学手段及其理论根据。三、说学法。"说课"者要谈出本节课中要教给学生什么样的学习方法，培养哪些能力，如何调动优等生的积极思维和怎样激发差等生的学习兴趣等。红旗区把"说课"活动分为区级、校级、校内各单科教研组 3 个层次，区级、校级"说课"多为示范或竞赛，经常性的大量的"说课"活动则在校内各单科教研组内进行。一般是任课教师教什么课就说什么课。"说课"时间因地制宜，可长可短，内容可详可略；听众（评说者）多则数百，少则几人。通过"说课"活动，较好地解决了教研脱节问题，促进了教师素质的提高。

河南、山东、辽宁、天津、广东等 24 个省、区、市教育系统 7000 多名同志，先后到新乡市考察学习这一经验。为了满足考察者需要，1992 年，新乡市红旗区文教局举办了 5 次大型说课讲习班。广州市、中山市、佛山市、深圳市、珠海市专门邀请红旗区教研室主任秦忠义等 3 位同志前去讲学 12 天，听众达 3000 多人次。广州市白云区采取免去城市入户费、当即解决住房问题等优惠条件，将红旗区优秀说课教师魏长娟调往广州，专门指导当地的说课活动。河南省教委和全国 99 个县、市、区的教育部门先后发出文件，制定实施方案，推广说课经验。河南省教委师资培训部门还将说课做法移植到全省 40 多所中等师范学校，在教师和师范生中开展说课活动。省教委还专拨 2 万元经费在新乡第二师范学校举办说课培训班，编印下发了 10 万多字共计 1 万多册的说课教材。

1992 年 12 月，来自全国 8 个省、市教育部门、科研部门和新闻单位等 44 个单位的 50 多名代表聚会新乡，召开全国部分省、市首次说课协作会。会议通过了协作会章程，产生了领导机构，决定委托设在新乡市红旗区教研室的协作会秘书处创办《说课研究》《说课动态》等内部刊物。中央教科所原常务副所长、研究员滕纯同志被聘为协作会的顾问。

开封市教育科学研究所成立几年来，对教书与育人的关系、传授知识与培养能力的关系、教师主导作用与学生主体作用的关系、课堂教学与课外活动的关系、统一要求与因材施教的关系等方面都进行了研究。1985 年，市教科所收到优秀科研成果 200 余项。仅市区小学数学一科就有 56 个试验班，做到领导、教师、课题、计划四落实，试验状况曾由省电视台录像播放。加强初中教学工作，这一项被认为是搞好基础教育的关键，即重点抓好青少年品德教育和语文、数学、外语的教学，这里需要解决小学和初中的衔接问题，防止初二教学紊乱和学习分化现象，以保证初中毕业生的质量，市实验中学、市十三中、市三十四中和第二师范附小等校在家长的配合下，进行了研究，并取得初步成效。

1987～1992年，郑州市二七区教研室提倡既重视知识的讲授，又重视对学生智能的培养，引导二七区学校采用谈话法、演示法、归纳法、分析法、实验法、读书指导法等不同的教学方法，以最大限度地调动学生的学习积极性。1993年，课堂教学由重视基本知识教学、基本技能训练和学生的智力培养转向强调学生积极参与学习过程，主动获取知识。在广大教育工作者不断探索和努力实践中，涌现出多种新的教学方法。如兴趣教学法、讨论教学法、自读交流教学法等，并创造了6步教学模式、8字教学模式等。这些新的教学方法、教学模式，其基本精神是让学生自己去观察、思考、动手、表达并且做出结论。1994年，二七区又积极推行愉快教育实验，取得了较好的效果，目前已广泛应用于课堂教学之中。

1988年，针对当时数学应用题分类型的教学不利于学生的具体情况等弊端，河南省基础教育教研室数学学科组在郑州市金水区所有小学进行应用题不分类型教学的实验。通过实验，以往的分类型背解法的僵死教学方法得到整体改变。通过审题，弄清算理，找出数量关系，根据数量关系间相等关系列式计算、检验并写答的新模式20世纪90年代在金水区数学教师中推广。广大教师认为这种方法符合认知规律，在当时，对数学教学的发展起到积极的推进作用。

1990年，省教研室发现河南师大附中自1989年开始进行的初中英语循环式教学试验（试验教师自编教材）效果不错，特别是较好地强化了英语教学中普遍存在的听、说这一薄弱环节。1992年，在他们对该项试验进行评估时，省教研室通知各市、地教研室派人参加，并向各市、地推荐了这项试验。后来，新乡市将这项试验范围扩大到8个县60个教学班。

1990年郑州市金水区文教局举办电大考前补习班，参加补习200人，培训音乐老师40人。为满足教师进步的要求，文教局党委举办了48人参加的党员培训对象学习班；组织卫星电大师专班招生考试，自愿参加卫星电大师专班学习的 98 人（文科）；举办全区青年教师教学基本功比赛，引导全体青年教师刻苦学习基本功，提高业务水平，全区青年教师的业务素质和教学能力有很大的提高。同年，纬五路一小举办拜师会，全校 27 名青年教师拜了师。

在普及义务教育工作中，小学复式教学有着特定的作用，对山、边、穷地区尤其是这样，随着计划生育的落实，人口出生率降低，即使经济发达了，复式教学也仍然有存在的必要。因此，省教研室把小学复式教学作为一个重要课题进行研究。从 1990 年至 1997 年先后在林县、辉县、洛宁县、西峡县召开了 4 次复式教学研讨会。经过省、市、县三级教研室多年的持续研究，总结出复式教学的规律，制订了"河南省小学复式教学常规"，从备课、上课、作业、辅导、考查考试等方面对复式教学提出了具体而明确的要求，规范了复式教学的机制，使复式教学有章可循，推动了复式教学质量的大面积提高。这项研究得到了时任省教委领导汤瑞桢、马振海同志的重视和支持，1997 年省教研室把该项目的研究成果形成河南省教委基研字〔1997〕117 号文件并下发各地执行。

商丘地区教委 1990 年即把"提高课堂教学效率，减轻学生过重课业负担"问题列为教改实验课题，组成了由地、市教研员，实验小学领导和执教老师组成的实验组，制定了实验的 10 项原则和 10 条措施，在探索这一问题的过程中也走出了自己的路子。

1990 年，郑州市金水区率先在柳林中学语文学科进行"双分"教学实验，"双分"即"分类指导、分层推进"。所谓"分类指导"，是指根据学生心理上的个性差异，把同一班级的学生分成若干差异组，针对各类学生的个性进行指导，力争各类学生都有所发展；所谓"分层推进"，是指在把握教材整体要求的基础上，根据同类学生认知思维的能力层次，分解整体要求，由低到高逐级推进。1998 年，阶段性成果《让每个学生都有所提高——初中语文"双分"实验报告》获河南省教科所、河南省教育学会教育实验研究专业委员会教改成果一等奖。延伸课题《构建素质教育课堂教学运行机制》同获一等奖。

1992 年，郑州市二七区被定为省愉快教育实验区，教研室先后举办了

"新星杯"课堂教学大赛、"老、中、青教师课堂教学大赛"及"青年教师成果汇报课"活动，召开了愉快教育研讨会，使愉快教育思想广泛应用于课堂教学中，同时也产生了巨大的效能。1996年，二七区又被定为省活动课教学实验区。在实验中，举行了活动课研讨会及活动课开放月活动。2002年，二七区被河南省教育厅定为首批省级课程改革实验区，有113个小学一年级教学班4723名学生，七年级50个教学班3101名学生参加实验。

1994年，调节教学实验在二七区中小学各学科全面展开。实验紧扣调节教学的基本特征，即"四个环节"（自学释疑、训练操作、反馈矫正、延伸迁移）、"五个关键"（教学目标具体明确、充分发挥学生的主体作用、课堂完成反馈矫正、基本不留课外作业、教学效果达标过关），大胆尝试，改革教学方法，在各校开展说、上、评调节教学课一条龙活动，在进行校级评比的基础上举办区调节教学大赛。

自1996年以来，二七区作为郑州市活动课教学实验区，在活动课教学实验中进行了大胆而有益的尝试。于1996年成立实验课题组，制定实验方案，准备实验教材。1997年二七区的活动课实验由点带面全面展开。在1997~1998学年教学教研计划中明确提出，发挥课程功能，落实素质教育，规范活动课教学。在活动实验中，提出活动内容的选择和安排要力求突出"一个核心，二个靠近，四个有利于"。"一个核心"，即以提高学生的文化素养为核心；"二个靠近"，即选择的内容一要靠近学生的生活经验，二要靠近学生的实际需要；"四个有利于"，即有利于培养学生的学习兴趣，有利于学生全员参与，有利于学生主体性的发挥，有利于展示学生的个性特长。1997年，全区开展了每人写一篇活动课优质教案、上一节活动课公开课、写一篇活动课教学体会的"三个一"活动，并举行了活动课研讨会及活动课开放月活动，全区教师积极参与，形成了浓郁的活动课的实验氛围。1998年，郑州市教研室在二七区召开了"首届小学语文活动课观摩现场会"，各兄弟区、市（县）的领导及教师共500余人参加观摩活动，二七区展示的《四季快车》《改错别字》《找秋天》《成语王国》等课受到好评。2000年，在"郑州市小学语文实践活动观摩研讨会"上，孙贤、齐华、冯华、张莉4位教师所执教的《祖国风光无限好》《四季快车》《趣话汉字》《畅谈奥运》赢得了听课教师的广泛赞誉。

　　郑州市金水区教研室开展了"模式建基阅读能力培养法"实验。该实验是一项以对阅读能力形成实质的认识为基础，以"三主"（教师为主导、学生为主体、训练为主线）理论为指导，以建立阅读的行为模式为关键，以大量的阅读训练为手段，以发展学生的阅读能力为目的的语文教学法，它的最高宗旨是实实在在地提高学生的语文素质。经过多年探索，这项教学法实验获 1995 年省教研室教改成果一等奖。"模式建基阅读能力培养法"在金水区推广以后，得到广大语文教师的认可，产生较好的课堂教学效果。

　　金水区教研室推广了"小学作文计划训练"。该训练是以克服作文教学中的盲目性、随意性为契机，以建立科学的小学作文训练体系为中心，以对学生进行有计划的、严格的、科学的训练为手段，最后达到扎实、快速、大面积地提高学生作文能力为最终目的的作文教学法。这项教学法在金水区推广后，得到广大师生的普遍认可，取得较好的实际效果。1997 年获河南省教改成果一等奖，同年金水区被定为河南省作文教改实验基地，河南省教研室在金水区召开河南省作文教学改革观摩现场会。

　　20 世纪 90 年代，卢氏县学习研究"目标教学"理论。目标教学是借鉴世界现代先进教育理论，继承发扬我国教育教学的优良传统，广泛融合我国当代教育教学改革家的丰富的新鲜经验，并结合当地的教学实际，所进行的整体性教学改革。它是以单元达标与课时（或课题）达标相结合为基本教学单位，以系统的教学目标为核心，以群体教学和个别帮助相结合为基本形式，以目标教学的基本模式和种种教法的最佳结合相统一为桥梁，以发挥教与学的整体效应为指针，以教学评价为手段，以及时的反馈矫正为保证，以 95% 以上的学生当堂达标、掌握知识、形成能力、开发智力为目的的一种教学机制。

　　1999 年之后，郑州市上街区教科研中心率先在新建小学开展"小学主体性教育教学试验研究"和"创新教育教学试验研究"，继而在全区各学校、各学科开展教学研究试验，以科学试验研究的改革带动课堂教学的改革，提高课堂教学质量，提高教师的课堂教学技艺。

　　小学英语短课教学实验根据有效记忆的规律，即如果所学新内容不能及时复现，就会很快遗忘，相隔时间越长，遗忘率越高，儿童长期记忆能力较差，抽象逻辑能力尚未形成，学习外语需要的时间和频率必须有足够的保证。金水区教研室对英语课时进行调整，实施英语短课时教学实验，即将每周 2 节 40 分钟常规课分成 4 节 20 分钟短课，并于 2000 年 9 月在文化路第二小学和金水区艺术小学（两所学校分别采用大象社和人教社两种教材）进行实验。2001 年 9 月，调整为两长两短、长短课相结合的教学形式，实验学校递增为 8 所。课题于 2001 年申报并正式立项，被教育部国家基础教育实验中心外语教育研究中心批准为 2001～2002 年河南唯一重点课题。

21 世纪初，郑州市二七区解放路小学积极实施"小班化"教育，创建"阳光学校"。2000 年 8 月，经郑州市教育局批准，成为郑州市首批"小班化"教育试点单位。"小班"的主要特点是在班级人数上采取"24～28 人"的小额编班制，从一年级起就开设英语、电脑、心理健康、书法等特色课程，注重学生综合素质的发展。在师资队伍上，配备国家级、省级、市级、区级骨干教师。3 年来"小班化"教育初见成效，学生思维活跃、求知欲强、知识面广，个性得到了充分的张扬和发展。几年来，小班的教学成绩一直在全区名列前茅。2002 年 8 月，学校组织了"小班化教育研讨会"，市教科所专家和上级领导对该校开展的"小班化教育"实验给予高度的一致肯定与评价。2002 年 9 月，"小班化教育"研究成果在第十七届全国基础教育改革研讨会上做经验交流。同时，"小班化教育"的各类信息，也多次被省、市新闻媒体报道。

二七区解放路小学为进一步开展好"小班化"教育实验，提升教师服务意识，为学生、家长创造优质的教育环境，积极实施"阳光教育"理念，努力创办"阳光学校"。阳光学校的内涵为，倡导阳光服务：倾听、沟通、引导；构筑阳光心路：理解、宽容、悦纳；释放阳光情怀：热爱、奉献、创新；树立阳光教师形象：健康、微笑、机智；为学生创建主动、探究、合作的阳光学校环境，创造诚实、健康、活泼的阳光生活乐园。

2000 年 8 月，郑州市中原区齐礼闫小学的《从 221 个破烂看中国垃圾分类》的实践调研文章代表河南参加第 10 届全国青少年科技创新大赛获一等奖，同时获五个基金奖中的中国自然科学基金奖。

2001 年，教育部印发《开展基础教育新课程实施推广工作的意见》，省教研室组织小学、初中各学科教研员参加了教育部举办的基础教育课程改革实验区的课改培训和新大纲、新教材的培训，并对河南省的"国家基础教育课程改革实验区"——郑州市金水区的课改工作进行指导，同时还提出了关于地方和校本教材开发、关于基础教育课程改革的指导意见和建议。2003 年，随着全省基础教育课改实验区的增加，省教研室提出把基础教育课程改革作为教研中心工作，充分发挥指导和服务的作用，抓好国家级和省级实验区的实验和指导工作的要求，组织教研员深入第一线进行调研，并做好课改实验区跟进培训，开展多种形式的观摩、研讨和交流活动。组织编写《课改一百问》《家长手册》等读物，扩大宣传；以课题研究推进课改实施，着重抓好评价改革这一课题的研究，做到"把问题课题化，把工作科研化，把结果成果化"。在此期间，省教研室为省教育厅制定了《河南省义务教育课程改革实验区课程计划（试行）》《河南省地方课程设置方案》以及省情教育、礼仪教育、心理健康教育、书法艺术、新科技、综合知识讲座等地方课程的课程标准。

2007 年，河南省首届农村青年教师技能竞赛活动举办。为加强农村教师队伍建设，促进教师专业化成长和发展，加强农村英语教学工作，河南省教育厅、省教科所决定开展农村青年英语教师教学技能竞赛。这项活动在广大农村教师中产生较好反响，影响和带动了广大农村教师学业务、比技能、学先进、求进步的积极性，发现、选拔了一批农村英语教学骨干。当年全省有近 5 万名农村中小学专、兼职英语教师参加活动，923 名教师分别获奖。

2015 年，省教育厅组织举办河南省中等职业教育技能大赛活动。全省有 2526 名选手参赛，1866 名选手获奖。遴选出的优秀选手在全国各类技能大赛中获得奖项 82 项，其中一等奖 7 项，二等奖 24 项，三等奖 51 项。积极参加全国职业院校教师信息化教学大赛，获得一等奖 4 项，一等奖获奖率在全国名列前茅。开展了职业教育教学改革项目研究，对教改项目立项、结项等工作进行了改革完善，采取多组平均、匿名评审等方式，共评审 292 项申请结项的职业教育教学改革项目，其中优秀项目 16 项，合格项目 229 项。评审确定了 331 项 2015 年职业教育教学改革项目，其中重点项目 78 项，规划项目 253 项。围绕学校需求制定了工程造价等 10 个专业的教学标准，促进了教学标准化发展。此外，还开展了职成教优秀教学课件、优秀论文、优质课和省职业教育成果奖等审定工作，有效提升了中职学校教育教学科研能力。

近几年，郑州市中学生德育习惯养成工程开始实施，跨部门的学生心理健康协同合作机制初步建立，中小学生心理健康教育网络数据平台也得到了进一步完善。中小学生健康监测项目也在有序的实施过程中，营养和运动干预逐步加强，"运动处方"体育教学模式在 300 余所试点学校成功展开。

郑州市政府还十分注重教师发展环境的优化。为了推进教师队伍整体素质的提高，郑州市实行了初中名校长培养工程，首轮遴选了 21 名对象开始三年一周期的培养。除此之外，郑州市还拥有 30 个名校长工作室和 40 个名班主任工作室，对教师进行分类集中培训，建成教师教育学科专家库，并遴选 50 名专家入库，利用信息平台分享教学资源，以此推进师资队伍结构逐步优化。

第三节　校本教研活动的开展及成果

开封市县街小学教师张兆瑞突破原来教学框框，提出"立足音乐，着眼智力"的音乐教改方案并于 1983 年开始实施。1986 年以后，开封市县街小学和河南大学教科所联合进行了"和谐教育"整体改革实验，围绕"教育教学最优化、各科教改同步化、全面发展和谐化"的整体性原则，加强纵向衔接，横向互相渗透，开展了趣味性、综合性教学和多样化的课内外活动，在小学教育探索中迈出了可喜的一步。体育课也朝着综合的方向进行了改革，如在教学过程中实行"体伴舞"，使孩子们受到美的陶冶；通过智力游戏培养孩子们的思维能力，通过耐力练习培养孩子们的意志品质等，不仅使体育课自身从内容到形式生动活泼，而且也促进了其他相关科目的教学。手工劳动课、自然常识课、美术课、少先队活动等科目，也都在和谐教育中各自发挥了作用，从而取得了各科教学内容目的和手段的和谐一致性，使学生德智体美劳得到全面、同步的发展。

1984 年，郑州市、金水区教研室提出改革教学程序的意见，重视学生预习，培养学生自学能力、独立思考能力和综合运用所学知识的能力。教师既要上好新课，又要上好练习课和复习课，把直观性原则、理论联系实际原则、因材施教原则、系统性原则等贯彻到整个教学中去，并积极运用和推广电化教学。

金水区小学在搞好课堂教学改革的同时，又努力开辟"第二课堂"，即根据学生的爱好、兴趣、特长、志向，开展形式多样、内容丰富多彩的课外活动。活动形式因人因地制宜，组成各种队、组开展活动。各校建成的队组有语文、数学、绘画、书法、故事、摄影、气象、无线电、计算机、科技制作等组，以及体育、演唱、乐器、舞蹈、鼓号等队，还有娃娃剧团等，参加的学生一般占学生总数的 1/3 左右。第二课堂活动的辅导员，主要是聘请本校教师担任，也聘请一些社会知名人士、离退休科技人员担任，各种活动多数都在校内，有些学校设备不足，由辅导员带领到有条件的单位活动。第二课堂活动一般是每周两次（文体、计算机多一些），内容、形式、方法都处于探索阶段，但成绩已经十分明显。

长期以来，在中学教师中形成了埋头教学、不注意总结的"述而不著"的习惯，许多好的经验不为外人所知，实在令人可惜。漯河四中校长张金水为调动教师在搞好教学的同时，搞好科研活动，规定了教师每人每年写1~2 篇有分量的教学总结或学术论文。学校把好的总结、论文编印成册，发到每个教师手中。在此基础上，学校定期召开研讨会，互相学习，推动教学科研活动。学校整理编写了《教改集锦》，其中，杨立民老师的《三段式教学方法》和张鸣谐老师的《精心设计每一堂课》两篇文章，分别被省有关部门评为一等奖和三等奖。1988 年，学校被国家教委等单位授予全国勤工俭学先进单位称号。

孟津县从 2002 年 3 月进行新课程改革以来，依据全县学校自身的特点、条件以及可开发的地方资源，进行具有本地学校特色的校本课程的开发及教学，开发出了一些有价值的校本课程，形成了一套适合当地实际的校本课程开发、实施的办法。

首先，县教研室组织教研员和骨干教师，通过反思、学习，明确校本课程开发有两种形态："校本课程"的开发和"校本的"课程开发。而"校本的"课程开发既有对国家或地方开发的课程进行适应性改编，也有学校自主开发的课程，它符合校本课程开发的开放性、个性、协调性、综合性等，能使师生充分参与。因此，结合这两种模式的优点，形成了该县的"实践—开发—反思—改进"的开发模式。

其次，成立了县、乡（镇）、校三级校本课程开发组，制定了方案。一是教研工作重心下移。县、乡两级分别在学校教师中聘请兼职教研员，增强教研力量。成立乡、校学科中心组，以校为中心，集中解决乡校在校本课程开发中出现的问题。县、乡教研员其工作包括蹲校、协调、服务。二是教研员教研工作"十个一"，即熟悉和掌握一个学科的课程标准和教材体系，研读一本课程改革理论专著，抓好一所课程改革实验学校，进行一项课改科研课题实验，培养一批优秀课改实验教师，上好一节课改示范课，举办一次高质量的课改学科研讨会，写出一篇高质量的课改教学研究论文，总结推广一项先进的教学经验和方法，编制一套高质量的课改质量评价试卷。三是实施两级课题带动。实施教研员大课题大科研，教师小课题小科研策略。把问题转化为课题，把教学转化为教研，把经验转化为成果。课题到人，责任到人。

为配合课改工作，孟津县教育局机关全体同志坚持"五个一"的要求，即每周深入基层听一节课，每月为学校办一件实事，每季度进行一次调查研究，每半年向局办公室交一篇调查报告，每年向局长提一条合理化建议。

孟津县教育局教研室还建立了开发机制，完善了评价措施。第一，对校本课程开发采用科学化、人本化、整合化的管理模式，要求校本课程呈现形式多样化，可以是一张纸，也可以是一本书，还可以是一张光盘、一张照片，可以是教师的教案，也可以是学生的手抄本，不求完美，只求实用等。校本课程的实施，强调学生的自主性，学生可根据自己的爱好、兴趣选择，不做硬性规定。上课时间根据时机、季节由教师安排，报教导处批准；评价看学生的发展，看学生的实践能力，看学生的兴致，以鼓励为主；期末依照制定的特色学校评比标准进行评比，展示优秀的，改进不足的，从而推动课程改革的健康发展。第二，探索建立多样化的校本课程开发的评价机制。一是政策激励。对开发校本课程作出贡献的教师、学校进行重奖，对成绩突出的教师和校长，在评先表模、职称、职务晋升上优先。对有示范作用的学校进行挂牌表彰。二是课堂评价。对开设的校本课程进行课堂评价，同时对学科课程中教师课程资源的利用情况进行评价，对课程资源利用合理、有效的，在上级评选时优先推荐。三是定期评选。采用教研室定期对学校、教师进行专题评价，督导室不定期进行教师自评、师生互评的督导，各学校举行校园开放日活动，让家长参与评价等形式，对学校、教师的课程开发情况进行评价。四是阶段性评估。第一阶段为乡镇、学校自评，第二阶段为县评，第三阶段为成果展示，强化结果运用，推广先进经验，同时制定《孟津县校本课程开发阶段性评估实施方案》。第三，确定开发主体。县教研室在调研中发现，以教师为开发性主体，学生为参与性主体，社会上的各种人才为辅助性主体，通过三者的合理配合，形成的开发共同体为最佳开发模式。第四，课程开发形式。一是特长开发式。教师、学生、社会人员中有特长的就定为一项课程开发。如县第二实验小学一位教师擅长面塑，就开发了面塑技法课程；白鹤一所学校聘请了社会上一位拣制黄河奇石的能人，在学校里就开发了黄河奇石的拣制；麻屯一中的一个学生擅长编织，就在学校开发了线织课程。二是资源开发式。学校周围有什么特色资源，就开发什么项目。如平乐四中的牡丹画画法、朝阳一中的唐三彩制作等。

在校本课程开发中，孟津县教研室打破过去在"选修课、活动课"中形成的"编教材—学教材—改教材"的旧程式，尝试用"教中编—编中学—学中改"的新程式。如朝阳二中的《牡丹栽培》中的管理一节，就是教师通过教学设计，带领学生到学校附近的基地实践，然后改编成教材的。这样就促进了师生之间、学生与学生之间，通过平等参与、对话交流、共享实践成果，形成一种真实的师生朋友式的学习氛围。采取以学生的发展或社会问题为取向的课堂组织形式，把课程与学生身处的环境和个人经验联系起来，使校本课程根植于学生经验中，真正起到培育人的作用。学生的兴趣、需要、经验、能力是整合的焦点，其知识的综合应用与实践中的融会贯通是重心。

郑州市纬四路幼儿园坚持以"研"促"教"、以"教"推"研"的办园思想，积极开展教育科学研究工作，相继承担国家级课题"幼儿社会化教育"、省级课题"幼儿环境教育""音乐欣赏""幼儿计算机辅助教学"等项研究，推动幼儿园教科研工作发展，教师的科研论文多次在省、市、区教育科研评比中获奖。河南省实验幼儿园是国家和河南省幼儿园素质教育、幼儿科技教育、幼儿社会化教育等重要课题实验基地。自建园至 2002年，幼儿园为社会培养出大量优秀人才，如音乐家薛伟，中央电视台主持人海霞、张泽群等，是一所具有示范性、现代性、超前性，并具有国际水准的幼儿园。

当前，河南省基础教育发展正面临历史的挑战和机遇，任务艰巨。今后教育改革要深入教学领域，全面推进素质教育，全面提高教学质量，满足人民群众日益增长的教育需求，教育科研工作任重而道远。教学研究、教学指导、课程改革、教材建设、教学评价等将对教育发展，提高全省公民素质起到极其重要的推动作用。全省教育科研只要认清方向道路，进一步重视教育教学规律和如何实施素质教育的探索，必将在教育教学研究的道路上健康发展。

参考文献

一 档案文献与教育年鉴

河南省教育厅编《河南省教育事业统计资料（1949~1959）》。

河南省教育厅编《河南省教育事业统计资料（1962）》。

河南省教育厅编《河南省教育事业统计资料（1964）》。

河南省教育厅编《河南省教育事业统计资料（1965）》。

河南省教育厅编《河南省教育统计资料（1982）》。

河南省教育厅编《河南省教育统计资料（1984）》。

河南省教育厅编《河南省教育统计资料（1986）》。

河南省教育委员会编《河南省教育统计年鉴（1987）》。

河南省教育委员会编《河南省教育统计年鉴（1990）》。

河南省教育委员会编《河南省教育统计年鉴（1991）》。

刘相如、杨学勇主编《河南省教育统计年鉴（1994）》。

河南省教育委员会编《河南省教育统计年鉴（1999）》。

张冰燕主编《河南省教育统计年鉴（2003）》，河南大学出版社，2004。

张冰燕主编《河南省教育统计年鉴（2005）》，河南大学出版社，2006。

董玉民、张琳主编《河南省教育统计年鉴（2008）》，河南省教育厅，2009。

董玉民、王磊主编《河南省教育统计年鉴（2009）》，河南省教育厅，2010。

董玉民、王磊主编《河南省教育统计年鉴（2010）》，河南省教育厅，2011。

河南省教育委员会编《河南省教育经费统计年鉴（1989~1990）》，河南大学出版社，1992。

《河南教育年鉴》编纂委员会编《河南教育年鉴（1987）》，大象出版社，1988。

《河南教育年鉴》编纂委员会编《河南教育年鉴（1988）》，河南教育出版社，1989。

《河南教育年鉴》编纂委员会编《河南教育年鉴（1989）》，河南教育出版社，1990。

《河南教育年鉴》编纂委员会编《河南教育年鉴（1990）》，河南教育出版社，1990。

《河南教育年鉴》编纂委员会编《河南教育年鉴（1991）》，河南教育出版社，1991。

孙增福主编《河南教育年鉴（1992）》，河南教育出版社，1992。

《河南教育年鉴》编纂委员会编《河南教育年鉴（1993）》，河南教育出版社，1993。

《河南教育年鉴》编纂委员会编《河南教育年鉴（1994）》，河南教育出版社，1994。

河南省教育史志年鉴编纂委员会编《河南教育年鉴（1996）》，河南教育出版社，1996。

孙增福主编《河南教育年鉴（1997）》，大象出版社，1997。

河南省教育史志年鉴编纂委员会编《河南教育年鉴（2000）》，大象出版社，2000。

高培华主编《河南教育年鉴（2001）》，大象出版社，2001。

高培华主编《河南教育年鉴（2002）》，大象出版社，2002。

高培华主编《河南教育年鉴（2003）》，大象出版社，2003。

高培华主编《河南教育年鉴（2004）》，大象出版社，2004。

河南省教育史志年鉴编纂委员会编《河南教育年鉴（2005）》，大象出版社，2005。

河南省教育史志年鉴编纂委员会编《河南教育年鉴（2006）》，大象出版社，2006。

河南省教育史志年鉴编纂委员会编《河南教育年鉴（2007）》，大象出版社，2007。

河南省教育史志年鉴编纂委员会编《河南教育年鉴（2008）》，大象出版社，2008。

高培华主编《河南教育年鉴（2009）》，大象出版社，2009。

高培华主编《河南教育年鉴（2012）》，大象出版社，2012。

河南省教育史志年鉴编纂委员会编《河南教育年鉴（2015）》，大象出版社，2017。

中共焦作市委党史研究室、焦作市档案局编《焦作百年文献（1898～2005）》第一、二、三卷。

二 图书文献

河南省人民政府教育厅编《文教工作资料》第6辑、第7辑，1950。

《中南军政委员会教育部关于河南省五一年冬学实施方案的通报》，《河南省人民政府公报》1951年第11期。

河南省人民政府教育厅编《教育文件汇编》，1952。

河南省人民政府教育厅编《教育文件汇编》，1954。

河南省教育厅编《小学教学经验汇集》，河南人民出版社，1956。

中共河南省禹县委员会编《举起万只手　驯服千座山——河南省禹县水土保持工作典型经验》，农业出版社，1958。

河南省教育厅编《河南省教育行政会议专辑1958》。

河南人民出版社编《以辉县抗大中学为榜样深入开展教育革命》，河南人民出版社，1974。

河南省教育厅编《河南省教育财务制度选编》，1980。

河南省教育厅《河南成人教育》编写组编《河南成人教育》，1982。

河南省教育史志编辑室编《中国教育年鉴1949～1983》（河南篇初稿）。

河南省教育委员会计财处编《教育事业财务制度汇编》（下），1986。

河南省教育委员会编《河南教育工作文件汇编1986》（下）。

河南省新蔡县史志办公室编《新蔡县志·教育》。

登封县教育志编纂委员会编《登封县教育志》，河南人民出版社，1988。

徐玉坤主编《河南教育名人传》，河南教育出版社，1989。

宋金忠主编《河南师范教育四十年》，教育科学出版社，1989。

河南省中小学幼儿教师奖励基金会编《园丁颂》，河南教育出版社，1990。

程国珍主编《方城县教育志》，中州古籍出版社，1991。

河南教育经济研究会编《河南教育经济透视》，河南大学出版社，1991。

王乃灿、孙文波编《普通话·汉语拼音教改经验荟萃》，河南教育出版社，1991。

靳建禄、姚文俊、王非编《小学校长谈管理》，河南教育出版社，1991。

河南省教委编《德育工作经验文选》，河南教育出版社，1991。

姚文俊编《德育新路——安阳市人民大道小学德育整体改革实践》，河南教育出版社，1991。

靳建禄等编《德育研究文集》，河南教育出版社，1991。

林芬等编《育才之路——新乡市育才小学德育经验选编》，河南教育出版社，1991。

李一凡、王嵩峰编《劳动教育经验选编》，河南教育出版社，1991。

宁国清主编《沁阳市教育志》，中州古籍出版社，1992。

河南省教育委员会编《前进中的河南教育》，河南大学出版社，1992。

河南省教育委员会编《90 年代河南教育展望》，河南大学出版社，1992。

徐玉坤主编《教育 教学 育人》，河南大学出版社，1992。

侯宗宾主编《中国改革开放辉煌成就十四年·河南卷》，中国经济出版社，1992。

刘尊主编《内黄县教育志》，中州古籍出版社，1993。

邵文杰总纂《河南省志·教育志》第 50 卷，河南人民出版社，1993。

张凯亭等主编《河南省中初等教育评估手册（一）》，河南人民出版社，1994。

葛纪谦主编《河南改革成果》，河南人民出版社，1994。

亓国瑞主编《园丁颂》第5辑，河南教育出版社，1994。

张凯亭：《新时期教育工作论稿》，河南大学出版社，1995。

亓国瑞主编《园丁颂》第7辑，河南教育出版社，1996。

徐玉坤主编《当代河南的教育事业》，当代中国出版社，1996。

河南省教育基金会编《河南特级教师风采录——特级教师教学经验谈》（中学卷），河南省教育基金会，1997。

何东昌主编《中华人民共和国重要教育文献（1949~1975）》，海南出版社，1998。

何东昌主编《中华人民共和国重要教育文献（1976~1990）》，海南出版社，1998。

何东昌主编《中华人民共和国重要教育文献（1991~1997）》，海南出版社，1998。

焦廷秀主编《修武县教育志（863~1993）》，中州古籍出版社，1998。

程凯主编《当代中国教育思想史》，河南大学出版社，1999。

姬忠林等：《河南成人教育史》，河南大学出版社，1999。

河南省教育厅编《夯实基础 振兴河南——全省基础教育工作会议文件汇编》，大象出版社，2001。

中国教育工会河南省委员会编《教育工会工作实用法规文件选编（1987~2000）》。

河南省教育厅编《完善农村义务教育管理体制工作手册》，大象出版社，2002。

蒋笃运主编《21世纪河南高等教育发展战略研究》，高等教育出版社，2002。

蒋笃运：《河南高等教育信息化问题研究》，郑州大学出版社，2003。

王发曾主编《高等教育研究》（第4辑），河南大学出版社，2003。

刘社建：《中国教育消费经济研究》，河南人民出版社，2003。

刘彬荣、周其恩主编《河南教研志——河南省基础教育教学研究室五十年史册（1953~2003）》，大象出版社，2003。

孙顺霖等编《河南电化教育发展史讨论稿》，2003。

王日新、蒋笃运主编《河南教育通史》（上、中、下册），大象出版社，2004。

张大卫主编《河南城市发展报告2005》，河南人民出版社，2005。

河南省教育科学研究所编《2005河南教育发展研究报告》，河南人民出版社，2006。

李默、刘肖主编《一切都给你》，河南人民出版社，2006。

中共河南省委高校工委、河南省教育厅编《加快教育发展 建设创新河南——李成玉省长视察教育讲话汇编》，河南教育报刊社，2006。

孙志祥：《大别山下的状元县：革命老区的一张金色名片》，河南人民出版社，2006。

河南省教育厅编《发展职业教育 促进中原崛起——河南省职业教育工作会议文件汇编》，郑州大学出版社，2006。

李新杰主编《改革 发展 创新——2005年度河南省社科联优秀调研成果选萃》，河南大学出版社，2006。

高尚刚主编《2006河南教育发展研究报告》，大象出版社，2006。

河南省教育厅编《全国第二届中小学生艺术展演活动河南省艺术教育优秀论文集》，河南人民出版社，2007。

张筱良：《教育均衡发展的理论与实践：以河南为例》，河南人民出版社，2007。

河南省教育厅编《河南省中小学教育改革实践探索》，河南人民出版社，2007。

蒋笃运主编《河南教育的历史跨越（1978~2008）》，大象出版社，2008。

林宪斋主编《河南城市改革发展报告2009》，社会科学文献出版社，2009。

黄才华：《职业教育与河南经济发展》，高等教育出版社，2009。

高尚刚主编《2008河南教育发展研究报告》，大象出版社，2009。

戴国明：《戴国明教育文集》，河南大学出版社，2009。

刘金海、南晓庄主编《河南教育学院志（1955～2001）》，中州古籍出版社，2009。

高宏伟：《河南城市化发展对策研究》，天津教育出版社，2009。

严全治：《创新型河南建设与高等教育战略转型》，人民出版社，2010。

时广郑、张琳、卢玉玲主编《求索集——河南省教育学会小学语文教学专业委员会成立三十周年纪念》，大象出版社，2010。

潘红波：《县域教育均衡发展研究——以河南省息县为例》，郑州大学出版社，2011。

河南省教育厅编《中原崛起 教育为基》，河南人民出版社，2012。

河南省教育厅基础教育一处编《义务教育均衡发展资料汇编》，2012。

高闰青：《河南省农村教育热点问题研究》，中国矿业大学出版社，2012。

王键吉主编《产学研合作教育的探索与实践》，中国社会科学出版社，2013。

河南省基础教育教学研究室编《河南教研志 2003～2013 卷》，大象出版社，2013。

河南省教育科学研究所编《2016 河南教育发展研究报告》，大象出版社，2017。

李陶然：《做有未来的教育》，河南天一文化传播有限公司，2017。

三　硕士学位论文

张丰河：《中部崛起战略视野下的河南高等教育与科技发展状况的实证研究》，硕士学位论文，河南师范大学，2007。

杨为学：《农村义务教育经费保障机制改革中的政府责任研究——对河南 N 县的个案考察》，硕士学位论文，华中师范大学，2008。

许建华：《1949～1957 年河南职工业余教育研究》，硕士学位论文，河南大学，2009。

陈雪萍：《1949～1956 年河南省小学教育研究》，硕士学位论文，河南大学，2010。

李萌：《大众化进程中河南省高等教育财政责任研究》，硕士学位论文，河南师范大学，2011。

曾琰：《中原经济区与河南高等教育协调发展研究》，硕士学位论文，河南大学，2012。

李天科：《河南省高等教育生态结构研究》，硕士学位论文，河南大学，2013。

刘秋月：《中国共产党对河南教育的接管和改造（1948～1952）》，硕士学位论文，郑州大学，2014。

四　期刊文章

董小香、谭莉梅：《中原崛起背景下的河南省教育竞争力研究》，《洛阳师范学院学报》2005 年第 5 期。

徐立新、狄文辉等：《"五元归一"人才培养模式的探索——河南机电高专〈软件技术〉专业教育教学改革实践》，《河南机电高等专科学校学报》2007 年第 1 期。

韩家清：《一座教育历史上的丰碑——河南省迎接"两基"国检工作纪实》，《河南教育》2008 年第 2 期。

王锡璋、耿法：《1958 年河南教育"大跃进"》，《中共党史资料》2008 年第 3 期。

张开洪：《"十五"期间河南省普通高等教育投资的实证研究》，《河南理工大学学报》（社会科学版）2008 年第 3 期。

刘莹：《"十三五"时期河南省高等教育发展战略研究》，《华北水利水电大学学报》（社会科学版）2008 年第 3 期。

张玲：《"中原崛起"背景下河南高等职业教育的发展》，《河南机电高等专科学校学报》2008 年第 6 期。

杨芳：《中原崛起与河南高等教育大众化问题研究》，《吉林省教育学院学报》（学科版）2008 年第 9 期。

史文生：《从职教大省向职教强省的跨越——新世纪十年来河南省中等职业教育改革与发展综述》，《河南教育（下旬刊）》2010 年第 1 期。

姚文峰：《"河南模式"：职业教育集团化办学新路》，《职业技术教育》2010 年第 8 期。

罗玲：《2008~2020 年河南省高等教育发展规模、师资及经费预测》，《河南理工大学学报》（社会科学版）2011 年第 1 期。

杨玉东：《"我的观念"论——百年河南理工大学教育思想发展史研究之一》，《河南理工大学学报》（社会科学版）2013 年第 4 期。

梁志敏：《中原经济区建设与河南省职业教育体系研究》，《黄河水利职业技术学院学报》2015 年第 2 期。

本刊编辑部：《中原腾飞的引擎——河南省职业教育改革发展掠影》，《河南教育》（职成教版）2015 年第 6 期。

张彦群：《中原崛起背景下河南高等教育发展的战略和路径》，《天中学刊》2018 年第 5 期。

图书在版编目（CIP）数据

砥砺前行中的当代河南教育 / 杨雪梅著. -- 北京：
社会科学文献出版社，2020.12
（当代河南教育发展报告 / 胡大白主编；1）
ISBN 978-7-5201-7733-7

Ⅰ.①砥…　Ⅱ.①杨…　Ⅲ.①教育事业-发展-研究
报告-河南-1949-2019　Ⅳ.①G527.61

中国版本图书馆 CIP 数据核字（2020）第 255681 号

当代河南教育发展报告
砥砺前行中的当代河南教育

著　　者 / 杨雪梅

出 版 人 / 王利民
组稿编辑 / 任文武
责任编辑 / 王玉霞　李艳芳

出　　版 / 社会科学文献出版社·城市和绿色发展分社（010）59367143
　　　　　地址：北京市北三环中路甲 29 号院华龙大厦　邮编：100029
　　　　　网址：www.ssap.com.cn
发　　行 / 市场营销中心（010）59367081　59367083
印　　装 / 三河市龙林印务有限公司

规　　格 / 开　本：787mm×1092mm　1/16
　　　　　本册印张：17.75　本册字数：279 千字
版　　次 / 2020 年 12 月第 1 版　2020 年 12 月第 1 次印刷
书　　号 / ISBN 978-7-5201-7733-7
定　　价 / 498.00 元（全 6 册）

本书如有印装质量问题，请与读者服务中心（010-59367028）联系